U0624027

# 做有智慧的教育者

格林 \ 著

清華大學出版社
北　京

图书在版编目(CIP)数据

做有智慧的教育者 / 林格 著. -- 北京 : 清华大学出版社，2015(2019.6 重印)

ISBN 978-7-302-39841-7

Ⅰ. ①做… Ⅱ. ①林… Ⅲ. ①教育方法—研究 Ⅳ. ①G4

中国版本图书馆 CIP 数据核字(2015)第 080821 号

责任编辑：张立红　张　艳
封面设计：曹媛媛
版式设计：方加青
责任校对：邵怡心
责任印制：李红英

出版发行：清华大学出版社
　　网　　址：http://www.tup.com.cn，　http://www.wqbook.com
　　地　　址：北京清华大学学研大厦 A 座　　　邮　　编：100084
　　社 总 机：010-62770175　　　邮　　购：010-62786544
　　投稿与读者服务：010-62776969, c-service@tup.tsinghua.edu.cn
　　质 量 反 馈：010-62772015, zhiliang@tup.tsinghua.edu.cn
印 装 者：北京彩虹伟业印刷有限公司
经　　销：全国新华书店
开　　本：148mm×210mm　　印　张：11.25　　字　数：285 千字
版　　次：2015 年 5 月第 1 版　　印　次：2019 年 6 月第 2 次印刷
定　　价：60.00 元

---

产品编号：061667-02

# 代　序

## 林格的十个教育观

**教育就是生长**

“教”在甲骨文中，形为有人从旁以手持杖或执鞭，隐喻为上对下的影响。“育”在甲骨文中，似妇女在生育子女，隐喻为孕育新生。从本源上讲，**教育是一种新生，教育就是人的成长**。

在教育学上，“教育即生长”的论点由卢梭提出，而后杜威做了进一步阐发。“教育即生长”就是要使每个人的天性和与生俱来的能力得到健康生长，而不是把外面的东西例如知识灌输进一个容器。“生长就是目的，在生长之外别无目的”，杜威特别强调，“教育不是把外面的东西强迫儿童或青年去吸收，须使人类与生俱来的能力得以生长”。

从无到有，从微小到强大，生命的自我成长，是宇宙万物本能的成长规律。每一个生命，自降临这个世界伊始，都具有天赋的潜在能力。教育的本质，从某种角度来说，就是使每个人与生俱来的能力得以生长。因为，再没有什么比满足人的生命发展的内在需要更加重要的了。

人要优秀不难，无非是把天赋的能力发展到一个比较高的程度。若生命的需要被充分满足，生命长得既自然又美好，人会自然而然地流露出优秀，而无须任何所谓的分数、特长等等来证明。因为优秀本质上可以理解为生命需要被高度满足后的衍生物。

教育并非只是用来训练心智，训练永远无法造就一个圆满的生命。一个只接受训练的个体，一个只接受知识的个体，只是过去的延续，而永远无法成为一个真实的、创造的生命。知识和效率虽然是必须具备的，但比知识和效率更为重要的，是人性的解放、内心的美好和生活的智慧。教育若仅仅唤醒人的智力，而使人变得机械化，变得内心残缺充满矛盾，变得没有创造力，那，这样的教育，莫若没有。

教育与人一生的生活共始终，意味着人的生长与发展。生活就是不断发展，不断生长。教育所要追求的理想生活，是要构建一种美好的、恰当的灵性生活，使每一个生命都获得各得其所的幸福。

**教育就是尊重**

教育就是发现和解放。发现和解放的前提是了解，了解的前提是尊重。我国著名儿童教育家、儿童心理学家陈鹤琴曾说过："儿童不是'小人'，儿童的心理与成人的心理不同，儿童时期不仅作为成人之预备，也具有他的本身价值，我们应当尊重儿童的人格，爱护他的烂漫天真。"尊重，不仅仅意味着尊重孩子的各项权利如生存权、发展权、受保护权、参与权等等，更意味着高度尊重人的生命发展规律。后者是一切教育的逻辑起点，也是教育回归本质的起码要求。

人的生命发展规律，也就是我们通过说的人性，而人性中有善有恶，尊重人性的实质就是，激扬人性中的善性，比如感恩、包容、正义、正直、勇敢，人的善性一旦激扬，人的恶性就自然减少到最小值，教育就成功了。

**人的生命是主动发展的**

人饿了就想吃饭，人渴了就想喝水。不饿不渴，再香的饭再好的水，人都没有兴趣。主动是人的天性。歌德说过："谁不能主宰自己，永远是个奴隶。"主动性是支撑人"站立"和"行走"的"脊梁骨"。主动性是人的本质属性，也是人的各种潜能中最重要、最高层次的潜能。在教育上，任何教育，仅仅依靠外力如诱惑、激发、赏识、惩罚、教诲，都是事倍功半甚至无效的。而依靠人的主动性的教育，往往是事半功倍的。

教育是道，道是本能。可以想到的是，学习的核心部分确实是教不会的，那是一种高级本能，我们唯一能做的是，唤醒人的主动意识，带着他们走向知识，一起去发现、体验知识之美丽。

**人往高处走，沿着阶梯走**

人天生向上、积极，每个人都"想好"。这个可以从生命的起源开始来理解，主动、积极的那个精子战胜了亿万个竞争对手，终于和卵子结合，而成每一个生命。每一个生命都是值得敬畏的，大家天生就是积极、上进、勇争第一的胜利者。这种与生俱来的主动积极性，将伴随每一个生命发展的全过程。

但是，内在生命根性的"上坡"发展的路径有很多选择，比如跃进（顿悟）、渐进（低效学习）、梯进（沿着阶梯走）、激进（暴力革命）等等，人类历史的进程，就是在探索发展路径的进程。

之所以倡导“梯进”，是因为“阶梯”是一个系统工程方法论、哲学观。从效能上讲，梯进的成本最低，风险最小，效率最高。当然，更加重要的是，在教育实践中，可以实现“低起点、小步跑、明定位、勤反馈，好评价”的教育五项基本原则。或许，梯进并不是最理想的，但由于时间有限，更想让每一位学生每一位教师在有效的时间内都能获得成功（素质教育的本质），不得不选择“梯进”而已，主要价值是不浪费时间，同时以高度尊重生命个体的主动性为核心，参照系统工程的思维方法，实现每一个生命的内在自觉。当一个人的生命实现自觉、自由了以后，也许不经意地就可以把“阶梯”放下了，就像人过了河，不必担心人会把桥背在身上一样继续前行。

### 无为而无所不为

人的本性是不愿意感受到自己被他人教育的。当人们意识到自己在接受教育的时候，教育的意义已经失去了。一个人学会任何东西，归根结底最终都是要内化为自己的知识。所以，最好的教育方式就是：无为而无所不为，不教而无所不教。

先哲老子崇尚“无为”，并非什么都不做，并不是不为，而是含有不妄为、不乱为、顺应客观态势、尊重自然规律的意思。老子说过“无为而无不为”，意思是说：不妄为，就没有什么事情做不成的。这里，“无为”乃是一种立身处世的态度和方法，“无不为”是指不妄为所产生的效果。老子还曾谈道，“为无为，则无不治”，意思是说以“无为”的态度去对待社会人生，一切事情没有做不到、办不好的。因此，老子所讲的“无为”并不是消极等待，毫无作为的，而是“为无为”“为而不恃”“为而不争”，即以“无为“的态度去“为”，去发挥人的主观能动性。

我们今天把这样的思路和视野拓展到教育上来，就会发现，教育上的“无为”更容易达成“无所不为”，当教育者顺应自然、生命发展的规律，并按照规律形成适合的方法和途径，教育就成功了。

教育的制高点是自我教育。任何教育，要取得好的效果，需得变成一种无痕的艺术。教育是什么？教育者的任务是什么？这都是身为教育者需要时常深刻思考的重大问题。若真能做到“无为而无所不为”实现“不教而无所不教”当真是达到了教育的极致境界。苏联教育家苏霍姆林斯基说过，任何一种教育现象，孩子在其中越少感觉到教育者的意图，他收到教育效果就越大。我国著名教育家陶行知则更言简意赅，指出“教是为了不教”。

教育者的任务，不是强制打压，不是灌输填鸭，而应重在引导学生发现自己，实质就是协助其发掘自身资源，包括动力资源、能力资源、毅力资源、信息资源、学习群体资源、社会资源等，帮助每一个生命成就最好的自己。东汉末年思想家、文学家、教育家徐干说过：“大禹治水，君子善导，导人必因性，治水必因其势。”这对我们今天的教育者来说，仍然具有积极的借鉴价值。

### 正强化

正强化法，永远是教育方法中最为高效的。比如清除杂草，最好的方法是，在田地里种植一棵大树，大树种活了，杂草由于被大树遮蔽了，渐渐就淡化、消失了；反之，如果我们一味地拔草除草，春风吹又生。

我主持了全国养成教育总课题的实验工作将近十个年头了，其中发现的一个秘密就是——与其纠正坏习惯，不如培养好习惯。把一个好习惯培养到位了（夸出来的，不是训练出来的），许多坏习惯自然就克服纠正了。反之，坚持纠正坏习惯，结果反复抓，抓反复，几十年的养成教育弊端仍旧不断重现。

### 优秀的人才都是严格教育出来的

这其实是一个常识，也许很多人会反对，因为会触及一个人本的问题，但我还是想说，严格是深刻的爱，是现代社会契约和民主意识的提前养成，与以人为本的人文主义观点是高度一致的。当然，严格和严厉是有区别的：严格是理性的，之前有契约的理性的惩罚体制；而严厉是情绪的，之前并无约定的发泄。前者促进健康，使之不缺钙；后者损伤自尊，使其失去健康的自我。

### 不要逼着每个孩子都当“先进”

我们眼里的“先进”，其实不一定是真正的“先进”，由于我们的观念、社会的评价标准、人和人之间的攀比，导致我们对先进的认识通常是有偏差的。

如果我们认为孩子不去争我们眼里的“先进”，是不道德的，那么我可以说，我们就是不道德的。

或者说，很多孩子对当“先进”根本不感兴趣，因为幸福其实是平常、是做个凡人，让每个孩子都获得各得其所的幸福是教育的根本目的。教育的意义在于，对每个人的命运的关心，对每个人的精神生活的尊重，对每个人的美好情感的肯定。

另外，人的成长和根本性的成功，是每个人都可以也一定会找到适合自己的方式。十个手指不一样长，才是具有美感的，如果非得让十个手指裁成一样长，想起来就有一种“教育法西斯”的味道。

### 教育如水

什么是教育，养鱼养水也。正如清华老校长梅贻琦所说：学校犹水也，师生犹鱼也，其行动犹游泳也，大鱼前导，小鱼尾随，是从游也，从游既久，其濡染观摩之效，自不求而至，不为而成。

其实，教育的形态确实如水般柔软与深沉。按照水的性质，相对应的是，教育者的修炼之路有五种：

一是自己活动，并能推动别人的，是水。教育者的修炼之路是：以生命面对生命，以灵魂唤醒灵魂。

二是经常探求自己方向的，是水。教育者的修炼之路是：主动发展，勤奋上进，有目标有计划。

三是遇到障碍物时，能发挥百倍力量时，是水。教育者的修炼之路：坦然面对困难，不抱怨，不推卸责任，在困难与挫折中反思自己，成为一个有智慧的人。

四是以自己的纯净洗净他人的污浊，有容清纳浊的，是水。教育者的修炼之路：包容。

五是汪洋大海，能蒸水为云，变成雨雪，或化而为雾，有凝结成一面晶莹明镜的冰，不论其变化如何，仍不失本性的，是水。

教育者的修炼之路：保持本真而高贵的内心，把自己放到一个“无用为大用”的姿态上，无我是教育者最高境界。

泰戈尔说：“不是锤的击打，而是水的载歌载舞，使得鹅卵石臻于完美。”正是教育者水一样的教育心情，使孩子养成真人。

**素质是养成的**

甲骨文“养”字造字本义：放牧羊群。

人们逐渐理解了，养育自己的生命，让生命变得丰富饱满的方法方式，虽然基本上和养育一头羊羔差不多，但是其中更加深入的技巧和奥秘还是值得不断习练与掌握的。

因为，养育牲畜和农作物，只需要满足其基本的营养，维持其基本的生存，而养育一个孩童，乃至蓄养其精神灵魂，却是一段持久的关照历程，它需要你不断倾尽心力，以一颗不断上进、开放的心，来体味生命这种东西，观察生命在每一个阶段的微妙复杂的变化，采取智慧的手法来加以正确的导向，才能最终孕养出一个丰富的生命灵魂。

这便是“养”字所蕴含的深层含义，它是一段持久关照的生命过程。一个决定养育新生命，或者涵养自身灵魂的人，需要在开始一切工作之前下定决心，正视整个历程的持久性和艰难性。

实现“养”的教育价值，关键是创建一种文化格局与气候，分两个方面：一是比每天和孩子谈论教育和学习更加根本的是，用文化来育“心”，从而构建具备长、宽、高的人文精神空间；二是除了育“心”，还需要育“气”，即养成教育中的“养三气”，养其宁静之气，养其浩然之气，养其通达之气。相对应的途径无非有三：静心守正、明志积义、合一明道。

# 目 录


根 2
本 32
势 110
魂 150
道 194
法 238
术 292
后记 341

# 做有智慧的教育者

# 根

*

在我心目中，只有一个词语任何时候都可以让我满含热泪。

这个词语就是——祖国。

我选择教育，是因为我看到了很多国家因为教育而真正崛起——比如二战后的德国、日本、美国、瑞典等。

**对于我们的祖国来说，最大的矿藏不是石油、煤矿……而是人的内心、人的大脑隐含的无限能量，教育的使命就是发掘这座无法用数量级来衡量的巨大价值。**

以上所言，话是大话，却是真话。

*

广受西方左翼青年追捧的法国重要思想家德波，他的理论是马克思主义的，是对当代资本主义社会的批判，他认为市场经济会发展成为眼球经济，即人类“景观时代”到来。在这里，视觉是第一重要的传播工具，人只需要看图说话简单沟通，真理是不存在的，人追求的只有表面。

撇开意识形态不谈，全球进入“景观时代”、“追求表面”的现实被德波不幸言中，当下我们的教育所遇见的挑战，就是这样一个特殊的时代背景下所遇见的全球性的挑战。

*

转型期中的社会，难免浮躁、世俗、功利。

通常而言，人心浮躁、人情淡漠、人性迷失的时候，哲学家就会出来讲话，但，我们没有真正的哲学家，自然，就无法体现哲学的价值以及干预性。这，是时代的幸运，还是不幸？

每一个人都在经营自己的“价值观”，可能都是伪价值观，很可能是利己的、仅仅是安身的，而不是安心的、深沉的、终极关怀的。

*

我曾经在凤凰卫视做节目时说过，中国社会正处于青春期……做教育的人最清楚，我们应当如何面对一个正在承受成长之疼痛的巨人。

马克思说，当人均GDP从3000美元到10000美元期间的国家和社会，是混乱不堪的。我的理解是，此阶段叫“青春期”，中国正处于“青春期”，人性许多弱点被凸显，社会浮躁、功利、贪婪、自私，富人和穷人一样缺乏安全感，社会矛盾尖锐且集中，社会分层显著、重新组合却无序，但，“青春期”背后涌动的力量，同时也意味着发展的无限可能。一切都需要我们有耐心去等待。

*

近十五年来，中国政治改革的最大成就应当是，确定以人的发展为中心的新战略。很多人认为，这与我无关，目前主要任务是经济建设。实际上，经济不是孤立的、封闭的，它是开放的、不断改革的……是否以人的发展为中心，是最大的政治问题，也是中国教育改革的逻辑起点。

*

教育体制的改革是必须的，改革是永恒的事业。但，我反对把教育的所有问题全部归结到体制上，那样似有“卸责”与“无能”之嫌疑。教育是一个系统工程，体改拉动内涵，内涵反而又促进体改，也就是说，体改并非某一种部门一声令下就立即完成了的，需要自上而下与自下而上相互配套来完成。

*

人的发展特别是人的生命发展是科学发展观理论实践体系的核心问题。人的发展如何定位？如何设立目标？如何形成稳定可靠的方法论？如何设立内容？如何评价？这将影响未来中国教育30年，中国教育改革事业的各级设计者、管理者、实践者应当深入思考这些问题。

“人们对美好生活的向往”，假设是总体目标，那么这个目标的实现，恰恰是需要从孩子抓起的，因此，“让孩子们成长得好一些”，可以说是对人的发展问题的核心问题。如果说这是“势”之所在，那么，将来的教育改革，就有必要利用这个“势”，从而在以人为本的基础上，实质性地再推进一步。

*

买椟还珠。

很喜欢这个成语。其实我就是一个买椟还珠的人，很多人认为“珠”有价值，但我认为“椟”有价值，不同的价值观决定了一个人的人生观甚至间接影响世界观。**价值观是人的魂，人没有自己的稳定的价值观，包括原则、远见、是非判断，就会丢魂失魄。**

*

和出租车司机聊天，他说现在尽量不去簋街、三里屯（北京的地名）拉活，因为那些地方喝了点酒的人，可能因为一个座位一句话不合适就动手打起来，酒瓶子乱砸，每个月都有几次报警，说现在人的都“急”了……我的看法是，我们的焦虑、浮躁、功利之情绪，大抵都因为价值观混乱，毕竟过去几十年的经济社会快速发展，直接冲击了人原来稳定的价值观，人性的善恶之间失衡，我打个比方，我们所处的时代实际上一个是“青春期”，也是一个历史大拐弯时代，好比我们坐在一列庞大的高铁上，高铁正在拐弯，怎样保持“重心”是一门大学问，这个“重心”就是价值观。

*

网上有人说，我国众多精英都把家属移民了，显示了对自己国家信心不足，其实这是一种误解。如果发展地看，30年后这种现象就会变为一个常识，而不是议论纷纷的“问题”，说到底，是个人价值观决定的，无关政治。当年陈冲出国、小山智丽加入日本籍时多少人骂她们卖国，当初骂人的人现在都会意识到事情其实没那么复杂。况且，这个世界是一个地球村，无所谓移民不移民。

*

在这个世界上，多元共生是硬道理，我们应当接纳不同的、多元的价值观，在对话、沟通和碰撞中，沉淀出来的才是真、善、美。不同的价值观之间，可以讨论，而不是直接抡大棒子，今天我们认为有价值的东西也许明天我们会认为没有价值，价值存在着发展性、阶段性、积极性，包容了别人也就包容了自己。

*

晨读王元化（享誉国内的著名学者、思想家、文艺理论家）。先生谈到民主，很多时候，民主恰恰也可能是个体自由的敌人。比如古罗马古希腊时期，民主往往是控制个性自由的群体性暴力，苏格拉底就是根据民主的程序被处死的，故而丘吉尔说自己是不得已选择民主的。民主不应当是一个口号，而应当是一种理性的精神。

值得强调的是，思维方式其实比立场重要，因为思维的目的是真理，相对于西方国家来说，我们在这个方面吃了很多亏。当前教育改革的关键问题就是破除缺乏理性推演的僵化、马虎的思维局面。

*

强盗逻辑其实就是弱势文化的结果，他利用咄咄逼人或者虚张声势，目的是为了掩盖他的弱势。**卡夫卡说，人们常常用咄咄逼人来掩饰弱点，真正持久的力量存在于忍受中，只有软骨头才急躁粗暴，他们因此而丧失了人的尊严。**我等待，我观看。恩惠也许来，也许不来。也许这种既平静又不平静的等待就是恩惠的使者，抑或恩惠本身。

*

从未经历过贫穷的人是不幸的，但有时候我们又低估了贫穷对人的伤害。

J.K.罗琳在哈佛大学毕业典礼上这样谈“贫穷”：贫穷并非一个使人高贵的经验。贫穷会带来焦虑、紧张，时常还有抑郁。它意味着数不清道不完的羞辱和艰辛。通过自身努力去摆脱贫穷，确实是一件值得你为之自豪的事情，但只有傻瓜才会把贫穷这件事涂上浪漫色彩。

对于教育来说，过去30年经济建设的成功，使得我们的民众逐渐摆脱了贫穷对人深刻的伤害，使得我们的精神世界的发展有了充分且必要的空间，应当是一件值得庆祝的事情。

*

中国人的思维模式确须革命。近年来负面口水仗中，自学成才的医学爱好者、非著名相声演员、上海余作家甚至耄耋老人等都被批斗，无论是非，背后都是“文革批斗思维”的延续，网络就像“男厕所”。难怪中国传媒大学网络舆情研究所副所长李未柠，在接受《中国青年报》记者采访时说：“互联网是负面舆论的放大器。”

*

近来系统地重读陈寅恪。我“站”在先生面前，感觉是在仰视一座高峰，其深刻性、通透性、严谨性不可比拟，这背后是先生严谨的人生观，而人生观决定一个人的治学态度，当下学术界、教育界所有问题症结都在人生观上。

改革开放三十年，几乎推翻了国人的人生观体系，目前在重新建立之中……因此整个世界都显得慌张、急躁、功利。教育者在这样的一个时代里，真的很难做，自己都身不由己，还被迫假装为科学的人生观代言，其中纠结存心自知，特别是政治教员，我想，应当重新思考这个熟视无睹的基本问题。

*

中央党校教授辛鸣认为，当前社会某种程度上处在一种“价值迷茫”状态，大家既希望有明确的价值规范，但又不清楚价值规范在哪里，面对大行其道的潜规则，虽不甘心又不得不接受，这是当前价值观以及信仰问题成为社会热点的重要原因。

具体到学校教育改革，价值观问题可能会更加具体一些，比如什么是未来最有价值的？我们应当培养怎样的人？生命的意义和内容是什么等等。

*

当前教育改革的最大难题是核心价值观的迷失，而不是体制的困境与教育技术的创新。

一线教师的痛苦与他们的抱怨，并非教师本身的问题，而是教育的核心价值观受到了巨大冲击，让他们无意识中迷失了自我。人找不到自我，也就找不到教育的方向、出路乃至失去了职业的幸福感。

*

核心价值观的重构是一个复杂而伟大的工程，方法是：抽象继承+反本开新。综合冯友兰、鲁迅、梁漱溟、易中天等贤哲的探索，一般需要经过五个步骤：找到内核，去掉色彩，把握规律，建立系统，科学阐释。

贤哲袁伟时（中山大学哲学系教授）说，所谓价值观，说到底是行为准则。人类的价值观，随着历史进程，是会变化的。我们究竟要发扬什么价值观，值得中国人深思。

*

迷茫的人们，总是试图寻找出路。

特别是价值观迷失、社会价值多元的今天，有很多很多人不约而同找到了几条似乎可以行得通的道路：

宗教。寻找精神寄托或者谋求信仰自救。其实很多时候都只是一种精神寄托，而不是信仰。刘小枫在《拯救与逍遥》中也尝试探索过信仰自救之道，但现在看来，也是经不起深思的。

复古。也称作回归经典、回归古时候。回归当然是必要的，但不是复古其形式。

逃离。比如移民。你是这片土地上继承了中华血脉的人，无论如何也很难融进其他民族和国度的主流社会，老了，都要叶落归根，暂时的逃离其实也不是办法。

疯狂挣钱。或许金钱能给人带来实在，可仔细想想，真的是这样吗？金钱虽然不是万恶的根源，但金钱是不能增加人的幸福感的，人的幸福感往往来自：良好的人际关系，受到尊重，做一份让自己充实的工作。而金钱的作用只是缓解了我们的痛苦感，比如没有钱确实会增加我们的痛苦，但金钱的作用是有限的，不然为什么那么多有钱人并不幸福？

事实上呢，都未必可行。有强烈责任感的中国当代知识分子也在试图探索，其中比较有价值的是易中天先生，梳理出了核心价值观的重建思路（《先秦时期的百家争鸣》《我山之石》《中国智慧》），借助《百家讲坛》的影响力将其传播出去。我想他的努力多年以后一定会被大家铭记，也许很多人不以为然，但我很敬重他！

*

关于价值观，我并不想直接给出一个标准答案。不过我也在不断思考如何在教育领域内重构教育价值观，这也是我在魏书生、孙云晓、关鸿羽、陶西平、程鸿勋等当代中国重要教育家的基础上，用了12年的时间坚定地建构新时期养成教育理论实践体系的四大主要原因之首。（简单罗列一下四大原因：一是传递核心价值观；二是健全人格，教会做人，实现德育的可操作性、科学性、系统性；三是提高人的素质、能力、分数，以适应当前教育的现实需求问题，因为素质好，不怕考；四是以此为线索，提炼办学理念，构建学校文化，最终以文化育人。详情并不能用一篇文章来说明。）

*

价值观的实现，如果只是单纯的“道”的教化，其实是无用的，应对混乱的人心世界，是否应当将价值观融解于某一个操作系统中呢？我将这个系统称之为“养成教育课程化系统”，又叫“习惯课程化体系”，极具操作性、适应性，也满足学校内涵发展的迫切需求，同时也能完成价值观的传递，因为，只有具体、可操作的“理”（解决问题的措施），才能将“道”贯穿其中，培养了好习惯，人的内心有了秩序、生活有了重心、学习工作有效率，教育就有了根，这个根，实质上是民族之根，国家之财富。养成教育最高宗旨就是——强大人的内心，稳固民族之根。

*

价值观并不能直接定义，因为它是一个过程并非结论。那么就需要有一个价值观的重构原则，我的理解是有三个原则（步骤）：

一是回归根本。正如当代著名人文学者、思想家刘再复先生提到的两种回归。回归到婴儿时态。以赤子之心，以顺应、皈依自然之道，才能不执着于某一种宗教或者哲学学说。回归纯真。回归到《山海经》故事中夸父追月、精卫填海那种“知其不可为而为之”的大无畏精神之中。

二是掌握规律。什么是规律？就是自然之道。正如范曾先生提到的“法自然”，这是“一”，所谓“归一”。因为自然是大自在，人类在大自然面前时是渺小的，人唯一能做的事情是顺应、回归、服膺于精妙的自然造化，这也是贯通所有哲学和宗教的唯一办法。对于教育而言，这里的“一”是人的生命发展规律（也有人称之为人性），这是最根本的，是一切教育的逻辑起点。

三是形成系统。既要抽象继承传统（冯友兰、王元化所倡导的传承经典的方法，具体内容见冯友兰《中国哲学史》和王元化《思辨录》），又要创新未来（面对人类、面向世界和未来的一种大视野、大勇敢、大智慧，主要是指借鉴西方逻辑思维传统，进行创新），所谓反本开新。我想，一味倡导复古，比如穿长衫诵读经典、比如复古私塾形式，历史证明是死路一条，我们是吃过亏的。只有抽象继承其精华，又融合时代精神的价值观，由此而生成的新价值，才能凝聚人心、促进民族进步。以新价值为核心，用逻辑推演和悟证相结合的方法（大部分的中国学者似乎缺乏这种逻辑推演思维的训练，因此也很难建立自己的系统），构建一个开放式的系统（道、法、术），并将这个系统应用到实践之中，然后再完善、再应用，最后变成教育的生产力。

*

从内心里来说，我很敬佩很多时评家、酷评家，因为正是因为他们的呐喊和呼吁，使得言论自由的气息变得活跃，相对于死气沉沉的文化场来说，我很感激他们的所有努力。

但这种方式并不适合我，我不喜欢抱怨，我喜欢去“做”，哪怕一点点地去做，不贪大、不贪多、但做好，我想，只要方向正确，每天进步一点点，总比单凭呐喊充实得多。在我的经验中，呐喊、呼吁、抱怨的人，回到家里会有一种不充实甚至空虚的感觉，我很讨厌这种空虚感。也许在蒙昧时期，呐喊是必要的，比如五四运动时期，鲁迅的呐喊就很有充实感，因为那时是启蒙啊。这个时代，更多的呐喊其实都是无力的，是无济于事的，道理谁都心知肚明，关键是谁来做，怎么做?

*

前几天在飞机上读到上海复星总裁郭广昌的一句话：你看街上匆匆行走的、不振臂高呼的都是抱着孩子的妇女，我和她们一样，我怀里抱着复星。我很感动！如果允许我“大言不惭”，也可以模仿一句：我不喜欢呐喊，也不抱怨，是因为我的怀里抱着改变中国教育的梦想。我想，尽管我很渺小，力气也不大，但我可以尽我之全力去做好手头上的每一件事情。我似乎更加中意于每天浸泡在学校里、班级里，和校长、教师、学生、家长一起，并尽力发现和激扬他们本来就有但不易被人发现的教育之光辉。

*

**人和人的区别在于，一种人是积极的，另外一种人是消极的。**这句话是罗曼·罗兰说的，我把这句话的真义融入我的教育理论实践体系中。在我看来，积极是教育的根本宗旨之一。郑重推荐一本书给所有热爱教育的人——《罗曼·罗兰文钞》，这是一本影响过一代人的书。

*

当前教育面临的现实是，人的内心深处极为焦虑，从个别焦虑转为全民焦虑，从外在焦虑转为内在焦虑。焦虑的代名词是功利、浮躁、冷漠，是人性之恶的极度释放……很多人比如许多教育学家都在努力改变这种焦虑，结果自己也意外地陷入焦虑，不能自拔。

在我看来，谁也救不了世，只能依靠每个人自救，途径是找到心的出路——不做不必要的抱怨和感慨，现在我们唯一要做的是回观内心，回归教育的常识，再远观未来，站在将来看现在，30年很快就过去了，坚信，那时一切就好了。

*

教育的价值在哪里？丹麦哲学家克尔凯郭尔说，高级人与普通人所拉开的距离，远远超过普通人与猴子之间所拉开的距离。我想，教育的价值就是缩短高级人和普通人之间的距离，包含两个方面的工作：启迪每一个人的智慧，完善每一个人的人格。

哲学家的话虽粗糙，但值得我们从这个角度寻找教育的做点。

*

狄更斯《双城记》中有一段这样的话：这是最美好的时代，这是最糟糕的时代；这是智慧的年代，这是愚昧的年代；这是光明的季节，这是黑暗的季节；这是希望的春天，这是失望的冬天；人们面前应有尽有，人们面前一无所有；人们正在步入天堂，人们正在走进地狱。

*

**作家麦家说，当知识分子或者文化人需要用金钱来证明什么的时候，是无耻的。**崔永元问他，在这个将物质当英雄的时代你能做点什么？麦家说，因为我内心很软弱，只能独善其身，也许还有一些人继续在坚持一种信念，而我无能。我听了这段话有点心酸，想流泪，我的感觉和麦家极为相似，也许都是童年在那个物质极度缺乏、精神充实的农村度过的缘故，麦家的感觉我能深刻地触摸到，自己年少时候那种立志要中流击水的“雄心壮志”已然沉沦。

*

可是无论如何，我们仍然需要生活着。我坚信的是，在这个极度崇尚物质的时代里，精神充实，是一件很重要的事情，否则怎么才能保持身、心、灵三者的内在和谐呢？

*

坐飞机的感觉。就像一只只鸟被捉住了放进笼子里开始长途运输。有的鸟气性大，四处乱撞结果遍体鳞伤疲惫不堪；有的鸟看清形势、宁静待机方可安然无恙重获自由。当然，人在旅途不易，需要带一本好书安静地读，才能度过煎熬与不平。

自由和不自由，其本质是如何处理好自己与自己的关系，包容了自己，也就有了自由。

*

我们遇见的教育的挑战和困难是全球性的。主要原因是，当教育被政治家们工具化、被心理学家们标签化、被教育家们技术化后，我们的教育就远离甚至拒绝了人作为一个生命主体自主更新的自然本质——自由。在中国，应试教育体制对人的主动性的控制几乎到了无聊的地步，甚至越是名校，“摁着牛头吃草”的教育被动局面越大。当下，教育理论需要有重大突破，才能彻底缓解教育的焦虑与无力，这才是人类的希望。

*

很多人“言必称希腊”，实际上，西方引以为豪的所谓具有革命性的“认知建构理论”、“多元智能理论”、“脑神经理论”、“行为改变技术”等，本质上都是细枝末节层面上的技术探索，与之前的“智力测验”、“泰勒评价”、“双基结构”等仍然停留在同一个层面上，并没有摆脱因为过于微观而使得教育“控制了人”，换言之，并没有实现理论上的突破。我认为，这也恰恰是阻碍西方教育回归人的生命自然的原因所在。中国教育界也在糊里糊涂地借鉴和模仿，实质上是对中国教育理论探索本真的失范。

*

那天，不知谁先说的“让妇女与儿童先走”。这句话，闪耀着人类最为高贵的一种精神，其隐含的教育能量不可低估，有可能影响未来的世界一万年。

*

有一个黑人演讲说：“我有一个梦想”，这个梦想引导了一个民族走向强大，甚至引导了全世界人积极向上。

*

有一个作家说：“一个人并不是生来就要被打败的，你尽可以消灭他，但就是打不垮他”。人类在压力、痛苦、考验面前呈现的人的尊严和优美，已经宣告了“人”的胜利。

*

泰戈尔最好的语句是：“不是锤的击打，而是水的载歌载舞，使得鹅卵石臻于完美。”教育的价值，并非需要教育者有多么高深的学问和修为，只需要其本人是一个热爱生命、情感丰富、懂得感同身受的人即可。

*

有一个优美的人说：“人最宝贵的东西是生命，生命属于人只有一次，一个人的一生应该是这样度过的：当他回首往事的时候，他不会因为虚度年华而悔恨，也不会因为碌碌无为而羞耻；这样，在临死的时候，他就能够说：‘我的整个生命和全部精力，都已经献给世界上最壮丽的事业——为人类的解放而斗争。’”

*

对于教育甚至对于任何事业，都需要有信念。

信念如灯，即使黑暗、弯曲、错误、卑微，只要在远方的高处有一盏灯，就不会迷失，就一定可以成为真正的自我。而心中没有灯光的人，做什么都会一般化，渐渐若行尸走肉。

内心如炬的信念，就是人之魂魄。换言之，做有魂的教育，首先是点起那样一盏灯，哪怕自己的起点是如此得低、如此得平庸，终有一天会成长为内心强大的巨人。

诚然，在这个时代，点灯的人很少，所以我们面对的或者能感知到的都是人性中的灰暗，包括自私、贪婪、怯懦、功利、浮躁、小气……

*

与中国教育报刊社副社长、《中国教师报》总编辑雷振海先生聊教育困境，他提出一个概念：反教育。对这个概念，我是心领神会的。

在我看来，反教育的实质就是“控制人的学习本能”的教育，就是“执著于教”的教育，就是表面上说“尊重生命发展规律”实际上“蔑视人的内在自觉”的教育，就是“用脑不用心”的教育。

*

从1972年的“学会生存”开始，到“教育财富隐藏其中”，再到2012年，启动“教育第一”，这40年，联合国希望各国把教育作为最优先的事项，内容包括每个孩子平等地接受教育，提高教学质量，充分发挥教育以培育“为人之道”的核心作用，培养全球公民意识等。联合国的这三个倡导，可以说代表了全球教育改革的三个阶段，值得教育工作者步步寻思，并远看未来。

教育的定义、目的、作用与教育的普适价值，可以说在全球基本形成共识，其核心就是“以人为中心”，这一点来之不易。而如何在理念实践体系创新上有所突破，仍然是当前世界教育发展的核心问题，也是中国教育发展改革的核心问题。

*

中国基础教育领域经过了漫长的探索，终于抵达了“以人为中心”的哲学高度，这个“抵达”说起来轻松，其实来之不易，至少经过了千千万万教育人近100年时间的艰辛努力甚至牺牲。但，当下我们遇到的挑战是，在实践层面广泛存在着嘴里说以人为本、手里做的却是控制人的主动的极度量化、极度微格化的“反教育”，且还在源源不断引进无数多所谓西方的心理学研究成果来作为自己的“理论腰杆”。最可怕的是，很多精英也在集体无意识地做着“反教育”。

*

什么时候我们的教育既能立足并传承中国传统文化又能自信面对世界和未来，既能让孩子拥有自由、富贵、丰富的心灵，又能激扬生命价值的核心，包括爱和创造。

30年以后，也许我们就不会再探讨这个问题了，那个时候这些都将变成了“常识”，这一天的到来，中国教育一定是自信、开放、强大的，毕竟，我们的教育是有根的。

*

电视剧《北京青年》是一个关于改变的故事。

该剧导演赵宝刚说，故事不尽人意，但理念尚可，这个作品的创作动因是因为他在多年前看到伦敦威斯敏斯特教堂旁一块墓碑的碑文：

当我年轻时，我梦想改变这个世界；当我成熟以后，我发现我不能够改变这个世界，我将目光缩短了些，决定只改变我的国家；当我进入暮年以后，我发现我不能够改变我们的国家，我的最后愿望仅仅是改变一下我的家庭，但是，这也不可能。当我现在躺在床上，行将就木时，我突然意识到：如果一开始我仅仅去改变我自己，然后，我可能改变我的家庭，在家人的帮助和鼓励下，我可能为国家做一些事情，然后，谁知道呢？我甚至可能改变这个世界。

*

不记得是哪位作家说过这样一段话，让我想到“改变”的真谛：

**人的一生总有感到顶不住的时候，但过后一想，简直不值一提。真正的困境其实都是我们自己造成的，世上本无困境，人心才是最大的困境。**

*

幸福在于选择，而所有的人都有选择活法的权利。归纳起来，活法有两种，第一种叫“精彩”，有方向、有目标，很勤奋；第二种是“忙乱”，没有方向，没有格局，当然也很勤奋。其他活法或许还有，比如浑浑噩噩、绝对自我主义等，不在我所讨论之列。

两种活法的区别就是有无方向感。

所谓方向感，就是不管你站在哪个街面上，能尽快依据有限的信息判定方向。如何培养方向感呢？我想应当有三条线索：

一是学会收集信息并对信息进行分析处理。

二是尝试列出不断阶段的目标（短期、中期、长期），并依据自己拥有的信息和条件，对实现每一个阶段的目标有自己的办法、措施以及适应变化进行调制的策略。

三是行动。再好的计划和方案都需要行动，否则只是空谈。

*

有一句话很俗，但很到位：只要你是正确的，这个世界就是正确的。

**教育是一种内心的坚守。除了守住心态，守住核心价值观，更重要的是守住使命感。**所谓使命感，是一种灵魂的归宿，便如下班回家的感觉，什么都挡不住你回家的脚步……如果只是为养家糊口来做教育，三年后就会失去对教育的忠诚与热忱。

*

人与人之间的差异在于内心境界。同样的一句话，不同的人说出来的效果不一样，盖因内心境界不同尔。教育者的自我修炼，主要是一步一步提升境界，一般而言，可分为五个层次：用嘴做教育——用脑做教育——用耳朵做教育——用手做教育——用心做教育。

*

在这个时代，很容易丢失自己。我自己的感悟是，**只要把手头上的事情做好，不一定要做多，但要做好，这样，就会找到自己，就会有方向感。**

*

我懂得很多道理，可是自己也经常做不到。比如爱惜身体，人人都知道。可很多年以来，我始终很难管理好自己，时间长了，觉得身体状态很差，背脊疼痛了好久。近一年来，才找到改善的方法，并且逐渐逐渐悟到，平常心才可以让人身体健康。

*

泰戈尔说："过于功利的人生就像把无柄的刀子，也许很有用，可是太不可爱了。”懂得道理但做不到的人啊，值得深思。

以前我认为，想得到做不到，是因为没有真正悟到，现在想来，主要是因为被功利心所干扰，它至少干扰了我们的志虑忠纯。

*

我们习惯于欣赏、研究成功者，因此内心里有很多狂妄的想法，比如所谓“中国模式”，比如“中国不高兴”等等。其实，多看失败者，才明白怎样避免失败，而不是痴迷于怎样成功（这是一个陷阱）。

*

与保持自豪感同样重要的是保持适度的自卑感。正像潜水员那样，适度谦卑，恰恰是人学习与发展的最佳状态。因为，人的生命内在自觉的本质是，感受到暗暗下工夫、一步一步实现的生命愉悦感。

*

人有了胜负心，就一定是输的。教育更不能倡导胜负心，而应当倡导自豪感。

*

正如印度哲人克里希那穆提所言，人的一生只需要做一件事，那就是观察你自己，深入探索你自己，然后加以超越，但，人是很难认识自己的，因此，人人都要有知己，知己如镜。

*

当一个人意识到自己渺小的时候，就是他拥有自我的时候。

当一个人意识到自己孤独的时候，就是他超越自我的时候。

18年前，一位老人曾告诫我，**年轻的时候多做无用的事情。现在看来，现在所谓的“收获”，均是无用的事情累积的结果。**

要穿越“时间之窗”，需要学识的积累，专业的训练，过硬的基本功，以及时势、文化背景等诸多因素合力方可，因此往往是那些看起来“无用”的东西，从量变到质变的一种超越。

*

孤独是美好的，很多时候，孤独是一个人能向内看的前提，是人的美德之一。但过于孤独却会感受很冷……因此，我们还需要有爱。爱与孤独似乎是伴生物，没有爱就没有孤独，没有孤独，爱也就没有了意义。而所谓爱，就是给予，不断给予；被爱则不能强求，是自然而然的，是爱顺带出来的结果。

*

每感动一次，人的灵魂就被洗涤并升华一次。换一句话说，**使得人的灵魂变得高贵的一条捷径是——经常感动**。但是，人的感动是学不来的，更是无法通过训练获得的，当我们认为需要学习感动时，感动就不存在了。

感动是一种高级本能，可能其他动物是没有的。感动是美好人性被唤醒进而提升灵魂品质的一把钥匙。感动还是人实现觉悟的起点，因为由感动而伴生的感悟与悟感，是人学习的最高效模式。

令人遗憾的是，我们的这种本能经常被日益浓重的麻木感所遮蔽，使得我们变得世故、冷漠，人的生命样态越来越趋于动物性……

*

孤独时，才可以看出一个人的品位。

而人的孤独，是生命中一种重要的体验，人在孤独的时候，才能与自己的灵魂相遇，比如世界三大宗教的创立，都是在孤独状态下形成的。也就是说，孤独是精神创造的必要条件。

从心理学的观点看来，人的独处，是为了进行内在的整合。

哲学家周国平曾以《爱与孤独》为名出过一本集子。他认为，孤独也是一种爱，爱与孤独是人生中最美丽的曲子，两者缺一不可，无爱的心灵不会孤独，未曾体味过孤独的人也不可能懂得爱。

——由于怀着爱的希望，孤独才是可以忍受的，甚至甜蜜的。

——人的孤独，就是看到了美丽的风景，或者领悟到了内在的快乐，无处诉说，无人分享。当人孤独的时候，如何确定自己，处置自己，成为人群社会一个很要紧很要紧的问题。

美国作家亨利·戴维·梭罗是孤独的，但也是幸福的。正如他在《瓦尔登湖》中所描绘的那样，十分简单，十分安静。

他说，如果世人都亲手造自己住的房子，又简单地老实地用食物养活了自己和一家人，那么才能一定会在全球发扬光大，就像那些飞禽，它们在这样做的时候，歌声唱遍了全球。

在经济和金钱上，他认为，只要有起码的生活必需品就足够了。他有一个最重要的基本信念，就是我们通常为了生活得更加舒适、丰富而努力争取的东西，大部分是不值得的。大部分的奢侈品，大部分的所谓生活的舒适，非但没有必要，而且对人类进步大有妨碍。

在梭罗看来，人们的生活在琐碎之中消耗掉了，却并没有得到真正的幸福，甚至忘掉了生活的真正目的。他显得有些极端地认为，一个老实的人除十指之外，便用不着更大的数字了。不必一日三餐，如果必要，一顿也够了。

我阅读梭罗，似乎悟到了孤独的真正内涵：

一是，一个人怎么看待自己，决定了此人的命运，指向了其归宿。二是，你无论到哪里都能生活，哪里的风景都能相应地为你而发光。三是，最高贵的心灵，最能知足自满。

人孤独的时候，通常是人的品位受到考验的时候，这就是：

——我们如何享受孤独？

——多数人都害怕孤独，在一个人的时候总想要找个人陪，或者用种种娱乐活动填满独处的时间。相反，几乎所有伟大的人都热爱孤独，他们无数次著文咏诗赞美独处的美妙。

那么，孤独有什么好处呢？

第一个好处是让人清醒，更加真切地感受到生活之美。我们一般人常常是靠着一种习惯在生活，到点起床、上班、下班、朋友聚会、看电视……这种毫无特色可言的生活方式其实埋藏着一种惰性。不妨给自己一些独处的时间，甚至不要看书和看电视，感悟生活中的美。所谓美，就是在不和谐中感觉到和谐，又从和谐中感觉到不和谐。你感受的美越多，你的快乐就越多……

第二个好处是让人宁静，洗涤心思。喧闹是一种快乐，宁静是另一种快乐。宁静和平的心境犹如一股清泉，能洗涤尘世给我们带来的种种不洁。

第三个好处是有利于思考，使心有所悟，人因悟而开心。思考者多喜欢孤独，因为这种状态下，人的心境和思想都自由，放得开，也收得拢。不用顾虑旁人的看法和言论，在这种时候往往会心有所悟。那是一种难以言传的喜悦。

——最重要的是，害怕孤独，就会变成空虚、寂寞，无所事事。孤独的妙处在于，倾听自己的心声，并认真感觉和体会在自己的生命里，灵魂流动的韵律与诗意。

——当然，可以追求财富，但不必太过萦怀。钱财不过是身外之物，得到或失去都不值得太牵挂。

*

做好自己手头上的事情，是对社会最大的贡献，将教育作为一种生活方式，自然就会沉迷其中。梭罗说，我愿意深深地扎入生活，吮尽生活的骨髓，过得扎实、简单，把一切不属于生活的内容剔除得干净利落，把生活逼到绝处，简单最基本的形式，简单，简单，再简单。

*

我想，把教育作为研究对象，有两条路：一条是讲究知识性、逻辑性、考证性，进行严密推演，形成自己的体系；一条是将教育当作生命体认对象，以生命对话生命，以心灵温暖心灵，以灵魂唤醒灵魂，超越功利，将教育融入自己的血液。后者符合人类生存发展的终极目的，是终极快乐。

我自己的经历是，同时两条腿走路，第一条路与第二条路形成一股绳，螺旋式上升，所获甚多，但很慢，且要时时刻刻在一线实践、行走，不容松懈，故而一般我会建议教育工作者选择其中一条路即可。

*

无论对于人，还是物，皆有机缘，机缘让人喜，也让人痛，但终归让人痛的时候多。因为机缘极为诡异，它在大多数情况下会与您擦肩而过。

“机”是机遇，机遇有一个特性就是个性化，当大家都认为是一个机遇的时候，这个机遇就不是机遇而是负担了。

“缘”则是一种宿命式的似有若无如深谷幽兰之清香，闻得见感觉得到就是无法把握，王菲唱的《传奇》，就是传达这种感觉的佳作。

大家都说，一旦遇见了机缘，就要珍惜，可是又有多少人能珍惜呢，大多数情况下都是失去了才后悔，此事古难全。

*

无私才能团结更多人去做事情，但，人是难以做到无私的。

老子说，无私为大私。

也就是说，只有你的梦想远远超越了个人欲望之后，社会及更多人将因此受益，而你将最终受益。

我们似乎是别无选择的，我将尽自己所能，让周围的人都能得到不同程度的提高和发展。对内，形成积极向上的人生态度和信念；对外，使无数多人甚至全世界因为我们这一群人而受益。

无，就是有。无私才能天地宽，天地宽才能容纳无限，从而获得更多的自由和权利。

*

世界上最根本的“道”，就是：大就是小，小就是大。任何时候，万事万物的基本规律都是由小变大，又由大变小的。

大就是小，看起来很强大，但内里必然隐含着弱小甚至死亡的危机。小就是大，看似微乎其微，实则隐含着强大的动因，绵薄而致远，谁又可说其“小”呢。

与此相对应的是：弱就是强，强就是弱。

高手如老聃者，均推崇以弱胜强，以柔克刚，大音微声，大象无形，以小见大，知足为富。

那么，如何才能“照见”自己的“小”和“大”呢？如何才能以平常心来应对人世纷乱呢？

——镜子。以人为镜，即可“照见自己”。可为镜者，此时无声胜有声，人生知己也。原来，知己的真正含义是“照见自我”！

古人云，人生得一知己足矣。因此，我祝愿天下有心人，都有自己的知己。

*

记不住有多少次了，某某教育家或某某教育实业家对我说“我们有共同的使命”，或者说“你是要对中国教育承担责任的人”，这时我内心就会涌起一种严重的不安……因为我深知我只是一名普通的学者，我不忍心别人将我放在火上烤。

*

我渴望成为一名有作为的教育家，真正能推动中国教育的教育家。不然，我为什么选择教育？

有很多人说我是教育家，或者教育专家，可能是一种尊重或者抬举吧。虽然我每天都和教师、校长、学生对话、讨论、讲课培训，但我并不认为我能教给他们什么东西，我只是帮助他们发现自己本来就有的教育思想之光而已，我很喜欢这样的一种第三方生存方式。说到底，我只是中国教育界一个跑龙套的人。

*

因为只有每天浸染在学校中的人，才能感觉到真正的教育家都在基层都在一线，他们用自己的心力去做教育，用自己的生命和每一个鲜活的生命对话。

真正的教育家，必须来自实践，又回到实践，必然具有精通、独到、高明的真工夫，其思想一定是超越了感性与理性的，是一种悟性认识，即达到看山还是山的自然境界。

**真正的教育家就是洞明世事，练达人情的人。**他们不发玄妙莫测的议论，不写恍兮惚兮的文章，更不幻想构建成什么哲学体系，他们说的话都是中正平和的，人人能懂的，让人看了以后，眼睛立即发亮，心头焕然冰释，觉得确实是那么回事。

教育家一定会以自己活化了的、生动的语言，将复杂的问题简明扼要地叙述清楚，使人信服。这种深入浅出实际上是一种处理井深井宽的深厚功力。

另外，教育家必须具有可读性，可读性并非高深莫测，而是：

一是要让人能够理解你。能够读懂。

二是要有丰富的内涵，而且要有一定的含蓄性，让人觉得你这个人有趣且丰富，“阅读”你后深有收获，而不是一摊浅水，一望而知深浅，一览无余。

教育家们在实践中不断开拓内心世界的广度和深度。为求得真知，彻底弄懂一些问题，他们对自己不断提出更高的要求。

很多人企图成为教育家，在没有成为教育家之前，先有了一身的孤傲、愤世嫉俗等毛病。其实，大多数教育家都是内外谦逊、礼貌的，而且“心平气和、与人为善、实事求是”。但，通常而言，教育家在精神世界里需要经验苦难。

我，最多算一个教育界的跑龙套的。如果说愿意做一些事情，只是起到了一点“水”的作用：就是，社会上有很多水泥、沙子、石头，水把他们融合在一起为“实用”，为“混凝土”，“水”最后会挥发掉，大家不再记得。所以，有人说我是教师的教师，学生的学生……

*

一位学者来应聘进入专家组，他已经托朋友推荐多次了，利用节假日约我见面喝茶。我问为什么要加入专家组，他说是想成为一流的、闻名全国的教育专家。我告诉他，如果是这样我觉得您趁早做点别的。原因是，只有内心真的爱教育、想改变中国教育的人而不是成名成家的人，才能将教育做到一流。

做任何事情，都要有道在手，道，无处不在。

*

记得著名教育家孙云晓教授曾经给我发过一条短信，这条短信至今还留着，这条短信是这样写的——您是具有卓越才能的，只要选择得当，定可大成。

从这条短信中，我觉悟到了这两个字的深刻含义——选择。孙老师确实是一位高人，关键的时候，给了我智慧的引领。很多年过去了，我选择了，并且坚定不移地忠实于自己的选择……终于根深叶茂。

**在教育中，“选择”事实上就是一门重要的功课。**

我们将面临的是一个复杂甚至将发生巨变的时代，在这个巨变的时代里，个体很难做出正确的选择。

如果你认为自己不是普罗米修斯，更不是什么救世主，或者你自觉无法左右这个世界，那么，不如选择做一个有尊严的人，做一个真正的逍遥派，这样，至少不会助纣为虐。

人的自由往往取决于对尊严的坚守。作家刘瑜说，尊严这东西是和欲望成反比的，你想得到一个东西，就会变得低三下四、死皮赖脸；而当你对眼前这个人、这件事无动于衷的时候，尊严就会在你心中拔地而起。

*

我很欣赏这样三句话：

**人所具有的我都具有——包括弱点。**

**我爱躺在夜晚的草地上仰望星宿，但我自己不愿做星宿。**

**一切都是水到渠成的，而不是通过努力能立即实现的。**

*

站在30年后看今天，心则定矣。

# 本

*

当下所有的成才教育，依靠的是支离破碎的知识以及所谓各种智能的开发，如此，教育的本真就被体制所绑架了，也被中国家长渴望孩子“出人头地”的庸俗理想左右了。

诚然，知识是人实现自我解放的工具（当然只是“工具”），而非“目的”。人通过对知识的学习，实现的应当是获得知识的能力和智慧，而非知识本身。在课堂教学改革中，如果能摆脱以知识为根本目的的巨大桎梏，就可以带着孩子一起走向知识、利用知识，从而积极地掌握知识，这应当是“人通过知识获得解放”的真正内涵。

*

一位好朋友说，他上小学的孩子对数学没有兴趣，但在美术方面有天赋，所以决定放弃数学，全力发展美术天赋。这是一种误解。一般而言，无论高考怎样改革，数学不好，将来上一流的大学，是很难的。数学是“学科之后”，除了个别具有数学家天赋的人以外，所有人都可以培养对数学的基础兴趣和思维品质，任何时候都是来得及的。这，与加德纳（哈佛大学心理发展学家）的多元智能理论并不矛盾，多元智能是对于特殊人才的特殊天赋进行的多元分类，和我谈到的普通人的学科兴趣无关。

*

在深圳做《生命课堂的价值观与方法论》报告，回到常态，回到常识，回到学业质量的关键点上来，似乎是课堂增效的一条出路。

在常态下研究教育，其核心应当是参透人的本质，从人性出发，这样就可以避免喧嚣与浮躁，从而顺水推舟、用心不用力。而在常态下找到教育的秘诀是：等待，教育的力量在于三分教七分等。“等”是什么呢？是人的觉悟的“自我发酵”。郭思乐老师说，最近喜欢说“发酵”这个词。有了酵母，发酵了，最后成了醇香的酒或者松软的面包。布道或者教学，无非是给人酵母，使之自己发酵。你想一下，你最近说服了什么人，说服了他什么，你会发现，原来并不是你说服了他，而是你给了人“酵母”，他自己“发酵”，说服了自己。

*

听汪涵讲故事。他说，有一个日本人，经过多年修炼终于成了仙，有一天在云端看见下面溪水边有一个少女在用脚踩洗衣服，少女的脚踝很美，仙人一下子染了心，就从云端上吧唧掉下来了。很喜欢这里的“染心”，人一旦对某一种东西染了心，就无法自拔。

所谓染心，就是“一见钟情，不能自拔”。

著名作家海岩也有被黄花梨“染心”的经历。海岩是一位著名的黄花梨收藏家，他踏入黄花梨的世界，是机缘巧合，但似乎更是一种必然。10年前，室内装修正掀起“混搭风”，西式沙发配一个圈椅或木箱颇为流行。一天，海岩的几位同事提议去买点中式家具。据说河北香河的家具便宜，几个人便坐一辆面包车去了香河。在一个家具城中，海岩看中一个官帽椅，从1500元砍到1000元，这成了他购买的第一件中式家具。后来，有人打听到河北大城的家具更便宜，海岩和同事们又去那里买。回来的路上，经过燕莎的一家家具店。海岩说：“要不下去看看？”朋友郑重其事地说：“这个不能看，那里卖的是黄花梨，看了就拔不出来了。”海岩一向对自己的自制力非常自信，偏要下车一看究竟。结果恰恰是，海岩对黄花梨一见钟情，真的拔不出来了。多年后，海岩笑称自己“玩物丧志”，回想当年朋友的劝告，“后悔”道：“这个真不能看。”

我想，一个人如果没有被染心的经历，他的生命是多么得苍白、无聊。从教育的角度上讲，染心就是痴迷，是情感的最高级别，也是人学习的最高境界。

*

英国大教育家、哲学家怀特海说，知识是智育的一个主要目标，但知识的价值中还有另一个更模糊但却更伟大、更居支配地位的成分，古人把它称为“智慧”。没有某些知识做基础，你不可能聪明；但是你也许能轻而易举地获得知识，却仍然缺乏智慧。

怀特海是国外思想家中深谙中国智慧的六人之一。另外五位是：卢梭【法】、罗素【英】、奥修【印】、雅斯贝尔斯【德】、福泽谕吉【日】。

他的这段话很重要，对于我们当前的课堂教学改革具有重要的定向价值——培养一代有智慧的人。其核心问题有两个：兴趣的培养，思维习惯的训练。

具体操作而言，就是三个字：想，开，悟。即：如何想？如何开窍？如何悟化为自己的？这三个字高度概括了课堂活力的全部精要。

*

减负的实质是“减去多余动作”，即减去与培养一个真正的人无关的教育行为，突出人本，突出自主，突出体验，而增效的三大突口：在于课堂、在于课程体系重构、在于教师幸福感的增值。

另外，提升中小学生学业质量与效能需要有三大具体要素：一是活跃的思维；二是良好的习惯；三是认真的能力。

*

讲课的目的之一。每次讲课因为从不备课从不使用PPT，所以讲完之后我根本不知道我讲了些什么，而受众之所以受益是因为我通过讲课把自己的精神能量传递到他们的内心，相对于传递能量，具体讲什么内容已经不是那么重要了。

讲课的目的之二。有教师问，我把能量给了学生，谁来补充我的能量呢？有教师替我回答：如果把能量给到了学生，学生一定会把更多的能量“还”给你。真是教育之精髓啊。

讲课的目的之三。学习的本质是自我更新，因此教育者所讲的知识和技能，如果没有承载自己的精神能量，学生就感受不到人的温度、知识的美感和技能的必要，因此，也就不会去自我更新，实际上就远离真正的教育了。

讲课的目的之四。讲课要学会示弱、装傻，学会放下“执着于教”，只有“无我”的教育者，才能给予受众无限的思维空间和发展的可能性。所以，我在讲课的时候都尝试放下自我，赋予受众以清晰现实的深化性、延展性、创造性，算是讲课10年之心得吧。

讲课的目的之五。有一位大师在树下讲课，我们经常忘记了树上可能有一只小鸟在听，在笑，在跳，然后飞走了，没有人注意，也不需要人注意。课堂如斯矣。

讲课的目的之六。小和尚问师傅，春天来了我们什么时候种草，师说“随时”，于是小和尚即拿出种子种于坪上，这时，大风狂作，草籽飞散，于是问师傅，师说“随性”，因为留下的才会发芽，飞走的都是瘪的；到了晚上突然暴雨，冲走了仅剩的草籽，问师傅，师言“随缘”吧，过了几日，小和尚发现遗留的一些草籽不经意地生出绿芽来了，喜高师傅，师说“随喜”。教育的不执着，和佛陀教育中的随喜之美差不多，这样的课堂才是像呼吸一样自然。

*

一支高水平的球队，并非每一名球员的技术精湛与脚法绝妙，而是每一名球员任何时候都想着把机会提供给占据良好位置的队友。想别人比想自己多那么一点点，“无我”才是合作的最高境界，那么，这支球队将无敌并受人尊敬，团队管理何尝不是如此。

伟大的球员，“伟大”在于能管理好自己的欲望与私心，管理好自己的情绪，最后才是管理好自己的技术，这是中国足球队员难以自立的根本原因，也是中国足球萎靡与溃败的人文原因。

著名职业教育家陈老宇说，德国队昂首进入四强，而巨星云集众望所归的阿根廷以及巴西打道回府了。这是工匠技师对科学家、艺术家的胜利。没有名星、没有天王，没有让人纠结不清的复杂理论，没有让人眼花缭乱的艺术表演，德国队，简捷、团结，全攻全守，整体涨退，进球才是硬道理。这就是高技能人才的特点，这就是工匠技师的能耐。

*

有读者问，一个得不到外来鼓励的人，如何保持上进心？真是一个好问题！**外来的力量只能是激发和引导，而起根本作用的是内在热情**。内在热情有三个层次：一是优势。发现自身优势，并强化之。二是责任与目标。自觉担当一些使命（梦想），并建立目标体系。三是忧患。因为危机常在，不上进则被淹没。

*

所谓模式，是反映经过概括和抽象之后的事物本质的一个复杂而精巧的控制机制。而任何一种成功模式的背后，都应当是一次技术的创新与重大突破。无论是政治模式、教育模式还是商业模式，我想都是一样的。而养成教育的操作模式，其背后是若干个教育技术的重大突破，如价值观机制、自觉机制、人格机制、学习本质机制等。

建构课程逻辑的关键是确定课程目标，也就是培养什么人、怎样的人。我感觉，新时期养成教育的魅力在于：培养一代有文化底蕴、有深刻思维、有强大内心、有良好习惯的现代公民。我们所有的课程体系都是围绕着这样的一个目标来建设的。

*

“改革”，改的是陈旧低效的思维方法，是诟病，而“开放”的是与西方国家的思维与文化的对话与融合。我不知道，我们应当：先“开放”后“改革”，还是先“改革”后“开放”，甚至边“改革”边“开放”……顺序不同，效果也就不同，这真的是一个大问题。

教育改革的核心问题在于民众思维的变革与优化。比如：破除二元思维（非此即彼，简单二元），调整修订教育定位、教育评价、教育计划、教育目标、教育价值观，使之更加人本、科学、有效、长远。

*

晨读梁漱溟，讲到人心。人心本质有三个，即：主动性、灵活性、计划性。在我看来，计划性就是经验程序、操作步骤与机制；灵活性，即调制性，包括创造能力、变通能力两个指标，都是主动性的具体内涵而已。同时，还要注意到主动性的养成，确实需要依靠引导其价值观、满足其需要、适应其个性来分层促进，因此，人心问题需要集中解决的问题只有一个：人的态度。

*

我经常和同事们说的是，我们能不能再进一步想……我知道，人的想象力是无限的，像大海，只有不断深入地挖掘，一定可以挖出财富来。

**爱因斯坦说，“想象力概括全世界。”**想象力是人类最重要的智慧，很多国家把想象力当作国策，其重要性如我国的“计划生育政策”，因而在自然科学的理论与创造方面他们远远走在了我们前面。把想象力当作国策的国家，200年即可成长为世界上最强大的国家之一。但单凭想象力并不能让国民幸福，特别是当前我们更需要内在精神性的重建。个人比较倾向于大力倡导将创造性与精神性融为一体的美育教育。

*

教学就是处理好人的生命与知识的关系。人的生命与知识的关系无非是这样五对：情感——让人与知识之间关系变得亲切；觉悟——让人与知识的关系灵动（活化知识、培养能力）；活动——让人与知识的关系变得系统（知识树）；实践——让人与知识的关系变得稳定（验证）；考试——让人与知识的关系变得现实。更加重要的是，这五对关系的顺序不能错，错了，就有可能是应试教育了。

*

丘吉尔曾说，“我天天讲民主，不要以为我认为民主很好，不，民主非常糟糕，但没有民主会更糟糕。”丘吉尔是世界上最会讲话的人，“会讲话”的背后是柔韧的思维模式，而不是僵化的“二元论”，时下很多“时评家”或者“空头文学家”貌似深刻，其实非此即彼，思维僵化，干扰视听。

关于思维模式的构建，我比较倾向于从黑格尔提出的理性认识论切入，并全面融合东方文明之精髓——悟证方法（如中国较为经典的悟证案例是六祖慧能人人顿悟可为佛），并加以人性因素与情感因素的调制，进而提炼出完备的、稳定的、发展的思维导图。

理想的思维模式一定是温和的、柔韧的、深刻的、活化的、通达的、生成的，而不是死板的、暴躁的、偏执的、不讨论的、固守的。一切事业的背后其实都是思维模式在起决定性作用，比如教育改革。

*

帮助朱海峰兄的“三大教子理念”具体化、深化一下，三个关键词：一是开心。满足容易开心，但过度满足则培养出富二代，“有条件满足”反而让孩子更开心。二是想象力。想象力的核心是“对美的感受经验的积累与表达”，而非仅仅发散思维训练（只是对美的理解）。三是自信——人格的核心。每月给予五次小的成功的评价，孩子就会自信一生。

*

当前中国现行的教育理论与实践深受工业化思维即征服思维的影响，形成了以教为中心的庞大评价体系，致命之处是“教本能”，把大量依靠学生本能获得的东西变为必教的内容，结果出现“厌学”、“唯分数论”、“摁着牛头吃草”等教育癌症，且大量顶好学校的校长教师竟然以“征服”、“控制”为荣。当然也不排除当下少部分顶好的学校抢夺甚至垄断好生源之“阳谋”，使得很多群众迷信了这种工业化思维的局部效果。

*

“七色花”教育现象值得深思。

所谓七色花教育现象，就是本来一种花只开红花，但我们的教育者非得使用所谓高新、复杂技术机制，让这种花开出七种颜色来，可能也开得出来，很好看，却违背了花的天性。教育的本真是，疏松土壤涵养水系，让花儿自然生长、开花，哪怕是一色花，自然而然。

在深层次上，这种现象主要表现在通过深入研究人的大脑运行机制，企图建立所谓的心理学控制系统，以微格化、数据化、标准化的工具建立的教育教学评价体系，其实质是工业化思维即征服思维在人的发展领域中的泛化和迁移，是反教育理念的。

**方向错了，越努力，错误越大，离教育的本真越远。**

*

人是最大的自然，顺应自然，尊重人的生命发展的规律，把“土地”还给孩子，才是教育的根本所在。如果确实要打比方，教育应当像传统农业或者中医……据我所知，目前西方很多一流的大教育家在反思他们的工业化思维的危机性，并震惊、好奇于中国教育的优秀传统。

我们的教育所遇见的挑战是全球性的挑战。现代西方文化的本质是凭借科技的武器攫取自然资源以满足人类不断膨胀的欲望的工业化文化，在这种文化背景下，人类的未来堪忧，比如，把地球的“血液”——石油榨干了，谁知道会发生什么?

人和自然如何相处，这个基本问题，将直接影响世界主流教育思潮的走向。

*

转变以教师的教为中心为以学生的学为中心，是当前中国教育的主流价值观。问题是这个价值观的背后的逻辑需要重新厘清、重新推演，从一味地控诉“高考是万恶之源”中走向深刻的理性，否则就变成了“素质教育轰轰烈烈，应试教育扎扎实实”，教育改革两张皮，里外不是人。

我反对并以己绵薄之力改变的正是应试教育体制，但我是支持高考的，因为高考至少可以改变部分无力“拼爹”的学生的命运。窃以为，当前中国15年以内所有有意义的教育内涵改革，须在接纳高考的前提下进行（高校自主和高校自主招生的真正实现，以及职业教育体系的建立，大约需要15年，故言。）当前最要紧的是不惜一切代价激扬学生的三大生命核心价值：主动学，爱，创造。

而这三大价值在课堂、德育、办学理念与校园文化等三大板块如何实现，当是现代教育内涵发展的突破口之一。

*

教育的意义在于使每一个年轻的生命充满活力，这里的“活力”是指激发学生思维的活跃性，进而唤醒其内在的生命活力。换言之，生命活力的内核应当是丰富的内心世界再加上活跃的思维活动。

不同阶段激发思维活跃性的途径是不同的，可以通过甲骨文中的四个字来做个比方，看看能否提炼出不同阶段的思维锻炼的重点：

学前与小学低年级阶段。甲骨文中的“比”字是两个“人”字，可见，人是通过比较来认识世界的。在实践中，学前教育以及小学低年级阶段对儿童进行比较思维的训练，应当是一切理解和颖慧的基础功课。

小学中高年级阶段。甲骨文中的“从”字也是两个“人”字，表明，儿童具有模仿、跟从的天性，因此小学中高年级阶段的思维训练主要应采用

“榜样模式”或者“示范模式”。

初中阶段。甲骨文中的“北”字也是两个“人”字，从“北”字中可以领会到初中阶段的学生是具有逆反天性的，因为他们需要通过逆反确认自己、找到真实的自己。这个阶段思维活力的价值取向是，在反证和反思中获得自我的觉醒，另外，这个阶段，还需要侧重培养讨论能力和适应矛盾能力。

高中阶段。甲骨文中的“化”字也是两个“人”字，从字源上看，这个“化”字是文化的意思，即：关乎人文，以化成天下。也就是说，这个阶段的思维特征是悟化、消化，通过深刻的感悟与理性的整合，将知识内化为自己的，同时使思维活动充满活跃性，还能保持足够的逻辑理性。

*

**开心是一种能力，一种打开心门的勇气，一种发现自己、超越自己的教育智慧。**

开心的人身体健康，心胸开阔，要知道，内心闭塞、阴暗的人开不出美丽的心灵之花，笑起来都很难看。

而开心就是打开心门，让阳光照进心间。

仓央嘉措说：一个人需要隐藏多少秘密，才能巧妙地度过一生，这佛光闪闪的高原，三步两步是天堂，却仍然有那么多人，因心事过重，而走不动。

著名学者刘再复也有一段美妙的文字：

黎明中清新的空气，柔和的曦光都是养育心性最好的药物。这个夏天，我每天早上都坐在瓜棚旁边读书，此时，见不到太阳，但可以看到洒满大地的晨光，在晨光中思想，会觉得天地间一股清气、祥气流入胸中，洗净偏见，这个时辰的学习，自然会减少躁气、戾气、妄语……

我们为了保护自己，总是习惯于关闭自己的心门，拒绝阳光，因心事过重而闭塞、难过。我们的心灵，最需要的是积极的阳光。

*

生命课堂的改进与构建，首先需要坚持立场。

那就是彻底与“执着于教”割裂，坚决站到“全面依靠学生学”的思想立场上来。

真正“好看又好吃”的课堂绝不是传统“赛课”的僵化标准，而是每一个学生生命和思维充满活力、实质合作的课堂。这需要对教育本质进行更加深入的思考。

让课堂拥有灵魂，“灵”在思维，“魂”在对人的生命根性的唤醒和激扬。

其具体表现为：不惜一切代价唤醒每一位学生的主动性。

*

许多学校组织教师到一些成功的学校学习，回来后发现不能用，这是必然的。

学习的意义在于“学而不用”，因为每所学校的文化土壤不同、理性精神不同、学情不同，从技术层面上看，没有任何的可借鉴性。真正的学习是，学而忘掉后，或多或少获得一些自己的觉悟和创新。

一位教师也赞同我的观点：“通过对方的有形之‘术’的演示，感悟其生命中深藏的‘道’之精义。故持术者，胶柱隔碍；达道者，妙应无穷。林格老师所说的‘学而不用’‘忘而后通’，是一种很高明的心法境界！”

*

兴趣是人的意识对一定事物或活动的内在趋向性和选择性。人内在趋向什么，选择什么，有着丰富而深刻的内涵。

兴趣是人生命活力的主要表现。

兴趣对人的发展还有一个重要作用，就是定向作用。一个人现在做什么、不做什么是由自己的兴趣来定向的。一旦形成了真正的兴趣，将对人的一生起到决定性作用。往往一个小兴趣，可以成就一名专家、学者、企业管理者、政治家等。

从本质上看，人的兴趣又是一种情感，这种情感包含了这样一个生成和发展的过程：无兴趣——兴趣——热爱——酷爱——痴迷。

兴趣分为三个层次：

初级层次：兴趣感，这个层次的兴趣很多时候只是一种不稳定的感觉，也可以说是好奇心；

中级层次：主动性，这个层次是历经了多次小成功后初步稳定下来的能力，其核心是态度；

高级层次：价值观，这个层次是得到了理念和实践印证的稳定人格。

培养一个人的兴趣，可分三个层次来递进，其背后存在着一个由"期待"、"机会"、"评价"三个元素组成的动力模型。这是教师需要掌握的最为基本的人的发展课程之逻辑。

*

有网友问，怎样指导孩子写好文章？

我的答复是：引导孩子去感受身边和生活中的一切美，美的物质，美的声音，美的艺术，美的人心，并且把感受到的美用嘴说出来。说多了，这种经验积累也就多了，就会写出好文章。会说话就会写文章。

*

**爱是理想课堂的道德基础。**

爱的本质是人与人之间、人与群体之间思想与感情的正向传递、反馈的过程。而师生之间心灵的沟通与感应，让每一个孩子都意识到“老师是在乎我的”，这是所有理想课堂的共性。

课堂作为中国教育内涵改革的土壤，背后的课程文化体系支撑不言而喻，但其人性基点和课程核心内容应当是爱的种子。在这片土壤上，种下什么，你就将收获什么，种下爱，就会收获整个教育的春天。当下推动的课改，只是“松土”的工作，“松土”之后，要种下什么，这个似乎更加重要。

*

过去几十年的教育从未把孩子看作教育的主体，以知识为中心、人为设计教育的内容与形式，只是把孩子当作知识的接收器，而不是知识的主宰者。因此，孩子无论何时何地都是“被教育”的对象，孩子在整个教育过程中，始终处于被动、消极的地位。

很多教师，唯恐在孩子面前不能立威，习惯于高高在上，习惯于无所不知，面对孩子犯下的错误往往疾言厉色，仿佛全天下的真理都掌握其中。这样的教育者，无论多么辛苦，有着多么朴素或者伟大的动机，都在从事失败和错误的教育。

相反，要孩子的心灵乐于依靠，教育者应有一个美德，那就是——让自己变得柔弱起来。因为，只有自己的内心变得柔弱了，才能缩小孩子的心灵与教师的心灵之间的距离，才能把话说到孩子的心里去。

*

**真正的教育绝不仅是讲道理、传授知识，更不仅是开发孩子的智力，而是把自己精神的能量传递给孩子，维护孩子的心力，让他成为一个内心强大的人，一个能承担后果、应对变故、改善自身和环境的人。**

在教育过程中，如果我们过于依赖大脑，依赖心理学技术，依赖知识的传递，就会使我们的心灵失去了感知、感觉、感应的能力。只有感受身边的每一个人、每一件事物，才能让生命生动而自由起来。教育之道，道在心灵，而不是被动的知识传递和技能训练。教育应当回归到心灵深处。

*

我认为，所有的教育问题都不是孩子的问题，而是大人的问题。大人心中的谜团与困惑，一旦被解开，就可以豁然开朗，脚下都是路。

孩子为什么会染上网瘾，这是一个老生常谈的问题了。因为在现实生活中，孩子的心灵的三大需要得不到满足，所以只好依赖虚拟空间的赐予，以实现内在的平衡。换言之，要解决网瘾的问题，并非去痛骂网络游戏设计者和管理者，而是回到我们的问题上，我们是否能满足孩子内心的真正需要：心灵的温度，成就感，赞美。如果我们不能满足他们，那么我的建议是不如让他们在虚拟的空间里找到自我，以免内在失衡。

教师和家长身上百药齐全，我从来就没有一吃就灵的“教育之药”，我的工作只是去激发、调动他们内在的能量，依靠他们自身无限的力量去解决问题、突破发展。那么，我想说的是，教师和家长是否也需要调动孩子内在的力量自己去解决问题，而不是控制或者“好为人师”？

*

和国务院直属机关的部分青年干部做了两个小时的谈话。主要谈三个问题：想明白，说明白，做明白。由于时间有限，我谈的不好，也不够透彻。但我想，对于校长和教师来说，这也是一个值得讨论的基础性问题。

如何想明白？

想明白，主要是学会思考。

想明白的两个敌人：第一个敌人是肤浅。一般的人想问题只停留在里外两个方面，什么事情能想到里外两面，看起来辩证、理性，实际上这种“辩证”和“理性”恰恰阻碍了人的深刻性。辟如下象棋，要取胜，也需要想四步以上。第二个敌人是僵化。或者缺乏独立独到的见解，人云亦云；或者缺乏思维的柔韧性，固执偏见。

想明白的两个要求：一是抓住核心问题；二是抓住核心问题的核心。

想明白的两种技术：一是善于推演；二是善于梳理。

想明白的三项“思维对”准备：一是因与果；二是整体与局部；三是过程与结果。

如何说明白？

说明白，主要是学会表达。

说明白的两个敌人：第一个敌人是混乱。混乱的原因是不善于概括和提炼，所以不清晰，也就不善于表达。第二个敌人是表演。表演容易引起别人的注意，但却阻碍了真正要表达的真意，好的表达是直抵人心的真诚，而不是技术。

说明白的两个要求：一是深刻；二是通透。

说明白的两种技术：一是分析技术，包括对以往的总结技术和对未来发展的建议技术；二是精辟高雅的语言技术，这需要做好一门功课，时常积累“好句子”和“好例子”。

说明白的三项“真工夫”准备：一是深化；二是活化；三是透化。

如何做明白？

做明白，就是做事情做到位，做少、做好、做精。

做明白的两个敌人：第一个敌人是散漫。做事情没有计划，习惯于拖延。缺乏把一件事情做到底的意志。第二个敌人是推诿。不善于换位思考，过分强调客观因素，这样就会越做越不明白，且很多事情需要弥补，结果浪费了许多的时间和精力，效率低下。

做明白的两个要求：一是策划。就是对起点到终点之间的过程进行设计、控制，并对于目标、定位以及效果的实现，进行分解。二是求实。精益求精，把每一步都做到极致。

做明白的两种技术：一是执行。特别是对细节的提炼、掌握和贯彻。二是评价。主要是自我评价，在评价中实现提升和超越。

做明白的三门“新能力”准备：一是对“条件”的占有和充分使用甚至再创造的能力；二是对“效果”标准的确认能力；三是“适应矛盾”的能力。

*

与一位多年的老朋友在香格里拉饭店品茶、谈论读书之事。

虽然身在官场，但，他是我的朋友中最善于自我进化、自我更新的。在如今的官场上，能保持坚定的信念、还能每天手不释卷、并不断和国内不同行业的高人对话的人，已然不多了。

我问他，这些年是什么东西让他保持学习的热情，他说了他20年来最重要的体会——看周围那么多长者，年长以后去恶补，太难了，只有年轻时候打下了底子，才能稳重。而底子不好，位置越高，就会越危险。

*

我常问教师一个基本问题：您是“带着学生一起走向知识”，还是“教会学生如何学习知识”？这个基本问题可以明确地区分什么是“教育”和“反教育”。

*

我认为，现代教师的三大师德是：让每一个孩子感觉你在协助他进步；让每一个孩子感觉你在激发他上进；让每一个孩子感觉你在启发他觉悟。而理想的教育取决于教师理想的境界，教师的成长决定学生的成长，高质量的教育必须依靠高素质的教师。

若教育者的内心已经起茧了，一般的道理和技术已经无济于事。而教育领导者唯有坚强的理性、严密的逻辑、人的温度，以及弱化了的“自我”，才能渐渐消融教育者内心的茧，才能进入他们的内心。

*

**幸福的教师每天心中总是会盛开一朵三瓣花：一瓣是平常心；一瓣是包容心；一瓣是感恩心。**

不是所有的教师都是幸福的，也不是所有教师都是痛苦的。归纳之，凡是真心将素质教育进行到底的学校，教师是幸福的，反之，教师就是痛苦的。

*

我从来就不认为我能教会老师什么，只是带领大家不断发现自我，激扬自我，创造自我。这正如教师也不能教会学生什么，只是带领孩子一起走向知识……

有人问我做即兴演讲的秘诀，为什么不用备课不用PPT不用讲稿，而能千变万化、深入浅出而逻辑严密？其实我的秘密就是两个字：生成。对于我来说，眼前的一切都是课程资源，只要逻辑清晰，课程的框架与目的明确，形式与内容完全可以依靠“生成”。这，正如教师在课堂上，生成的才是有生命活力的，一切教育的智慧都在学生身上。

当然，价值观是需要“藏”起来的，逻辑、框架和目标也是不必挂在口头上的，“生成”的美妙，就在于信任、尊重人的无限潜在、充满生机的生命未知。

*

郭思乐老师说，人的发展的经验，不在于一城一池的得失，而在于实力的消长。打仗如此，读书也如此。当一个人整体素养上去了，思维能力提高了，事业成功就指日可待了。有的人会读书，只读关键，有的人会教书，只教关键，其他的都靠自己去悟，这才有意味。

人的发展实质是学习的发展，人的学习至少分为七个阶梯，每一个人都应当找到自己的定位以及升阶的方法：

第一阶梯：奴。非自愿工作，要被人监督。许多人天天为奴而不自知，所谓浑浑噩噩也。这个世界上，80%的人终身为奴。

第二阶梯：徒。能力不足但自愿学习，懂得谦虚、忍耐、精进。每一个人都需要有一个漫长的“为徒”的过程，越漫长越扎实。

第三阶梯：工。按照规矩做事，规矩有两个方面含义，一方面是规则，不钻空子，不要小聪明，而是按照规则踏踏实实做事；第二方面是规矩即为操作尺度与标准，就像木工，榫卯方圆，严守规制。

第四阶梯：匠。精于一门手艺、技术，熟能生巧，举一反三，具有一定的创造性，大凡为匠者，均有自己的绝活。

第五阶梯：师。掌握规律并传达给别人，帮助别人成长、进步；为师不容易，因为不仅需要精通规律，还要懂得如何对人施加有效的影响。

第六阶梯：家。有一个信念系统以及理论独创性，让别人生活更加美好，也可以在实践中不断延伸、创造新的理论，内外兼修，自成体系。

第七阶梯：圣。精通于事理，通达万物，大公无私，为人民立命。为圣者，自己并不知道自己是圣者也，因为圣者往往是一个瘦弱的理想主义者，他只知道天道为上，人道为中，世道为下。

每一个阶梯之间，如何自我定位，自找办法升级，自我评价，是一个人学习和发展的实质过程。

*

对于赤手空拳的人来说，发展是没有捷径的，上帝很公平，谁勤勉，谁发展。

一是辛苦工作，永不松懈。没有听说过一个懒人可以达到事业高峰的。

二是手边应办的事情绝不拖延、积压，日日清，周周清，月月清，关键是日日清。

三是想完成的工作，要作深入的思考，不可马虎、急躁，避免可能出现的错误，需要返工是进步的最大障碍。

四是能够适应、配合新的发展趋势，迎头而上。

五是具有弹性，不要做性格演员，抱怨与愤怒是智慧的最大敌人。

六是结交志趣相投的人一起做才能做好。循序渐进，互惠互利，交人交心。但，看人要准了，不信任你、甚至看不起你的人不值得交往。

七是帮助别人，不先想对自己有什么好处。你认为这个人应当帮助，就应当没有理由地去帮助他。

八是创造自己的机会，不从众。每一个人都是这个世界上独一无二的，必须走自己的路，才能拥有完全属于自己的机会。

以上八条同样适合我们的教师，我发现，优秀的教师也是这样成长起来的。

*

德国教育学家普朗格说，教育的最终目的不是传授已有的东西，而是要把人的创造力量诱导出来，将生命感、价值感唤醒。

普朗格是人文主义教育学派的代表人物，他提到的唤醒生命感和价值感，指向了教育的本质之所在，即回归到人的生命性上，并进而在教育中提升人的生命价值。当代中国重要的教育家，都曾受过其思想的深远影响。

那么如何唤醒呢？首先是信任期待。孩子们一旦得到了更多的信任和期待，内在动力就会被激发，会更聪明、能干、有悟性。其次是呵护自尊。自尊是一个人的内心全部秘密的总阀门。第三是激发上进。每一个人的生命原动力是上进，这种原动力，经常会被外界力量所掩盖甚至扼杀，教育者的道德应当是不断激发其上进，然后全面依靠其自身的学习本能，求得发展和进步。

*

优秀的教师不仅学科教育技术精湛、基本功扎实，更加重要的是内心里始终有一种向上的力量，这包含四个要素：希望，积极、清晰、勤奋。换言之，不断修炼自己的向上之心，是优秀教师成就教育人生的关键，因为，教育的本质是教育者的自我教育。

在教育中，最应当强调的内容是“希望”。只要一个人心怀“希望”，并且相信自己，就一定能独立自主并且拥有幸福。在我倡导的德育实践中，总是把“希望”摆到一个极高的位置，在孩子的心田里不断种植“希望”的种子，用心浇灌，他们的将来必定是“人间四月天”。

*

人真正的能力是，做自己能做的事情，并把它做好，与名与利无关。而优秀与卓越的区别在于，前者做好自己能做的事情，后者把自己能做的事情做到极致。

我在想，凡创作或者做成事情，须具备两个条件：一是聪明，二是下笨工夫。一般而言，自认聪明的人许多，而能把一件事按照步骤，下笨工夫做好、做完、做到底的人极少。可以说，动手做是人类最好智慧，而之所以难于下笨工夫去做好一件事情，盖因凡聪明人都贪多贪大矣。

*

我走访了很多学校，也面对过数以万计的家长，其中有一个强烈的感觉是，我们现在的老师和家长太累了。

我们的教育承担了过多的不应由它来承担的社会压力：升学、就业、致富、当官、成名成家，这些社会期望都通过考试、升学的途径，全部加到了中小学生和教师、家长、校长的身上。有一位全国著名中学的一位女老师对我说，她们每天需要至少工作12个小时以上，周末也基本上没有休息，没有时间与人交往，所以也就没有什么朋友，连家庭也照顾不上，甚至性生活都不和谐。我很震惊！

很多人把问题原因一概归结到应试教育体制上去，我不赞同。我认为解放老师、解放家长的出路在于转变观念，从教育内涵方面寻找突破口，才是正道。

*

我是客家人。我们客家的老人经常把不听话的孩子比作“牛”，这是一个很别致的比方。我们就从“牛吃草”这个比方说起。

有一个15岁的男孩去农村过暑假，见一个老农把牛拴在一棵又细又矮的木桩上。男孩着急地说：“爷爷，不行！牛会跑掉的。”老农呵呵一笑，说放心吧，不会的。男孩说：“这么小的木桩怎么能拴住这么高大的牛？”老农对男孩说："这头牛还是小牛犊的时候就被拴在这棵小木桩上了。刚开始的时候，它总是不肯老老实实地待着，刨蹄子，打喷鼻，不断地撒野，企图把小木桩拔起来。可是，那时候，牛的力气小，折腾了一阵子还是在原地打转，不久它就不再折腾了。后来，它长大了，不仅个子高了，力气也大了，可是它已经不想再去拔这小木桩了。"

老农还告诉男孩说："有一回，我给牛添料，故意把一些草料放在它的头够不着的地方。我就是想试一试，看牛是不是会把脖子伸过去吃草料。只要它一伸脖子，这小木桩就会被拔起来了。可是，它吃完了够得着的草料，眼看着旁边的草，只打了两个鼻喷就耷拉着脑袋了。"

是什么拴住了这头牛呢？是小小的木桩吗？不！拴住这头牛的不是小小的木桩，而是由这小小木桩所形成的心理枷锁。

一厢情愿地强化孩子的自我控制，置孩子的主动性而不顾，孩子的发展就会像那头被小木桩拴住的牛一样。小的时候想拔木桩拔不动，等到长大了，有足够的力气能够去拔那木桩了，却已经没有那个欲望了。

当代教育者的最大困境其实就在于摁着"牛头"吃草，一厢情愿地训练"牛嘴"要张开多少度、如何吃草，岂不知"牛"吃草是它的本能。这样强硬和机械训练的结果是，"牛"很累，教育者也累，教学的效能却极低。过去几十年，教育者长期执着于为孩子设计的教育，实际上对孩子的主动发展的一种人为控制，如何转变"被动教"为孩子的"主动学"，是当前教育走出困境的唯一途径。

*

现代教育有两个伟大的使命，一是发现孩子，二是解放孩子。而发现和解放孩子的前提是了解孩子，了解孩子的前提是尊重孩子。

近年来，“尊重教育”经常被提到，但很可惜的是，“尊重教育”仍然停留在建立良好师生关系的层面上，没能进一步深入挖掘其深层教育价值。

为了区别于一般的“尊重教育”，我们提出“高度尊重孩子”的概念，也就是说，仅仅尊重人的基本权利是不够的，还要高度尊重人的生命发展规律，这是一切教育的逻辑起点。我正是用这个尺子来衡量社会上流行的各种教育理念的真伪，只有从生命发展规律出发的教育才是真教育。

人的生命发展诸多规律中，通过对大量史料的分析和有关理论的梳理，可以发现，在影响教育价值的诸多因素中，有一个因素是居于核心与灵魂地位的，那就是人的主动性，它是人的素质核心，是一个人“脊梁骨”，没有它的支撑，人是无法“站立”的。主动性规律，是人区别于动物的主动要求发展的高级本能，即一种人性，包括独立性、自主性、创造性。人的主动性，表明了人的自由发展的程度，可以说，人类进步的历史本身就是主动性不断增强的历史。

《共产党宣言》中提到“个人的自由发展是人类自由发展的前提”，这个概括是深刻的。天性为命，人性为道，教育者唯一要做的事情是无条件保护甚至捍卫孩子的主动性，而不是控制它。随着新课改的推进和家长素质的逐渐提高，越来越多的教育者认识到了这一点，这很可贵，但在与教师和家长的交流探讨中发现，还有很多的教育者，尤其是家长，对人的发展最基本规律的认知是模糊的，甚至是错误的。

每个孩子都具有主动性，协助拓展任何一个孩子的主动发展可能，应当是素质教育的灵魂。激扬孩子的主动性呈现为这样的教育过程：当孩子隐约感觉到了发展可能，而还没有来得及产生什么具体动机时，这时就会产生一种独特的心理体验，这种体验叫美感。一位教育者，就是能不断提供给孩子这些美感，也就是不断展示给孩子发展的各种可能性，这时候，孩子的内心就会油然生发出实现那些可能性的冲动与激情，孩子就开始了自主学习的旅程，教育因此实现。相反，如果只强调“灌输”或者“填鸭”的作用，实际上就是对孩子的这种高级本能的蔑视和控制，他们被动地“学”，被动地接受你的影响，逐渐就会失去对学习的热情。

*

我想把想象力当作一个重点来探讨。毫不客气地说，如果我们的教育控制了孩子的想象力，任何的知识传授都是徒劳无功的。有一句俗话“拣了芝麻，丢了西瓜”，“芝麻”就是“分数”，“西瓜”就是“想象力”。

什么是想象？

首先，想象是一种心理过程。通常把在外界现实刺激的作用下，人类大脑对记忆的表象进行加工和改造、形成和创造出新形象的心理过程，叫作想象。这里需要注意的有三点：

一是外界现实刺激主要表现为言语的调节或物质的刺激；

二是记忆的表象主要是过去感知过的材料以及实践经验等；

三是形成和创造新形象则是将大脑中旧有的联系重新配合，从而构成新的联系，是一种智力活动。

其次，想象是一种形象思维。想象在本质上是一种形象思维，是构成创造性思维的基础。想象在其本质上也是一种对世界的认知，但主要的还是用形象来思维。比如，我们读到“敕勒川，阴山下。天似穹庐，笼罩四野。天苍苍，野茫茫，风吹草低见牛羊”时，脑海里就会浮现出一幅壮美的图画，而且每个人脑子里的画面都各不相同。每个人在想象的时候，都借助原来储存在脑子里的表象进行了加工和创造。再比如，当我们读到“枯藤老树昏鸦，小桥流水人家。古道西风瘦马，夕阳西下，断肠人在天涯”时，尽管我们大多数人并没有经历过这样的情境，却能在头脑中产生一幅奇异的图景来。这幅我们从未感知过的图景，就是用我们熟悉的“枯藤”、“老树”、“昏鸦”、“小桥”、“流水”、“人家”、“古道”、“西风”、“夕阳”、“瘦马”、“断肠人”等表象构成的。想象虽然是以记忆表象为原材料加工改造而成，但记忆表象只是对过去感知过的事物形象的简单重现，而想象则是以创造新形象为特征的。

在人的智力活动中，想象占有十分重要的地位。想象力是人类独有的才能，是人类智慧的生命线。优秀的想象力对于一个杰出人才来说是必需的。有的学者指出，人的大脑具有四个功能部位：感受区、贮存区、判断区、想象区。一般情况下，人们运用前三个部位功能的机会多，而应用想象区的机会少，一般人仅仅开发使用了自己想象力的15%。可以说，想象能力应用多少是评价一个人智力高低的标准之一。

爱因斯坦16岁时曾问自己：“如果有人追上光速，将会看到什么现象？”以后他又设想：“一个人在自由下落的升降机中，会看到什么现象？”他在充分发挥想象力的基础上，经过严格的逻辑思维和严密的数学推导，创立了“相对论”，获得诺贝尔奖，成为世界上最伟大的科学家之一。有人赞叹他的成就时说，作为一个发明家，他的力量和名声，在很大程度上应归功于想象力。爱因斯坦自己也说，“想象力比知识更重要，因为知识是有限的，而想象力概括着世界的一切，推动着进步，并且是知识进化的源泉。”

最近几年，很多中国优秀学者都在做一项有意义的课题——关于大国崛起的原因分析，但大多重点分析了经济、科技方面的原因，忽略了深度分析大国崛起的教育原因。

比如，人们时常问究竟是什么建立了强大的美国？究竟是高度发达的科技、完善的机制等，还是以西部牛仔为模式的冒险精神？创造学的鼻祖奥斯本说，是想象力建立了强大的美国，也就是说，一切的一切都应当归结于人的头脑，归结于人脑本身的想象力。因为一切教育、科技、经济的发达，都离不开想象力。即便再完善的机制也为人的想象力的展翅高飞留下了足够的空间，所谓人才的自由流动，生产要素的高度活跃，创业的高度活跃等等，其内在原因都是因为人的想象力的空前释放。

二战以后日本经济为什么能腾飞？原因很多，而如果从人这个因素探寻，那么其根本原因也是在于日本大大地开发了全民的想象力、创造力。日本经济的腾飞得益于把开发以想象力为核心的智力资源作为一项国策，开展了全民性的开发想象力和创造力的运动。在上个世纪60年代池田内阁的国民收入倍增计划中就提出“振兴科学技术的基本问题就是以科学技术为中心培训人才，推进研究开发，改进工业化的对策”，“不能停留在对外国技术的吸收和消化上，必须进一步开发本国的技术，所以科学技术人员的培养问题是关系计划期间经济能力增长的关键问题。”该计划要求教育成为“找到能够发挥每个人的创造力的大门的钥匙”。1963年，日本经济评议会在《关于人的能力政策的报告》中指出：发展自主技术“不能单是为振兴科学技术教育与扩充科学研究投资而采取直接措施”，而“最重要的是产生独创技术的创造力，比什么都重要的是通过教育使广大国民具有可能实现自主技术的基础教养和创造性能力。否则，就难以涌现足够数量的有独创能力的科学技术工作者。”这个只有1.2亿人口的国家，竟有数千万人投身于创造发明活动，每年的专利申请数量高居世界各国之首。

中国的复兴与再度崛起，最主要的任务有效开发自己最丰富的资源——13亿人的大脑的想象力资源，而不是石油、煤炭等能源资源。

为什么想象力如此重要？有必要讲一个故事：

在一个偏僻的小山村，两个青年人一起开山。一个年轻人，就把石头砸成碎石子，运到路边，卖给修房子的、铺路的；另外一个年轻人呢，直接把石头运到码头，卖给那些花草店的、花鸟店的商人，因为这儿的石头奇形怪状，花鸟店的石头价格很高的。三年过后，把石头卖给花鸟店的这个小伙子，成为村里面第一个盖上瓦房的人。

后来，要保护植被，不许开山了，只许种树，人们在这儿种了梨树，这儿成了果园。人们把堆积如山的鸭梨成筐成筐地运到北京，运到上海，然后发往韩国、日本，因为这儿的梨子甜，汁浓，肉脆。

曾经卖过石块给花鸟商人的那个青年人，把果树卖掉，自己种柳树。大家都笑他，柳树怎么值钱？他说“我要绿化山村”。他知道鸭梨好卖，可鸭梨用什么装？既然大家都卖鸭梨，他就卖装鸭梨的柳条筐，而且只有他一个人卖柳条筐。

五年之后，他是第一个在城里面买房子的人，他搬到城里面住了。这个故事被一个路过的具有商业头脑的人听见了，就想投资给他。找到他的时候，一看，他开了个服装店卖西装，正在当街和对面那个西装店的老板吵架，围观很多人。这个年轻人怎么说？你太可恶了，我的西装标价1000元，同样的西装你标价500元，我标价450元，你就标价400元，我卖出了2套，你卖出去200套，你太可恶了。围观的人很多，准备投资给他的人一看，这个人素质太低了，失望地走了。后来才知道，自己只看到表象，这两个店都是这个青年一个人开的。

童话作家郑渊洁有一段话很精彩：这是禁忌相继崩溃的时代，没人拦着你，只有你自己拦着自己，你的禁忌越多，你的成就就越少，人只应有一种禁忌——法律，除此之外，越肆无忌惮越好。

可是，中国目前的教育，不善于培养人的想象力，作为教育学者，我着重关注了这个重大的问题——我们的想象力到哪里去了？

一位美国美术教师来到昆明进行教学交流，她发现中国孩子们的画技非常高，布置的各项练习都画得栩栩如生。有一次就出了一个“快乐的节日”的命题让中国孩子去画。结果，她发现很多孩子都在画一个同样的事物——圣诞树！

她觉得很奇怪：怎么大家都在画圣诞树？经过仔细观察，她发现教室后面的黑板上画着一棵圣诞树。孩子们正在一笔一画地照着描。于是，教师把墙上的圣诞树覆盖起来，要求孩子们根据自己的想象力，自己创作一幅画来表现这个主题。

没想到，这可令那些画技超群的孩子为了难。他们抓头挠腮、冥思苦想、痛苦万状，就是无从下笔。最后，她只好又把墙上的圣诞树露了出来。这才使那些孩子完成了任务。

那千篇一律的圣诞树应该引起我们的深思！为什么会这样呢？

中国的孩子画画喜欢问“像不像”，美国的孩子画画则喜欢问“好不好”。两者的区别在于：“像”是有样板、有模型的，而“好”则没有一定的章法。中国的孩子之所以喜欢用“像”来评价形容自己的画，自然是父母老师给他们灌输了这样的价值标准。

想象力是人类独有的才能，是人类智慧的生命线。在创造发明和探索新知识的过程中，想象力是一切希望和灵感的源泉。它不仅引导我们发现新的事实，而且激发我们做出新的努力，帮助我们预言未来，看到可能产生的后果。爱因斯坦说：“想象比知识更重要，因为知识是有限的，而想象力概括着世界上的一切，并且是知识进化的源泉。”

任何一个孩子都是极具想象力的天才。还未经文明熏染和污染的孩子，其思维模式还没有被纳入社会公认的体系中，他们天马行空、稀奇古怪的想法其实正是可贵的想象力的火花。所以鲁迅说过：“孩子是可敬佩的，他常想到星月以上的境界，想到地面下的情形，想到花卉的用处，想到昆虫的语言；他想飞到天空，他想潜入蚁穴。”

然而，无数充满奇思妙想的孩子长成了思想贫乏单调的成年人，这里要责怪的，自然不是孩子，而是父母、老师等长辈。

课堂上，老师提问：“雪化了变成什么？”

“变成水！”大家异口同声。

一个小女孩回答：“变成了春天！”这个回答是多么富有想象力，又是多么富有艺术性，可居然被判为零分。因为老师认为，这个问题的标准答案不是这样。

父母问孩子：“树上有五只鸟，被人用枪打死一只之后，树上还剩下几只鸟？”提出这个问题的目的当然是想让孩子回答：“一只也不剩下，都被枪声吓跑了。”

据说这是一道“脑筋急转弯”的试题，可以测试你的聪明程度。

孩子回答：“还有三只。”父母愕然：“怎么可能？”孩子解释：“爸爸被打死了，妈妈吓跑了，剩下三个孩子不会飞。”这是一个充满情感的回答，又是极其现实的回答。可是，父母则大声呵斥：“什么乱七八糟的！你脑袋里从来就没想过正经事儿！”

孩子们记住了“标准答案”，可谁来计算他们失去的东西？在讲学时，我曾经反复和校长们探讨，基础教育所要警惕的一个问题是，教育是一把好刀，会用的人是优质教育，不会用的人，是控制人的“凶器”。



蒙台梭利女士既是一位天才又是一位优秀学者。当前她的教育法在我国非常盛行，至今市面上她的有关著作也多得不可胜数，而且畅销不衰。许多家庭不惜花重金购买蒙台梭利教具，或是把孩子送到“蒙台梭利幼儿园”去。然而，她的教育法曾受到另外一名教育家斯特娜夫人【美】的质疑，因为她的教育法过于现实化，不利于发展孩子的想象力。在斯特娜夫人看来，蒙台梭利是一位伟大的教育家，贡献也不小，但是她的贡献只是对低能儿进行教育的贡献，而不是对普通孩子教育上的贡献，她的教育法只对低能儿有效，而对教育普通孩子则没有任何效果。根本的一点是，她的方法缺乏想象力，她的教育法非常忽视想象力的训练。因此，用她的方法是造就不出伟大人物来的。她把儿歌看成是“无聊的儿歌”，但是，孩子们决不认为儿歌是无聊的。采用她那样现实的教育法，是不能培养孩子们的创造精神的。

事实上，我们的教育过程中，一味强调教育的“无所不能”，把知识当作教学的目的，而忽略了孩子学习的主动性，其直接后果就是控制甚至毁坏了孩子的想象力。对于教育来说，控制甚至毁坏了人的想象力，应当也算是一种人文灾难，这，并非耸人听闻。

*

**教育者要保护孩子的主动性，关键是放下自我。**

佛经里说，放下执着，就成为阿罗汉，放下分别，成为菩萨，放下妄念，成为佛。这对教育是有重要启迪作用的。教育者的美德是由于放弃自我而成的，比如放下我们固守了很多年的师道尊严。“放下自我”说起来容易，实践起来很难，能否做到真正的“无我”，把自我缩小到比尘埃还小，镶在孩子的眼睛里，孩子们也不会感觉不舒服。

所谓放下，主要是：

一是放下面子，向孩子学习。一旦有勇气向孩子学习，你将收获到的是，孩子自己主动学习，你何乐不为呢?

二放下虚荣，有困难问孩子，一旦有困难找孩子，哪怕是教育孩子过程中出现的困难。当你请教孩子的时候，他一定会给你一个奇迹般的答案——一定比任何高明的教育家告诉你的答案要精彩、绝妙。

“教育者是孩子的学生”，不是一种夸张的口号，而是一种无法回避的现实。孩子对教育者的影响主要体现在以下几个方面：

一是在涉及事物的好坏、对错判断的价值观方面；

二是孩子对社会和人生的理解、对消费和钱的看法以及审美和生活情趣都开始影响到教师，使后者的生活态度在无形中发生了明显可见的变化；

三是在对数字化产品的使用和对文化新潮流的了解上，教师可以说是孩子地地道道的“学生”。

诸如此类。

据我的观察，相对于刚刚入门的教育者而言，那些似乎有着“传统丰富经验”的教育者更加难以“放下自我”，因为他们更加沉迷于显示自己的丰富学识。在家庭和课堂上，我们可以经常看到这样的教育者，他们知识渊博，知晓深刻的人生道理，于是为了显示自己的“高大”，在孩子面前俨然一个“权威”，孩子在“权威”面前，除了“敬佩”以外，只有“听命”的资格，根本看不到孩子的自我。坦率地说，就教育而言，我宁愿我们的教育者在孩子面前是无知的，只有虔诚地向孩子学习，那样才能激发孩子主动发展。但这似乎也不理想，因为教育者没有足够的知识修养，很难做到从容有度，违背了教育的双基要求。

这方面，老子为我们提供了一个解决方案，在他的《道德经》中，有一个词使用极为频繁，那就是“若”，比方说，大成若缺，大直若屈，大巧若拙等等。这个“若”，一般翻译为“就像”，按照易中天先生的解释，是“装”的意思，老百姓要“装蒜”，为政者要装，叫“韬光养晦”。

我认为，这个境界对于教育者来说也很形象，那就是要“装”，叫“装傻”，特别是对于娴熟的、经验丰富的教育者来说，学会装傻，是放下自我的第一步，也是关键的一步。

其实，在生活中，我也更欣赏看似后知后觉、实则不断超越自己的“傻子”，这样的“傻子”从不认为自己聪明，甚至认为自己很笨，所以，要么努力笨鸟先飞，要么虚心学习以求精进，最后终成大器。

自以为很幸福的人，一定是幸福的；自以为聪明的人，通常是愚蠢至极的人。因为当你自以为很聪明的时候，你的内心已经开始不能自已，周围的人将离你很远很远。

每一个人在不同时空之下，都可能情不自禁地自以为自己很聪明，自以为自己一个人就可以取得天下，自以为所有的一切都可以掌控自己的手心里，自以为匹夫不可夺志，自以为……

鲁迅说：“世界上的事是傻子干出来的，那些聪明人为着名利而来，干了不光彩的事情，把世界推向黑暗深渊，结果他们也跟着沉沦，而世界依然在傻子手里，推向前进，世界是傻子的世界啊。”如此看来，人的傻，人的愚蠢有时候是必要的。

有人说，上帝分配给每个人的食物是有定量的，早吃完早撒手人寰，如果慢慢吃就能长寿。科学家做过这样的试验，将老鼠分成两组，一组随便进食，另一组限量进食。前者的寿命大大低于后者。

勇于做“后知后觉者”，在孩子学习时，务必缓“说破”，给孩子自由的思考空间；甚至敢于装傻的教育者，可能暂时会觉得丢了一些“面子”，而实际上，孩子将因此获得智慧，而教育者将获得最终的成功，这才是真正的双赢。

教育的很多问题，根源在教育者放不下自己，放不下自己的权威、尊严，认为自己时时处处表现得比孩子强，才能树立权威性，这既是个理念误区，也是个巨大的心理障碍。教育者的目的是让孩子成长，而不是显示自己的聪明与才华，这样，即使获得了孩子的尊重，也是带着负面的尊重，总有一天会被孩子抛诸脑后，真正的“权威性”是等孩子长大后回想起来的“权威性”。

*

近些年来，很少看到人谈理想教育了，认为实施起来很空洞。

其实，理想教育永远不会过时，不管孩子是做事还是学习，其兴趣和热爱乃至激情通常来自于生活理想、职业理想、社会理想。

理想是深藏的火，可以抵御黑暗，走过艰难，在最见不到光的日子，人的心灵也有来自理想火光的照耀，更能在坦途中提供能量，让人健步如飞。上个世纪的上山下乡运动，大量的孩子与书本隔绝，与正常的学习机会绝缘，但是在若干年之后，这其中依然出现了名动中外的教授，杰出的作家，成功的商人……他们各有禀赋，但是禀赋绝不是决定他们成功的根本，他们和那些聪明的同龄人最大的区别是，他们的心中有火，这团火可以让他们不放弃，让他们在有第一个机会的时候就被照亮，让他们在最晦暗的日子里也能学习和有所收获。

*

理想教育的关键是要建立一个有机系统，人的动力分三个层次，呈阶梯状态有机存在。

第一层次：生活理想。

首先的物质上的要求，当一个人强烈地感受饥寒交迫的时候，会对物质产生最强烈也是最真实的渴望。这种动力经常转化为对金钱的向往。这种动力最为基本，但力量最为强大。比如，农村孩子为了改变家族的命运，为了过上富足的生活，刻苦求学，表现出来的学习热情并非一般城市孩子能比。其次是对爱情的要求，当一个人爱上一个人以后，能为对方“上刀山，下火海”，即使“海枯石烂”、“粉身碎骨”，也“在所不惜”，爱情的动力能让人充满激情与热爱。不过这个层次的理想容易腐蚀人，使人沉迷。

第二层次：职业理想。

职业，就是将来要做怎样的事情。当一个人的职业理想确定以后，再大的困难他也会试图克服，并且不容易放弃，也不容易被其他因素所诱惑。初中以上孩子，要让他热爱学习，通常要从这个角度出发进行引导，激发起他的学习兴趣与热情。这个层次的理想最有可能影响人的全面综合发展。

第三个层次是社会理想。

这是指一个人的抱负。我经常讲到一个故事：

1978年，世界上最伟大的雕塑家之一亨利·摩尔接受访问：作为一个80岁的老人，想必您肯定已经知晓生命的秘密，能告诉我们那是什么呢？这位在作品中充满人文主义精神的老人停顿片刻，微笑着说，生命的秘密就在于，在年轻的时候就确认自己必须完成的一个任务，一个在你有生之年需要用全部时间和全身心去完成的任务，而且最重要的是，这必须是一个你无法实现的任务。

这个层次的理想也有不足，有可能被意识形态化。

不同层面的理想不分高低，都很好，但都有缺陷和不足。一个人如果没有大理想，就没有气势；如果没有中理想，就会缺乏计划性；如果没有小理想，就不勤奋。因此，被理想牵引，越早越好。

理想不分国度，在美国精神中，理想的光芒同样熠熠生辉。美国总统奥巴马当选总统后，给他的一对女儿曾经写了一封信，有一段是这样写的：

有时候为了保护我们的国家，我们不得不把青年男女派到战场或其他危险的地方，然而当我们这么做的时候，我要确保师出有名，我们尽了全力以和平方式化解与他人的争执，也想尽了一切办法保障男女官兵的安全。我要每个孩子都明白，这些勇敢的美国人在战场上捍卫的福祉是无法平白得到的：在享有作为这个国家公民的伟大特权之际，重责大任也随之而来。

这正是我在你们这年纪时，外婆想要教我的功课，她把《独立宣言》开头几行念给我听，告诉我有一些男女为了争取平等挺身而出游行抗议，因为他们认为两个世纪前白纸黑字写下来的这些句子，不应只是空话。

她让我了解到，美国所以伟大，不是因为它完美，而是因为我们可以不断让它变得更好，而让它更好的未竟工作，就落在我们每个人的身上。这是我们交给孩子们的责任，每过一代，美国就更接近我们的理想。

我希望你们俩都愿接下这个工作，看到不对的事要想办法改正，努力帮助别人获得你们有过的机会。这并非只因国家给了我们一家这么多，你们也当有所回馈，虽然你们的确有这个义务，而是因为你们对自己负有义务。因为，唯有在把你的马车套在更大的东西上时，你才会明白自己真正的潜能有多大。

这些是我想要让你们得到的东西：在一个梦想不受限制、无事不能成就的世界中长大，长成具慈悲心、坚持理想，能帮忙打造这样一个世界的女性。我要每个孩子都有和你们一样的机会，去学习、梦想、成长、发展。这就是我带领我们一家展开这趟大冒险的原因。

从奥巴马的信中，我们可以领会到作为父亲对理想与责任的深刻理解，人必须在承担理想与责任的过程中，才能认识、激发自己潜能，责任心、爱国心的培养，是开发潜能的必要条件。

人没有第一个层次的理想，就不勤快；人没有第二个层次的理想，就缺乏计划性；人没有第三个层次的理想，就没有气势。

*

**理想教育的第一个要求，是引导孩子形成目标管理的习惯。**

没有目标的努力是没有实际价值的，而没有目标的指引，孩子的潜能是无法释放的，所以激发孩子的学习潜能应当从目标的确定开始，这里讲一个流传广泛的故事：

1952年7月4日清晨，加利福尼亚海岸笼罩在浓雾之中，在海岸以西21英里的卡塔林纳岛上，一个34岁的女人涉水下到太平洋中，开始向加州海岸游过去。要是成功了，她就是第一个游过这条海峡的妇女，这名妇女叫费罗伦丝·查德威克。在此之前，她是从英法两边海岸游过英吉利海峡的第一个妇女。

那天早晨，海水冻得她身体发麻，雾很大，她连护送她的船都几乎看不到。时间一个钟头一个钟头过去，千千万万人在电视上看着。有几次，鲨鱼靠近了她，被人开枪吓跑。她仍然在游。在以往这类渡海游泳中她最大的问题不是疲劳，而是刺骨的水温。

15个钟头之后，她又累，又冻得发麻。她知道自己不能再游了，就叫人拉她上船。她的母亲和教练在另一条船上。他们都告诉她海岸很近了，叫她不要放弃。但她朝加州海岸望去，除了浓雾什么也看不到。

几十分钟之后——从她出发算起15个钟头零55分钟之后，人们把她拉上船。又过了一个钟头，她渐渐觉得暖和多了，这时却开始感到失败的打击，她不假思索地对记者说："说实在的，我不是为了自己找借口，如果当时我看见陆地，也许我能坚持下来。"

人们拉她上船的地点，离加州海岸只有半英里！后来她说，令她半途而废的不是疲劳，也不是寒冷，而是因为她在浓雾中看不到目标。

对于费罗伦丝·查德威克而言，目标的根本意义是确定奋斗的方向，并具体化为自我评价。而任何一个人通过一段的努力，使自己的思想和行为水平迈上一个新的台阶，达到一个新的稳定水平，这是人人都能做到的。

小的量变质变的积累一定会引发大的量变质变，这是客观规律，这就是人的发展处于螺旋式上升的态势。螺旋式上升的态势要求把人的远大目标和"小、近、实"的阶段性目标结合起来。人类发展的历史，就是既有远大美好的想望，又有适当高于自身水平的目标进行激励，以求得目标的实现。

一个人有了目标，就有了动力，有了责任，有了勇气，如果没有追求的目标，就会变得无聊、孤独甚至彷徨，不知所措。有人列出了这样一个公式，就是：目标=目标高度×达到的可能性。目标低了，不感兴趣，目标高了，达到的可能性就小了，就会失去信心。

怎样的目标才是有效的呢？一个有效的目标必须具备以下条件：

一是具体的。

二是可以量化的。

三是能够实现的。

四是注重效果的。

五是有时间期限的。

以上条件必须同时具备，否则就不是目标。其中最重要的是第二点和第五点。量化是指可以使用精确的数字来描述的，即使不能用数字描述，也必须进一步分解，然后再用数字来描述。时间限制是指必须在指定时间内完成的。不能量化又没有时间限制的目标是无效的，很容易是一个幻想，没有任何意义。

对于目标来说，最重要的是管理和评估，通常而言，目标的设立有以下三种常见方法：

一是阶梯法。就是将目标细化为若干个阶梯，并且使用明确的语言对不同阶梯的内容进行描述，这样每一个人都能在不同时间、不同空间明确自己的现实位置以及下一个目标的状态，一个一个逐级向上迈进，最终达到总的目标。

二是枝杈法。树干代表大目标，每一个小树枝代表小目标，叶子代表即时的目标，或者说是马上要做的事情。

三是剥笋法。实现目标的过程是由现在到将来，从低级到高级，由小目标到大目标，一步一步前进的。但是设定目标的方法则是与实现目标的方法相反，由将来到现在，由大目标到小目标，由高级到低级层层分解。

*

**理想教育的第二个要求是，为孩子的心灵树立远方的灯塔。**

理想是一个人对自己生命意义的准确把握，所以只有有了志向目标，才能有动力，才会走向成功。所谓“从小立志”，实际上就是让孩子从小树立远大的目标。

所谓“志”就是一个人胸襟、气度和魄力的总和，是度量一个人伟大或平庸的尺码，它是一个人综合素质最重要的一个方面，让我们看看普京是如何实现自己理想的：

普京小时候非常聪明，他品学兼优，常常产生一些与众不同的想法。有一次，老师在黑板上写了一个作文题：《我的理想》。同学们写出自己的理想：有想当科学家的、有想当作家的、有想当工程师的、有想当农艺师的、有想当教师的、有想当军人的、有想当工人的……而小普京的脑海里，却有自己不同寻常的独特思考。

课余时间，小普京非常喜欢读《盾与剑》杂志，对里面描写的“克格勃”产生了浓厚的兴趣。从杂志上他知道了在第二次世界大战中，由于“克格勃”准确地截取了敌人的情报，使苏军取得了一次次巨大的胜利……他想：“很小的时候，父亲就教育我要做一个对国家和人民有所贡献的人。老师也经常教育我们要好好学习，报效祖国和人民。而我应该怎样去报效祖国和人民呢？做一名出色的间谍，用我的牺牲去换取祖国和人民的胜利，这不是非常有意义的吗？”

于是，他在一本作文本上写道：“……我的理想是做一名间谍，尽管全世界的人们对这个名字都不会有任何好感，但是从国家的利益、人民的利益出发，我觉得间谍所做的贡献是十分巨大的……”在这篇作文中，普京还列举了一个苏联名间谍的英雄事迹，论述了在苏美对峙的冷战时期间谍的重要作用。当教师打开普京的作文本时，不禁又惊又喜，连声赞叹他“年纪不大，志气不凡”。

后来，在一次参观“克格勃”大楼之后，普京走进了“克格勃”列宁格勒局的接待室。一位工作人员听了他的要求后，对他说：“你的想法很好。

但是，我们不接受主动来求职的人，只接受服过兵役或者大学毕业的人。”

1970年，18岁的普京中学毕业，以优异的成绩考入列宁格勒国立大学法律系国际专业。1975年，他大学一毕业就从事对外情报和国外反间谍工作，实现了自己“做一名间谍”的理想。

每个人都可以成功，也都可以创造出奇迹，之所以很多人没有成功，没有创造出奇迹，是因为他们想都不敢想，即便想了也不去做，或者想了，做了，但没能坚持到底。不管怎么样，“想”是条件，更是开始，如果没有“想”，没有了志愿，理想就无从谈起。

*

**教育的最低纲领是培养人的能力。**

那么能力与知识之间是什么关系呢？知识是指人类在实践中认识客观世界（包括人类自身）的成果，知识意味着规律，即对事物的一般认识。尊重知识，就是尊重人类自身的历史，景仰知识就是景仰往昔。

记得上大学的时候，在地坛的旧书市场上，花了一元五角买到了金岳霖先生的《知识论》（精装本），当时就哑然一笑，原来知识只值一元五角啊。可是这本书却让我很震撼，其中的每一个字都意味深长，都充满着哲理与逻辑，也正是这本书让我对知识产生了敬畏及怀疑之心。

知识的发生有两个原则：一是求实。就是实事求是，就是善于从实践中总结，就是精确，就是注重知识发生的条件。二是更新。人的认识是一个过程，必须不断更新，不断更新的知识才是真知识。

但仅有知识是不够的，培根的“知识就是力量”虽然影响巨大，可我不这样认为，我甚至认为这句貌似公道的“真理”误导了很多人。

新的知识经济时代背景下，意味着人们不可能学习新的知识——因为人的认知不可能跟得上知识的爆炸更新速度，特别是互联网搜索引擎系统的产生，使知识本身的作用变得越来越有限，很多时候，知识成为人的负担，知识没有来得及转化为生产力，就很快被新的知识淘汰了。

对人的命运发生作用的，除了知识，还有人格和能力，三者协同发展才能促进人的发展。在这三者中，知识是次要的，而人格和能力占据主要作用，这是新时期对教育目标的新认识。

*

“知识就是力量”，口号听起来多么具有号召力！可在我们的生活中，却有很多学富五车的人，没有任何“力量”，只能戴着高度的近视镜，跌跌撞撞……把拥有知识本身当作一种资本，注定是慌张的，注定是容易把问题想得复杂，反而失去了创造力。

教育者当然要传授知识，但是知识只是老师与孩子交往的一种介质，而不是目的，这种知识的介质，就如一个情人手捧一束玫瑰亲手交给自己心爱的人一样，如果离开了送玫瑰的人与被送的对象，那么，这束玫瑰本身是没有什么意义的。

真正的读书人总是首先把自己当作最好的朋友，而不是故步自封，也不是自以为是，这样，不断与自己谈话，就可以把知识变成“生产力”。

知识正是在人类的自我不断觉醒中变成力量的。

这就要求我们的主体具备三个条件：

一是所有的知识都是有内在联系的，这就要求我们将知识联系起来，组成一个结构性的知识树。

二是把知识进行加工，然后应用到人类改造自然、适应自然的实践活动中去，从错误中不断检验，不断修正。

三是对知识，经过一个把感性认识升华成理性认识，最后通过觉悟，变成悟性认识的过程。只有悟出来的、活化的东西才是真正有力量的！

另外，知识的利用模块一般是这样的：一，是什么，二，为什么，三，怎么办？这和人的认识规律是一致的。

*

我们知道，教育的人性尺度，就是使每个人潜在的、与生俱来的能力得到生长，而能力的背后就是潜在的能量，简称“潜能”。能力是我们能感知的“冰山”，能量则是“冰山”下面被隐藏的未知价值。

老子说：“含德之厚，比于赤子。毒虫不螫，猛兽不据，攫鸟不搏。骨弱筋柔而握固。未知牝牡之合而朘怒，精之至也。”我的理解是，人出生之时，已经带着延续远古至今的某种人类特质，这，正是一切教育的逻辑起点。这种特质是不是可以理解为我们经常讲到的潜意识及其蕴涵的潜能？

开发潜能是培养能力不可缺少的一个环节。很多教育学者不敢在公开场合提出这个问题，因为探讨潜意识很容易触犯某一种学术规矩，但我觉得，应当对这个问题做出详细阐释，否则对于人思维上的把握容易陷进形而上的误区。

潜意识又叫作“无意识”，是指人意识不到的意识，是没有意识参与的一种意识，故称为潜意识。对于潜意识，人们既不能觉察又不能意识到，但人们通过对以下现象的阐释来证明它的存在：

一是在日常生活中存在。在日常生活中，人们常会出现“下意识”的言行，特别是在突然的、意外的、危险的状况发生时，人们会出现一连串的“下意识”言行。人出现“下意识”的言行时，会暴露出意识的真实动机，因此，人的“下意识”的言行最能体现一个人的人格。另外，当人处于恐惧时，出现一些心理症状，也多是以潜意识为基础的心理活动结果。

二是人在催眠状态下出现潜意识。人在催眠状态下能回想起早已遗忘的儿童时期的情景。在催眠师指导下做各种事情，醒后却全然不知被催眠时所做的一切。

三是当人处于创造性的灵感和直觉状态时，此时的心理活动最能说明潜意识的存在和作用。正如著名科学家钱学森所说的："意识可以直接控制，但潜意识却控制不了，也没法控制，但它确实在工作，就是不知道它是怎么工作的，它的工作状态怎样，有时苦思冥想，不得其旨，找不到出路，然而，不知怎么回事，它却突然来了，这就叫灵感。"

四是愈来愈多的人认为做梦是潜意识的一个有力证据。

五是根据潜意识假设而建立起来的精神分析技术对治疗精神病患者有效，间接说明了潜意识真实的存在。

潜意识是人意识不到却又实实在在影响其心理活动的意识。我们常说的人的意识是人能清醒觉察到的、能随意想到的心理活动，它具有逻辑性、时空性和现实性等特点。为了与潜意识区别开，人们又常把这种意识称为"显意识"。意识就如冰山浮出水平面的一角，而潜意识，就是埋藏在水面下那不知多厚、多深的部分。众多的心理学家、超心理学研究及潜能研究者都很赞同这一看法，即人们觉察到的意识，也就是显意识，只占人的全部意识的很小的一部分。但今日，对占绝大部分的潜意识，人们不仅很少利用和开发，甚至还不正视它、尊重它、了解它。

意识是具有能量的，而潜意识也是具有能量的。因此，可以确定的是，潜意识是贮存在人的大脑中的实实在在的巨大的潜能，相对于显意识而言，潜意识的能量是我们无法用数字来衡量的。

教育家魏书生经常提及的一个故事：两个人都到医院看病，一位真有病，很重的肺病，医生给他照了X光，另一位没病，但老怀疑自己有病，非得让医生也照一下X光，医生拗不过他，只好给他也照了。没想到洗出来之后，两个人的胸透相片往病历档案里装时弄反了。到看片子的时候，有病的人一看自己的病已经好了，顿感轻松、愉快，每天都觉得自己是个健康的人，高高兴兴地生活，过了一年，到医院复查，真的一点病都没有了。那位怀疑自己有病的人呢？本来就疑神疑鬼，再看自己肺部的病灶片子，情绪更加低落、沮丧，心理压力极大，惶惶不可终日。这样每天提心吊胆地过日子，没到一年时间，真的因病去世了。

从中可以发现，当意识通过下意识告诉病人自己没病时，潜意识便调动体内的潜能向病灶进攻，以使自己真的没病，潜意识的力量很大，果然战胜了病灶，使病人逐渐康复。相反，当意识通过下意识告诉潜意识自己正犯病，且非常严重时，潜意识便组织身体各部分器官撤退。把病灶引人体内，最终使健康的人变成名副其实的病人。

对于大脑的潜能开发也一样，如果能不断输入积极的意识，让意识通过下意识对大脑提出要求，潜意识就会调动体内的潜能发挥作用。其实我们都有这样的经验，比如我们在镜子前对自己笑一笑，心情马上就会变得愉快轻松。再比如，有一道题苦思冥想都没有做出来，在睡前将有关的条件、信息输入大脑，第二天早上起来，说不准答案就出来了。

事实上，潜能是可以开发利用的。一个很简单的例子，男子铅球世界纪录在100年内翻了番，1886年是10.02米，1986年为22.04米。1864年世界跳高纪录是1.67米，到1985年，瑞典的舍贝里跳过了2.42米。体育运动纪录的不断创新，除了与人的身体素质的提高有一定关系以外，很大程度上与体育训练方法的改进，人的运动潜能得以开发相关联。

有一个很好的比方，心理学家弗洛姆曾说可以用考察一粒种子成长的方法来考察一个人。他说，一粒种子看起来是那么微小，那么平淡，以至你得用显微镜才能看清它们，但就是这样的种子内存着巨大的生长潜力。如果你拿一粒花种，把它抛到露天的地里。踢些尘土将它覆盖，它很可能在一周内发出芽来，再过些时候，它也许就会开出一朵花来，可是，假如你仔细地观察就会发现，它有一朵暗淡色的小花，还有细小的刚发育出来的叶子，也许上面还有昆虫在蛀食它。但是如果你拿到同类的另一粒种子，将它种植在深度刚好适宜的土壤里，给它以适量的水分、阳光和营养，你就会如期看到一株美丽的植物，其叶子葱绿苍翠，其花朵色彩娇艳，你会看到一株发展已接近它全部潜能的植物。

中国农业大学的专家培植了一棵西红柿，也证实了弗洛姆“一株发展已接近它全部潜能的植物”，这粒普通的西红柿种子。经专家使用“水植法”培植起来后，竟然像乔木一样高达4米、树冠直径达到12米，结出了15000个西红柿。

我们的孩子就像发育不充分的植物，他们的潜能远远没有得到开发。人与人的区别不是智商也不是学历更不是社会地位，而在于是否有效地开发自己的潜能。对于孩子来说，所谓的竞争优势就是潜能得到比较有效的开发而已。

*

**中国孩子在“知”与“行”上的“脱节”也是有目共睹的**。举个简单的例子，在学校里孩子非常热爱劳动，经常受到老师的表扬，还被同学们亲切地称为“辛勤的小蜜蜂”，但一到了家里，却成了好吃懒做需要人伺候的“小皇帝”。孩子的行为出现了这样的“剪刀差”。

作为中国校外教育的一个重要创造，“体验教育”不仅实现了“感悟”对人成长的重大作用，而且实现了“知”与“行”的结合。每一个孩子在体验中不断地感知、感悟、积累的过程，这是任何教育都无法代替的。相对于其他教育形式，体验教育更加符合儿童个性发展的需要，体验教育以活动性、游戏性、教育的无痕性、可操作性更易引发孩子的参与热情。

体验的过程中，孩子一直是自己情感的主人、学习的主人、活动的主人，他们主动参与到动手动脑、思想和身体的锻炼过程中去，其主动性得到充分发展。

我们来看一位妈妈的叙述：

像许多母亲一样，儿子出生前，我翻阅了大量的家庭教育书籍，尤其是早期教育和超常教育方面的。谁不梦想自己的孩子出类拔萃？谁不渴望自己的孩子早日成材呢？然而我的儿子从出生到1岁半，各方面的发展和表现都很平常，没什么令我们惊叹的地方，最让我和丈夫有失颜面的是儿子说话和走路比周围的孩子都要晚。丈夫开玩笑说："'笨鸟先飞'嘛，别人的孩子是笨鸟，而后飞的是聪明鸟。"玩笑归玩笑，我还是在轻度焦虑中等待着儿子的成长，盼望他某种技能发展的"关键期"和"敏感期"早日出现，并努力促成这种"黄金时期"的早日到来。终于有一天，我发现了"新大陆"。

儿子1岁7个月的时候，我在商场里给他买了一套数字模型，一开始教他认数字，他似乎心不在焉、毫无兴趣，我还是坚持不断地给他指认这些数字。八九天后，我让他再指认的时候，他竟然能指出（此时还不会说话）1、2、3、4这几个数字。看来儿子虽然不动声色，其实心里在默默地学习和辨别，还挺"深沉"的！接着我在他面前不断刺激5、6、7这三个数字，没几天他就能指认了。我对自己的大胆尝试和教法很高兴。看来只要启蒙得当，儿子自有他的理解方式和接受方式。仅仅1个月，10个数字包括0，儿子都能辨认。虽然儿子说不出来，可是他心里明白着呢，一到外面，他就主动"复习"，并且"大显风采"。我抱他走在家属院里，他见到墙上大大的楼号或者有数字的标牌，他就“啊啊”地让我给他指认，如果我不给他说，他就不让走。我最理解儿子“哑巴吃黄连——有嘴说不出”的苦衷，当我念出这些数字之后，他马上就安静了。他如饥似渴的求知欲望让周围的人刮目相看，我和丈夫终于有点扬眉吐气的感觉了。

那一段时间，他对数字产生的热恋，竟到了如痴如醉的地步。有一天凌晨，他在熟睡之中翻一个身，嘴里迷迷糊糊发出像是“1”和“8”的音，还“咯咯咯”地笑了几声，我和丈夫会意地笑了笑。我可以猜出儿子的梦境：他正确地指认了几个数字，得到我或周围人的赞扬，自己很得意，连做梦还在回味自己那令人心动的一刻。一个不足两岁的幼儿就有了崇尚学识的上进心，这是多么难得呀！

儿子的数字启蒙成功之后，我接着给他进行汉字启蒙。我到市场上给他买了汉字启蒙识字表，实验了三四天效果不太好。我希望有一种能握在手里的识字模型，可是书店卖的识字卡片，图形大汉字小，孩子只顾看图而不看汉字，我只好自己做了几个汉字卡片，像教数字一样教汉字。开始，儿子和学数字时的表现一样，对我不理不睬。我想“你不理我，我理你”，我还是坚持不懈地做下去，期待孩子开窍的那一天。

体验教育就像是一剂“灵丹妙药”，发挥了其积极的作用，教育者有必要“借机”导引，或“顺势”将体验进行提高、升华，把教育的眼光指向孩子的未来。

*

人是悟性是怎样获得的，又是如何传达给别人，我们就有了大概认识，但，这是不够的，如果要更加深入地掌握“悟”字的深远内涵，还需要结合脑科学的原理，进行消化，活化。

有时候，我们有必要重新认识一些汉字。汉字是中国文化的根，也是智慧的逻辑起点，比如，“悟”字，竖心旁，应当是“用心”的意思，右边是“吾”，就是“自我”，加在一起，就是自悟顿悟，心学慧学。

人为什么要“悟”呢？是因为，人永远都是“谜”的，需要去“悟”。

最为经典的引导觉悟、对人施加有效影响的最佳途径，某过于“启发”二字了。大家也许并不了解，启发是中国本土化教育的第一品牌，也是对世界教育的一个独特贡献，客观上说，是值得申请非物质文化遗产保护的思想资源。

而启发的觉悟必须分阶段，因为人的觉悟是分阶段的。因此，孩子在学习的过程中，一定要循序渐进、由浅入深地引导他们。若是一次性塞给孩子过多的东西，只会让孩子失去学习的兴趣。正确的方法应该是让孩子从简单处学起，放慢速度，让孩子学懂、学会，看到成绩，尝到甜头。

我认为，康德及黑格尔所提出的认识模式：感性——悟性——理性，已经显示出了操作的消极性。在实现人的悟性的过程，其更加有效的模式是：感性——理性——悟性。这与佛教的觉悟模式：戒——定——慧，几乎异曲同工。

感性，是指感觉上的认知，理性是逻辑上的抽象与总结，只有在理性层面上，才能进行悟化，即形成“跳”出来之后的新认识，是跃迁式的。

悟性认识包含了人们从理性认识中提取出来的模式，是学透了、能灵活应用、活化了的知识，是完全属于自己个性所有的知识，更是人们在理性认识中亲切感受到的真谛。我们就经常可以看到，没有悟性的人，书越读越笨，成了书呆子。悟，就是在理性中寻找感性，在抽象的理性中寻找更高级的感性。悟性，是在理性中所隐含的更高级的感性。

如果说，从感性到理性的过程是“钻进去”，那么从理性到悟性的过程是“跳出来”，这与我们所已经认同的“实践——理论——实践”是一致的。从左右脑协同的角度上看，“钻进去”是左脑的逻辑思维，“跳出来”是跳出左脑、进入右脑的获得模式上的确认，这就是人的悟性。

人通常是这样认识事物或者知识的：先有感性认识，经过深入挖掘，抽象出共性后形成理性认识，但这是远远不够的，“深入”之后要求“浅出”，只有再一次变为理性中的感性认识，才是“悟性认识”。悟，即理性中寻找感性，悟性，就是理性中潜含的感性，这是最最高级的认识。

这个问题有点过于抽象，不妨打一个比方。比如你十年前认识了一个人，这十年来彼此从来没有见过。但偶然在一次聚会上又碰见了，尽管他的体形、身高都有很大的变化，但你还是能一下子就认出来，就是指你对他的理解和认识已经形成了“模式特点”，并实现了迁移。那么对于学习来说，怎样才是实现了迁移呢？比如孩子知道了$4^2=4\times4$，然后当看到鸡$^2$=？，他立即知道鸡$^2$=鸡×鸡，这就实现了。

这是我在演讲中反复引用的一个案例。因为，这个案例不仅折射出一个人能力的形成方法，而且还折射出“启发”的基本规律：在“有”与“无”之间，引导孩子学会觉悟，举一而反三，最后融会贯通。

*

为了进一步理解觉悟的发生，举一个例子：

在南北相对的两座大山上，各有一个寺院。他们相互之间的见解、主张不完全相同，这本来是很正常的事情。

每天早上，两个寺院分别派一个小和尚到山下的市场去买菜，两个小和尚血气方刚、年轻气盛、互不服气，在市场上相遇，经常或明或暗地较劲，互试机巧。

一天，南寺院的小和尚问："你到哪里去？"

北寺院的小和尚答道："脚到哪里我就到哪里。"

南寺院的小和尚听之，无语言对，不知道如何回答是好。买完菜，回到寺院向师父请教，师父说："下次你碰见他的时候，就用同样的话问他，如果他还是那样回答，你就说：'你没有脚，你到哪里去？'这样你就能击败他了。"

小和尚听完，很高兴。

第二天早上，南北寺院的小和尚又在菜市场相遇。

南寺院的小和尚又问道："你到哪里去？"

北寺院的小和尚答道："风到哪里我便去哪里。"

这出乎意料的回答，使南寺院的小和尚完全没有招架之力，又站在那里，一时语塞。回到寺院，师父见小和尚满脸晦气，便问道："难道我教给你的方法不灵吗？"

小和尚便将早上的事如实讲了出来，师父听了哭笑不得，对小和尚说："那你可以反问他'如果没有风，你到哪里去？'"

小和尚眼睛一亮，心想："明天一定能取胜！"

第三天早上，南寺院的小和尚又碰见了北寺院的小和尚了，于是问道："你到哪里去？"

"我到市场去。"

南寺院的小和尚又没有话了，因为他不会说："如果没有市场，你到哪里去？"

师父知道了他们的对话之后，语重心长地叹道："观晚霞悟其无常，观白云悟其卷舒，观山岳悟其灵奇，观河海悟其浩瀚……学贵用心悟，非悟无以入妙。别人的东西永远是别人的，只有悟出的东西才是自己的。”

我认为，南寺院的小和尚并不可笑，人都是这样一步一步阶段性觉悟的，在教育中的觉悟也是分阶段的，而且必须是分阶段的。教育者要有足够的耐心，**教育的秘诀是三分教，七分等**。

*

**自信心是能力的第一要素**。

能力是一种可能性，是一个人努力运用条件实现目标的可能性。

我的能力公式是：能力＝态度＋条件＋目标。

可见，能力的第一要素是态度，是人的倾向，是人的努力，人的主观能动性，其核心是自主选择，其实就是自信心。

自信亦称自信心，是一个人相信自己的能力的心理状态，即相信自己有能力实现自己既定目标的心理倾向。自信是建立在对自己的正确认知基础上的、对自己实力的正确估计和积极肯定，是自我意识的重要成分。

一个流传甚远的故事：

一个黑人孩子躲在公园的角落里偷偷看几个白人小孩在快乐地玩。他羡慕他们，也很想与他们一道游戏，但他不敢，因为自己是一个黑人小孩，心里很自卑。

这时，一位卖气球的老人举着一大把气球进了公园，白人孩子一窝蜂地跑了过去，每人买了一个，高高兴兴地把气球放飞到空中去。

白人小孩走了以后，他才胆怯地走到老人面前，低声请求：“你可以卖一个气球给我吗？”老人慈祥地说：“当然。你要一个什么颜色的？”小孩鼓起勇气说：“我要一个黑色的。”老人给了他一个黑色的气球，小男孩接过气球，小手一松，黑气球慢慢地升上了天空……

老人一边眯着眼睛看着气球上升，一边用手轻轻拍着孩子的后脑勺，说："记住，气球能不能升起，不是因为颜色、形状，而是气球内充满了氢气。一个人的成败不是因为种族和出身，关键是你的内心有没有自信。"

这个孩子就是美国著名心理学家基恩，这是他小时候亲历过的一件让他终生难忘的事，正是这件事使得基恩从自卑走向了自信。

怎样提高自信心呢?

我设计了一个阶梯教程，基本模式如下：

第一阶梯：体验。

就是体验成功，先小成功，然后大成功。

第二阶梯：发掘自己。

不断认识自己，发现自己，发掘自己，认识到自己的独特性，以及个人优势区，可以参考霍华德•加德纳的《多元智能》方法。

第三阶梯：思维。

在不断解决问题的过程，形成稳定的思维模式。

真正的自信心是一种稳定的思维体系。思维方法体系就好比一个生命的总坐标体系，是生命一切行为的指挥系统。事实上，具备相应方法论体系的人极少。大多数仅仅是在本能的推动下，使用经验主义式的或本本主义式的思维技术。这使得我们社会整体状态驱向躁动与倾斜，因此，建立科学的各具特色的方法论体系，是重要的一环。没有稳定的思维模式，自信则是主观的，唯心的，并不是稳定的。

第四阶梯：习惯。

就是行为程序和行为习惯的养成。

自信心最终是一种习惯，是内化的道德和智慧。

一个客观的自信体系的建立是形成能力的前提。能力的第一要素——态度，除了自信心，另外两个组成部分是：责任感，意志力。

*

**能力的实质——想得到，并且做得到。**

有知识但没有能力，或者想到了但做不到，看起来，好像只差那么一点点，实质上，差之甚远。

为什么我们总是想得到，做不到呢？

在“想到”和“做到”之间有一座怎样的桥梁呢？

这座桥梁——就是我们经常说的“开窍”。

人没有“开窍”时，即使知道了，想到了，还是不能转化为自己的能力，还是不能转化为有效行动，达到目标。

比如，不善于读书的人，书读得越多就越糊涂，知识反而成了人的拖累，而会读书的人，可以通过读书“开窍”，明白更多的道理。

如何提高执行力，也是这个问题。

我曾经在前面深入讲到文化人的书呆子气与书卷气的比较：

现在看来，“书呆子气”的核心正是没有“开窍”，而文化人的“虚弱”、“缺钙”也集中体现在这里。

我们今天要探讨的就是——如何开窍，也就是一个人如何开发自己的悟性？解决了这个问题，实质上也就解决了能力的自我培养问题：“开窍”＝理解＋顿悟。而所谓理解，就是可靠的概括；所谓顿悟，就是超越的思考。

“开窍”的方法很多，这里介绍一个经典阶梯模式：

第一模式：读万卷书。

就是通过阅读大量的书籍，获得足够多的信息，并对信息进行分类、区分、整理，读书破万卷，下笔如有神。

第二模式：行万里路。

就是通过实践、体验、接触，在阅历的基础上，获得理性的认识与归纳。

第三模式：阅人无数。

就是大量接触不同的人，从不同人的身上找到相通和交集之处，从而获得对事物的正确认识。

第四模式：跟随成功者的脚步。

模仿与跟随是普通人获得顿悟的一种捷径，模仿与跟随就是自我训练，就是从训练中获得可靠的理解。

第五模式：高人点悟。

高人的启发与点悟，是人“开窍”的成本最低、效益最佳的形式。中国的所有智慧高度集中到“启发”两字之上。

*

能力，从某一种意义上说，是人生的一种欢喜。

世界上任何的欢喜，精神的，肉体的，都会在坚持之后的某一个拐角处出现。

**大人物与小人物的区别也就在于能否坚持**。没有坚持，就没有欢喜，也就没有能力。

坚持，不是爆发力，是一种韧性，无坚不摧的往往正是这种看似绵薄但后劲十足的持久力。

我们在学校上体育课的时候，经常做双手悬挂运动，通常在单杠上坚持做十几分钟就觉得再也坚持不住了，并从单杠上安全地跳到地面。

但我们这样设想一下，如果是在一种意外的情况下，你的双手握住的不是离地面2米的单杠，而是离地面500米的机翼，你不知道什么时候能被人营救，于是只有耐心地坚持着，这时，也许你能超乎寻常地坚持一个小时以上。这，就是意志力在发生作用。

人有许多极限，通常情况下，是无法超越的，所以许多人做事情，到了艰难的时候，就放弃了，就像从单杠上轻易跳到地面一样。而事实上，欢喜，往往会在艰难困苦的时候再坚持一会儿时出现：

在一个自行车拍卖会上，每辆自行车都被一个小男孩以5法郎第一个喊价，却从不加价。

拍卖师忍不住停下来问他，小男孩说他只有5法郎。

拍卖会如常进行，小男孩总是激动地第一个报价，但很快就被高于5法郎的价格被别人取走。

这样，到了最后一辆车的时候，大家都似乎有些紧张起来，这一辆比任何一辆都要好。

这时，小男孩更是以急切的声音报价5法郎，这次，再也没有人加价，问过几遍，拍卖师一锤定音，小男孩激动地将已捏得出汗的钱换来了这辆车。

作为小男孩，只有5法郎，他要得到自行车，唯一的办法就是以一种意志和坚持，以一种耐心，再付出虔诚的努力……

每一个人，都要有属于自己的自行车！

*

这里讲的能力，是一个教育术语。它不同于生理学中所说的能力。例如消化能力、对疾病的抵抗能力等。它也不能和心理学中所说的能力概念完全等同起来。在心理学中能力是一个人的个性心理特征之一。也就是说能力是和性格、气质、兴趣等概念并列的描述人的个性的概念之一。而在教育中，能力是和知识并列的一个概念。我们常说的“我们在教学中不但要传授知识，同时还要注意培养孩子的能力”就是能力一词最典型的用法。

这是教育研究的一个重点，很多人花了很长时间研究，但大都从单纯的心理学意义上去探讨，缺乏突破性进展。我刚刚进入教育研究领域的时候，就是从这个问题上进入的，当时有幸得到了教育家杜和戎教授的点拨，使我对能力两字有了较好的把握。

首先是能力的定义，按照杜教授的界定，可以概括为：能力就是孩子努力去运用或者创造条件，不断实现目的与效果的可能性。这里分析一下这个定义中的几个关键词。

一是“努力”。实际上就是人的主观能动性，一种能力的形成首先在于自己是否“努力”去争取了。

二是“条件”。主要分为智力条件和非智力条件，智力条件如记忆智力、想象智力、创造智力、观察智力等；非智力条件如态度、机会、性格、情绪等。而起决定作用的是非智力条件。

三是“效果”。能力与才华不一样，能力一定要注重效果和目的，这是评价的需要，更是能力的意义。

四是“可能性”。一切都有可能，怎样使可能性变成必然性，这是问题的实质。

而相对于能力而言，知识总是有其现成的、有形的、游离的、相对稳定的、可以明确表达出来的内容，所以，知识的获得应当是比较容易的，而能力的获得却并不容易。

有一个电器的广告词是“想得到，做得到”，这句广告词实际上形象地指出了能力的实质。如果想到了但做不到，看起来，好像只差那么一点点，实质上差之甚远。

*

前面谈到，能力就是努力运用条件实现效果的可能性，效果是目的，知识是条件，能力才是获得效果的有效手段。

而能力的形成又是渐进的、不知不觉的，就像我们学游泳、学骑车，不会的时候觉得很难，要喝很多的水，要摔很多的跤。但一旦上了路，形成了能力，就觉得是很自然的事情，可能连自己都不知道怎样学会游泳学会骑车的了。

*

能力一般具有以下特点：

一是掌握了很多知识，但仍然无法切实地完成事情，就是还没有形成能力；

二是不能笼统地评价一个孩子的能力如何，而首先应从“努力运用条件的程度”上来激励性考察，并以“效果”作为目标来指导能力的形成，而实际上自信心是实现能力的前提；

三是能力具有个性，就像人的指纹和大脑一样，只要是独特的，就是优秀的；

四是能力呈螺旋式上升趋势发展，其中自我超拔和自我顿悟贯穿其中，所以能力需要连续一致地、长期地去追求，以达到理想效果；

五是提高自身缺乏的能力，因为欠缺的能力通常是最有价值的能力；

六是能力必须经过运用知识或者运用条件，达到效果才能确认是一种能力，也就是说能力必须在实践中得以培养。

*

针对能力培养中所遇到的问题，杜和戎教授提出了能力培养的基本原则，归纳一下，大致如下：

一是由模仿到独创的原则。能力的培养应该是一个由模仿到独创的过程。在模仿阶段，教育者的身教就显得特别重要；而在第二阶段则要放手让孩子去摸索、创造。在制订每一种能力的培养计划时，都应安排一个适当的模仿阶段。为了便于孩子模仿，教育者自身要先对这一能力熟练掌握，从而在给孩子示范时，不但能做得出样子来，而且能讲得出要领、分析出结构要素来。

二是启发性原则。培养能力和传授知识一样，也要注意启发性。所谓启发，就是要形成“空穴”，就是要让孩子感到自己本该有而暂时又没有某种知识或能力时，才会激发孩子的求知欲。要让孩子知道自己“没有”某种能力，这比较好办。关键还在于要让孩子知道自己“本该有”某种能力。

三是努力性原则。能力定义中的第一部分，就是“努力运用条件”。这里实际上也就规定了能力的前两个要素：“努力追求”和“充分发挥”。前者是要求努力调动自己的主观能动性去追求；后者是要求努力地去发挥一切有利条件的作用，这二者都离不开“努力”。所以，我们在培养孩子的能力时，也就要注意努力性原则：要让孩子碰到一定量的可以克服的困难，促使他们去努力追求克服困难的能力，促使他们去充分发挥已有条件的作用，并且在条件不够时，去努力创造新的条件。

四是效果性原则。既然能力是一种“取得效果的可能性”，那么，我们在能力培养过程中，就一定要强调让孩子注意讲究效果。仅仅是努力，而不注意讲究效果，这种努力是不能形成能力的。不讲究效果，孩子的努力就会转向于形式上的表现，转向于虚浮的空话。努力性原则一定要和效果性原则结合起来，才能提高孩子的能力。要善于运用表扬来肯定那些经过努力取得效果的孩子。对于那些虽然努力但没取得效果的孩子，则在鼓励的同时要指出他们的不足之处。很多尖子生在毕业多年以后，并未成为大家所期望的尖子人才，问题大都出在效果性上、出在灵活调节这一能力要素上。这是很令人叹息的，一定要重视这种教训。

五是调制性原则。主要是要防止另一种消极的偏向，那就是认为“只要抓知识就行了，能力用不着管，它自然会来的”。培养能力，要积极努力地去“调制”，让知识传授过程中显示能力的差异，形成能力的“空穴”，调动孩子提高自己能力的积极性，创造更多的让孩子锻炼能力的机会。

*

**创造性才华是衡量一个人能力高低的最终标准。**

具备前所未有的思想或创造出从未有过的东西，叫创造。创造是一种生产性思维活动，它是人类经常进行的最高级的精神活动之一。创造性才华，被社会公认为衡量一个人能力高低的标准。但是，一般情况下，人们总是把创造估计得高深莫测，其实，每个人都具有创造性才华，只是大小有所不同或者社会价值有大有小而已。

杨振宁教授1995年初曾来国内讲学，一位记者问他：“您在国外教书多年，您看中国留学生和外国留学生有哪些不同？”杨教授回答：“在国外，中国留学生无论在普通大学还是一流大学，学习成绩都是非常出色的。但中国留学生胆子小，老师没讲过的不敢想，老师没做过的不敢做。”

诺贝尔奖得主美籍华人朱棣文教授说：“美国学生学习成绩不如中国学生，但他们有创新及冒险精神，所以往往创造出一些惊人的成就。”他还说：“创新精神强而天资差的学生往往比天资强而创新精神不足的学生能取得更大的成绩。”

还有人说如果教师提出一个问题，十个中国学生的答案往往差不多，而在外国学生中，十个人也许能讲出二十种答案。尽管有些想法非常离奇。

以上的分析是值得思考的，至少道出了中国孩子创造力缺乏的现状，另有调查资料表明，当前我国大学毕业生中，95%以上的人长期不能或不会进行各种创造发明活动。当今的世界正迅速走向知识经济，创造性的活动正在逐渐取代重复性的非创造活动。创造性的知识活动成为人们活动的主要形式和社会发展的强大杠杆。可以说，当今世界的时代精神就是创新精神。科技的发展，知识的创新，越来越决定着一个国家、一个民族的发展前途。在竞争激烈的信息社会里，不创新就落后，就死亡。因此，创新意识的培养能保证孩子在竞争中立于不败之地。

*

**才华就是产生灵感和直觉的可能性，它和一个人对于美的敏感、爱好、探索、追求有着密切的关系。**所谓美感，就是当人们感受到一种新自由度隐约展现时，如果它对发展的需要的激励大于它引起的心理负担时，产生的一种独特心理感受，这是一个人的“才华”的根基和功底。所以要培养人的才华，就要注意培养人的美感。

爱美是人的天性，凡是天性中所固有的必须趁着适当的时机去培养，否则像花草不及时下种、不及时培植就会凋零。儒家思想的精华之一，即肯定美育本身就是情感教育，而情感教育是道德教育的基础，儒家重视“诗礼乐”之教化的重要性，其教育宗旨是“兴于诗，立于礼，成于乐”，诗、礼、乐三项都可以归结为美育，其功能在于怡情养性，也就是说，道德并非教条与桎梏，而是至性真情的流露。

引领人的爱美之心，并非仅仅是为了增加优雅或者所谓虚荣的面子，而是以孕育人的创造性为目标。可以说，美的核心是创造性。

审美能力对培养一个人的创造性才华有着重要作用，结合著名美学家叶朗教授的观点，可从三个方面进行阐释：

一是人的创造冲动正是来自于对美的感受和追求。比如牛顿从苹果落地的现象中感受到了美的存在。他发现这件事很有意思，值得探究，从而产生了一种冲动或者叫作激情，这种不可遏制的情感就是创新冲动。人要想具备这种创造冲动，需要靠美育来培养和熏陶，而不能靠智育。

二是世界上的许多事物都是有规律、有秩序的，同时又具备简洁、对称、和谐等形式美的特征。一些科学家的发明创造，往往是因为追求形式美而走向真理的。如，一个科学家在研究某个公式的时候，有时是为了公式能更简洁、更对称，看起来更具形式美而去求证它，并最终走向成功。英国物理学家狄拉克说过："一个方程的美看起来比它符合实验更加重要。"法国数学家彭加勒也说："发明就是选择，选择不可避免地由科学上的美感所支配。"科学家的话都说明了在科学研究中美感对于发现新的规律、创建新的理论的重要性。美感从哪里来？当然来自于美育的培养。

三是一个人要有成就，要去大胆地开创新局面，就需要有宽阔、平和的胸襟。也就是说，心理状态要好。如果一个人心烦意乱，心胸狭窄，眼光短浅，那么这个人必定不能去开创什么。怎样开阔心胸和眼界？这仍然是美育的范围。

美育的根本性价值在于给人自由与解放。一切美感活动，都是帮助释放人类的情感，并将人类从自然限制中解放出来成为自己的主宰、恢复人的尊严的必要途径。但令人遗憾的是，我们的很多教师和家长没有真正理解美育的真正目的，也不考虑孩子的意愿，只顾一味地逼着孩子去练琴考级，去苦练画画等等。结果孩子苦不堪言，根本体验不到美感，更谈不上什么艺术才华。

*

探索是人的发展中的关键问题，探索与进步是同义词。不断探索才能发展和进步，探索是人一辈子的事情。

在未知的领域里，完全凭借自己的兴趣爱好、凭借自己的发现和寻找，不断地更新自我，不断探索，这是终身学习的最基本要求。

*

**探索来源于兴趣，但不是“三分钟热度”。**

爱因斯坦说，“兴趣是最好的老师。”一旦产生了兴趣，就会产生弄清楚事物来龙去脉的冲动。当这种冲动不是昙花一现，而是指引着一个人坚持不懈地去努力寻求原因时，就成了真正的探索。

诺贝尔物理学奖得主、美国加州理工学院物理系教授费曼天性好奇，自称“科学顽童”。他在普林斯顿大学念研究生的时候，研究蚂蚁是怎样通报信息的，充分说明了这个称号对他而言名副其实。

为了弄清楚蚂蚁怎样找到食物的，又是如何通报食物在哪儿的，他着手做了一系列实验。如找个地方放些糖，看蚂蚁需要多长时间能够找到，找到之后又如何告诉同伴。然后用彩色笔跟踪画出蚂蚁移动的路线，看究竟是直的还是弯的……通过这些实验，他发现蚂蚁是嗅着气味回家的。后来，当他发现蚂蚁成群结队地“光顾”自己的食品柜时，他运用自己发现的规律成功地改变了蚂蚁们前进的路线，保住了自己的食品。

*

**探索还来源于怀疑。**

没有疑问，就没有探索。对于别人提出来的观点，不假思索地接受，也会埋葬探索的机会。

科学世家的“小公主”、居里夫妇的女儿伊雷娜·约里奥-居里，与丈夫一起获得1935年的诺贝尔化学奖。她小时候非常好动，淘气得像个男孩子，但是自从参加由母亲居里夫人及其好友朗之万、佩兰等人制订的合作教育计划，她的淘气演变成了对未知事物强烈的爱好和探索精神。

有一次，物理学家朗之万给孩子们出了一个问题：把一条金鱼放进一个装满水的鱼缸里，然后把溢出来的水接在另一个缸子里，结果却发现这些溢出的水的体积比金鱼的体积小，为什么？

孩子们七嘴八舌议论纷纷。伊雷娜没有参加讨论，而是在想浮力定律——浸在水中的物体所排开水的体积应当与物体体积相等。可是这个定律怎么到了金鱼身上就不灵了呢？又想，朗之万是知识渊博的大物理学家，总不会是他弄错了吧？

一回到家，她就去妈妈这个怪问题。居里夫人想了想后，笑笑说：“伊雷娜，你动手做一下，试试看就知道了。”伊雷娜一定要弄出个究竟，想证实自己的想法是正确的。于是从实验台上取了个缸子，又弄了条金鱼，开始做实验，结果竟然是溢出的水的体积与金鱼的体积相等。

“奇怪呀！为什么朗之万说体积不相等呢？”伊雷娜想了半天，最后下了很大的决心。第二天一上课，她就质问朗之万，为什么给他们提出一个错误的结论，并详细地描述了自己的实验经过和结果。朗之万听完，赞赏地笑了：“伊雷娜，你是个聪明的孩子。通过这个小谎言，我想告诉孩子们——科学家说的话不一定就对，只能相信事实，严谨的实验才是最可靠的证人。”

*

**探索的兴趣不因外界的关注与否而受到加强或者减弱。**

并不是所有人都关注的事情才有价值，有时候“真理掌握在少数人的手中”。“随大流”很容易，但是能够“耐得住寂寞”，坚持做“少数人”就难了。

迄今为止，一生中两次获得诺贝尔化学奖的科学家只有一位，他就是桑格。桑格是英国科学家，分别于1958年和1980年获得诺贝尔化学奖。虽然获得了如此“傲人”的成就，但是可能很多人都想不到，桑格在中学时代远远不是什么“天才”或者“神童”，他的成绩甚至属于“平庸”一类，而且在获得工作机会的过程中也曾经差一点因为“平庸”被拒之门外。

桑格从小受到父亲和哥哥的影响，喜欢生物学。他经常和哥哥去野外采集和制作动植物标本，一起读生物方面的科普书籍。因为热爱生物学，并将大部分精力投入其中，他的生物学知识远远比同龄的伙伴多。但是当时学校里并不考生物学，所以他的生物学知识对提高自己的成绩并没有什么作用。他的学习成绩一直很“平庸”，而且他内向的性格，也使得他在学校里很少能引起老师和同学的注意。他小到大，在学校里得过的唯一奖励就是“全勤奖”，从来没有显示出过人的才华。

1939年他毕业于剑桥大学，1940年英国剑桥分子生物学实验室主任佩鲁兹在聘请他到自己领导的实验里工作之前，征求过一些权威人士和一些一般人士的意见。那些人对桑格的评价正面的不多，也没表示出多少赞美的。当佩鲁兹选择桑格的时候，还有很多人感到不可思议，觉得不应该选这么一位没什么影响和资历的年轻人到如此有名的实验室。

那么桑格究竟用什么打动了佩鲁兹呢？原来佩鲁兹主要看中了这位年轻人的闯劲和思想解放，还有他的化学专业背景，这都是剑桥分子生物学实验室所需要的。桑格虽然并不突出，但是他的思维很有原创性，在硕士论文里提出了连博士课题都很少具有的创意和思想。

*

**探索的问题来源于对周围世界的观察。**

它们可能会在教科书里出现，但不是每个问题都能从教科书里找到答案。更为重要的是，越具有原创价值的观察，越无法从教科书里找到答案，这时候需要进行思维的冒险和全心的投入。而且必须注意到的是，越是原创的探索，需要付出的时间和耐心会越多。

昆虫对于大多数人来说并不陌生，但对昆虫进行研究性观察的人并不多。著名的昆虫学家法布尔的成功，就源于他对昆虫进行了原创的研究性观察。

有一次，他走在路上，突然看到许多蚂蚁在搬运几只死苍蝇。他觉得这是观察和研究蚂蚁生活习性的好机会，不顾地上是否干净，趴在地上专心致志地观察了四个小时，手脚麻了都丝毫没有觉察。

还有一次，几个农妇早上去摘葡萄的时候看见法布尔躺在路上，眼睛盯着一块石头出神。下午回来的时候，看到他竟然还那里躺着。她们不由得惊呼："天啊！我们该为他祷告了。"她们怎么也不明白，他怎么能看一块石头看了整整一天，怀疑他是不是疯了。其实他是在观察石头上的昆虫。就是靠这么顽强地持久观察和探索，法布尔才完成了其巨著《昆虫记》。

*

有些探索存在危险。

尽可能全面地了解自己的行为可能存在的危险，对于进行科学探索和保证自己以及周围人的安全十分重要。



加拿大神经学家大卫·休伯尔于1981年获得诺贝尔生理学与医学奖。与获得这个巨大的荣誉不同的是，他还曾经差点把自家院子炸上天，制造了一起不大不小的“恐怖事件”。

休伯尔15岁的时候，在自家地下室里配制了一种粉末。为了进行实验，他还专门来到比较空阔的院子里，把盛着粉末的纸盒放在草地上，小心翼翼地划了一根火柴，投到了纸盒里。哪料到他的手还没来得及离盒子远一点，那些粉末就爆炸了。休伯尔完全被吓傻了，他的手和脸都像被炭涂过一样。他的父母从屋子里跑了出来，他便开始向父母解释是怎么回事。话还没说完，院子外面传来了警笛声。原来是邻居听见巨大的爆炸声，以为遭到了恐怖分子袭击而报了警，没想到是虚惊一场。休伯尔的父母满脸尴尬地向警察和邻居道歉。

休伯尔知道事情闹大了，一直耷拉着脑袋，等候父母暴风雨般的责打。而且对他来说最糟糕的恐怕还不是责打，而是往后再也不能做自己心爱的实验了。没想到，送走众人后，父母没有责打他，更没有禁止他继续做科学实验，只是很严肃地告诉他：“以后要想做科学实验，就必须遵循科学规则，绝对不能想当然，否则会造成比今天更加严重的后果。”

父母的宽容和通情达理，不仅没有给他造成不可挽回的损失，而且让他明白了严肃认真的科学精神的重要性。

*

探索有时候也需要献身精神。

“不入虎穴，焉得虎子”，所以有的时候进行探索，需要“明知山有虎，偏向虎山行”。不过有一点要特别强调：需要献身的探索并不是鼓励不顾危险，一味蛮干，而是同样要进行必要的防护，做到尽可能地周密安排，危险的发生只是由于太多复杂的因素和变数的存在，而无法完全避免罢了。

英国著名人类学家古道尔从小喜欢生物。中学毕业后，她对研究黑猩猩产生了强烈的兴趣。后来就不畏艰险，只身深入热带森林，在森林中工作了十年之久。正是这种热爱，使她长期地、深入地对黑猩猩的生活行为进行了观察和研究，获得了极其宝贵的第一手资料。用这些资料，她写出了《人类的近亲》、《我在黑猩猩中的生活》等著作，为人类学的研究做出了宝贵贡献。

动物学家齐伊·亚当森从26岁起深入到东非肯尼亚的热带丛林，到69岁在一次观察野生动物时遇害为止，一共在那里度过了43个春秋。她以亲手捕获和驯养的一头小狮子“爱尔莎”为题材，写了《野生的爱尔莎》一书，内容真实动人。

爱因斯坦用一个圆代表一个人拥有的知识。他说，“圆越大，你的知识就越多，而同时圆接触到的外界也越大，未知也就越多。”所以，丰富自己的信息资源，能够使自己从更广博的角度来认识周围的世界，提出更多问题，扩大自己的探索空间，提高探索的深度，培养不断探索的良好习惯，还要有对新事物的开放心态。

*

记得上初中的时候，第一次在刘友林老师的引导下，接触到德国诗人海涅，不过只记住他的一句诗，这句话现在被我引用作为现代生命课堂的核心价值观之一。这句话是：生命不可能从虚假中开出灿烂的花朵。

*

《非诚勿扰》节目嘉宾黄菡老师批评一位美女说，“你可以指责人的德，但不能指责人的能。”

很有道理。

在教育上也是如此，**对于学生做人，可以严格要求甚至惩罚，而对于学生学习，则需要包容**。而包容的实质，就是不断提供给学生小的成功机会，让每一个学生都能获得不同程度的成功。

在教育上，包容绝不是无条件纵容，而是将教育的三个元素——期待、机会、评价——贯穿在教育教学之中，其目的是激发人性中那一道光辉。包容本质上是一种深沉、理性的爱。

*

人生的燃料应当是人内在的理想与潜能。

1978年，世界上最伟大的雕塑家之一亨利·摩尔接受访问：作为一个80岁的老人，想必您肯定已经知晓生命的秘密，能告诉我们那是什么呢？

这位在作品中充满人文主义精神的老人停顿片刻，微笑着说，生命的秘密就在于，在年轻的时候就确认自己必须完成的一个任务，一个在你有生之年需要用全部时间和全身心去完成的任务，而且最重要的是，这必须是一个你无法实现的任务。

评论家认为，这个回答诠释了生命的意义，即把自己投入到一个你所信仰的、足够伟大的目标中去，才能确保人的潜能得到充分挖掘、燃烧。

*

参加《全国学科教育专家千人培养计划·内蒙古自治区第一期第一轮集训》，做了两场主题演讲：一是解放教师——在解放学生的过程中解放自己，主要谈教育的根本之道；二是跳出教育看教育——教师的自我发现之旅；同时还做了半天的一对一辅导，主题是：如何做科研？如何写文章？如何当众说话？如何在课堂教学实践中形成自己的教育理论体系？

我一直有一个体会，每一位一线教师都可以成为教育家，只是需要一个全新的、可执行的研修课程，我想，一定可以。我也坚信内蒙古第一期的所有学员一定可以超越自己，开创一条崭新的教师专业成长的阶梯。

*

**清晰与落实，是教育者的两个核心思维素养。**

12年教育内涵改革的实践经验告诉我，教育是可以做成简单、快乐、成绩又好的。最大的问题是我们的教育者清晰与否，清晰的实质是选择，也就是：抓住本质问题、积极选择、明确阶段发展的突破口。

如果“清晰”是做教育的第一要义，那么“落实”就是最终成功的不二法门。所谓落实就是把想法变成做法，把理念变成实践步骤，其实质就是：做事不在乎多少，但要做到底做到位，每天进步一点点。

*

重新审视我12年来的听课笔记，小计732堂课，涵盖中小学所有年级和所有学科，以及相当一部分校本课程。

每次去听课，首先让我自然敏感的是这堂课的“温度”，有的很寒冷，有的过于狂热，都让学生陷于一种不自然、被动的学习状态之中。而只有适宜的温度，才使得我们的学生如沐春风。

这里所说的适宜的温度实际上就是指人的温度（即37℃），37℃的课堂是一种已经将教师的人格融解在其中的常态课堂。学生在这样的课堂里，才不会意识到自己在“受教育”，而是忘我的“在学习”，没有人愿意在一种被迫“受教育”的氛围下学习。

因此，在课堂上，教师人格的“在场”就显得尤为重要。

英国教育家约翰·亨利·纽曼在演讲中这样说道：“任何学科的一般原理，大家可以足不出户，通过书本而知之，可是细节、色彩、口吻、氛围、生气，使得一门学科融入我们血脉的那股生机，凡此种种都要从师长那里捕捉，因为学科已经在他们身上获得了生命。”也就是说，教师人格的“在场”，实质上就是以自己的状态唤醒学生的状态，以自己的灵魂唤醒学生的灵魂。

一言以蔽之，教师的全部力量在于温度——说有温度的话，写有温度的字，上有温度的课，做有温度的教育。在信息化时代，获得知识已经不难，难的是教师通过自己的情感和精神，让知识活化、透化、深化，最终转化为学生身上终身受益的思维方式、文化底蕴、良好习惯、强大内心等。

*

教师是一个职业，同时也是一个精神内涵要求极高的职业。在过去，强调这一点似乎是没有意义的。未来5年到10年，大量平庸的教师将被淘汰出局，而其他行业优秀的人才将进入教育行业。此际，谈这个话题就不那么“不合时宜”了。

在我看来，教师从优秀迈向卓越，无非是培养三个精神习惯：

一是阅读与写作的习惯。周国平先生说，阅读是与历史上的伟大灵魂交谈，借此把人类创造的精神财富“占为己有”。写作是与自己的灵魂交谈，借此把外在的生命经历转变成内在的心灵财富。

二是感悟与反思的习惯。感悟使自己“向内看”，从而丰富自己的内心世界。而反思使自己充满智慧，是人获得智慧的唯一途径。

三是审美与创造的习惯。审美，是对生活和大自然的敬重和欣赏。创造是对美的表达和发挥。这两个精神习惯，可以帮助我们抵达心灵的盈满境界。

*

青年人如何求得内心成长？内心发展的过程，实质上是自我觉醒的过程，是诉求于心而非诉求于外物。其核心是价值观，大凡出问题的人都是在价值观上出了问题。因此，年轻的时候，要不断粹取属于自己的伟岸的价值观。

*

如何获得精辟而深邃的思想？一般这样的教育者，都比较深刻、通透、有效：一是善于抓住核心问题的核心；二是善于调查研究和推演论证，掌握有效的思维工具；三是善于解决问题，而非解答问题；四是善于建立自己的理论体系，也就是“自己有一套”。

*

如何活化知识？知识是死的，是因为我们生命的参与，使其人格化，深化、活化、透化为有价值的新知识。活化知识的最好途径是，使用我们的五种感知器官去认识事物，知识就会生动起来。**善于活化知识的人，有两个明显优势：一是善于举例，举例精当精彩；二是善于比方，通俗易懂打比方。**

*

讲教育道理和教育技术的人很多，经过了十多年时间的启蒙，当下教师和家长对于这些道理，已经心知肚明了，多讲就会显得肤浅和无聊。这也是我建议家长和教师不必读教育类书的原因。**对于孩子，我们需要做的是：什么都不要做，静待花开。**

郭思乐老师说，有家长问，如何教小孩子？夸她，批他，都不甚奏效，我说，应当相信他，因为孩子感受到了这种信任，或者没有感受到你的信任，只是他的成长没有受到干扰，天性萌生了，天性是美的，你只要等待它适应周边环境。就像你窗外的那朵花。

*

关于教师专业发展问题。我们通常会关注的专业技能的发展，大致分为四个阶段，即：普通教师——教学能手——学科教育专家——教育家，每个阶段都有具体的指标和评价办法。

可是，专业发展真的那么重要吗？

北京大学职业教育专家陈宇教授提供给我们一个新的思考角度：

他说：到底什么样的人在职场能成功？通过三十年观察，他发现：第一，他（她）每天用笑容迎接生活和工作；第二，他（她）的到来是团队的企盼和快乐；第三，遇到难题时，领导总会想到他（她）。只要具备其中一条就能成功。如果三条齐备，则前途无量贵不可言！

*

生命的基本表征是自然地呼吸。我们的教育也应当像呼吸一样得自然，如果感觉呼吸有问题了，一定是“感冒”了。

真正的教育，当是让学生感觉不到自己在接受教育。那么，生命课堂的本质是带着孩子一起在体验、感受、发现、觉悟这个世界的美丽以及知识本身的美感、内心深处的人性光辉，绝不是执着于教。

生命课堂的构建，自然不能离开科学的课程逻辑，但更不能离开教育者和受教育者心灵之间能量的交换，可称之为灵魂之呼吸、感应与唤醒。

*

在课堂上，教师是主体，还是学生是主体，甚或双主体?

我对主体的认识或许不够，所以之前从不谈主体。

我只坚信，人的学习之核心部分，任何外人都是无能为力的。教育者要做的事情是，修炼好自己的状态，教师即教育，无为而无所不为。

*

怎样和学生谈话?

这个并非沟通技术问题，而是对自我态度的调制问题。

步骤和节奏包括:

听。多让学生说话、把话说完，注意从中获取重要信息。不怕学生带着坏情绪说话，因为当学生带着坏情绪说完后，如果教育者能平静如水，学生就会产生一丝内疚，这正是教育者切入话题的关键点，从而才能实现以心换心的真诚（包括：相互认同、以心换心、对事不对人等）。

精。话要精，要少，才会有力量，有味道，就像添了水的鸡汤，已经没有味道了，所以在听的过程中就需要提炼、推敲如何节省语言。

准。俗话说，一语道破天机，大抵意思是，描述一件事情表达一个思想时，要抓住典型特征，使之立体化、典型化、美化，这个需要平时不断追求、磨炼。

新。立意清新、活泼，不落俗套，用平凡的词汇表达崭新的思想，把对方心里所想但不能说出来的道理表达出来。



*

学习的本质是自我更新，也就是自觉。

孔子说，“吾日三省吾身，见不贤而内省。”老子说，“自知者明，自克者强。”《中庸》说，“虽愚必明，虽柔必强。”梁任公说，“人之所以异于禽兽者全视其自觉心。”

那么，我们引导学生自觉什么呢？自觉责任、危机、感恩这三点最为重要，这其实是教育的全部秘诀。

*

以生命为基点，转变教师“被动教”为学生“主动学”的新课程改革，其价值观，校长教师们都心知肚明。

问题在于认知不透彻、不坚决，贪多而做不到位，结果成绩不理想，做着做着就退回去，反复搞，搞反复，劳民伤神。方法论问题值得反思。

*

什么是方法？

《现代汉语词典》的定义是：“关于解决思想、说话、行动等问题的门路、程序等。”

《现代汉语词典》的解释一般不甚可靠，但我们似乎可以从这个解释中，窥知——方法=门路+程序。门路是解决问题的入口和路径，程序是解决问题的过程和顺序。

而从哲学上看，“方”又叫药方，生病了开个药方之意。“法”为法则与模式，对问题的一般性处理模型。

按照教育学者吴剀老师的研究，方法有以下的一些特性：

方法的目的性和对象性——特定的方法总是要达到特定的目的，是解决某个问题的手段。一定的方法总是要作用于特定的对象的。目的不同，对象不同，方法也不同。

方法的思想性和实践性——不管你是否自觉，方法总是一定理论、思想指导下的产物，理论、思想是方法的“源”与“魂”。方法总是具体的，执行者可以操作的，执行对象可以感受到的；方法也总是有模式的、有程序的，因此才能被执行者具体操作。

方法的多样性和选择性——解决某个问题总是有多种方法，不是只有一种方法。因此，方法总是要经过选择而采用的，是执行者认为最佳的、最有效的方法。

方法的继承性和创新性——已有的有效方法，在一定条件下可以重复使用，但在多数情况下，要有所变通；特别是在解决一些新出现的问题时，在方法上则要有所创新。

方法的条件性和局限性——一定的方法总是在一定的条件下采用的，没有这一定的条件，或无法操作，或没有效果。任何一种方法都不是万能的，都有它的适用范围，都有它的局限性。

我们怎样获得解决问题的方法呢？我结合自己的体会归纳如下：

首先，不要寄希望于别人能教会你方法，因为只有自己悟到的才是真正有用的方法。

其次，世界上没有一成不变的方法。但很值得注意的是，每个人都可以建立自己的“方法论”，方法论是稳定的思考模型，从而以不变应万变。比如邓小平、李瑞环等伟大人物用的辩证法，就是方法论模型。

其三，向《易经》学习，谋求解决之道。易经分三步——“不易”、

“简易”、“变易”。守住“不易”者（所谓一般性规律），实现“简易”者（即：洞察，抓住事物的性质与关键），在“变易”中突破（即：创新，变通中找到解决问题的通路与程序）。

其四，只要能解决问题，不管是土办法，还是洋玩意儿，都是好办法。

其五，办法总是比困难多。这句话的意思是，遇到困难，只要有足够的耐心，我们终可以克服困难。

# 势

*

教育如何面向世界是一个大问题。我曾研究过诸多国家的教育，曾试图借鉴西方后，确立中国教育改革的出路，后来放弃。因为只要“国家”的概念还在，教育就有民族性与安全性。面向世界的前提是先守住自己的优秀传统文化，然后抽象出具有普适性、时代性、世界性的新价值观，才能为世界教育做贡献。

*

**专家学者有两种，一种是解答问题的，一种是解决问题的。**前者丰富了人类的知识积累，后者推动了社会的进步发展。

太多问题需要解答了，因此，无数多的专家学者将自己的头像鸵鸟一样扎进沙里，去钻研，以至于不管不顾外界的变化与危险，这种精神叫“钻进去”，也就是我们说的“深化”。这样的专家学者很多很多，瞿秋白、王明、博古就是典型代表。

而我更尊敬那些不仅能“钻进去”，抓住一个问题十年不放，而且能“跳出来”的学者，他们将知识活化、系统化、透化，不争论，不纠缠概念之学，最终真正解决现实中的矛盾与问题。这样的专家学者中，毛泽东、邓小平算是最典型的代表了。

*

一般来说，99%的专家学者解答问题，1%的专家学者解决问题。在教育行业里，我们几乎看不到能解决问题的专家学者，甚至大量一线教师，都在纠缠一些理论是非问题，而不是致力于适应现实矛盾、解决问题，这可能就是为什么我们不能培养大师的现实原因吧。

*

颜回评价自己的老师说，君子是在俗世的失败中成就自己的。李零教授评价孔子是“丧家狗”。两者异曲同工。事实上，如果孔子这样的大人物被“有国者”“豢养”了，就不是孔子了，而成了“宠物狗”。大人物的意义在于他死后几千年甚至更远……

*

比技术更重要的是对人本身的关心，比如爱因斯坦在悼念居里夫人时说，第一流人物对于时代与历史进程的意义，在其道德方面也许比单纯的才智成就方面还要大，即使是后者，他们取决于品格的程度，也远超通常人所认为的那样。

*

人生最重要的是什么，老人是最清楚的。台湾演员刘若英说：“我的爸爸妈妈只在意每年吃年夜饭时我在不在，其他的都不重要。”

*

大师吴冠中走了，他曾说，艺术就是把你感情深处的秘密，没办法拿出来的，用艺术传达出来。

*

石墨与金刚石的成分一致，硬度却千差万别，是因为分子结构不同。同样的一个道理、一句话，不同的人说出来效果完全不一样，是因为道理与话语背后的精神能量与状态不同。冰山一角固然必要，可隐藏水下的冰山底座才是真正的力量。

人的修炼，就在于暗暗下工夫，等到内在世界变得扎实、丰富时，影响力就自然而然流露出来，并不需要特意吆喝。

换位+勤奋，且具体落实在小事情上，然后做到极致。这是高素质人的共同特征。这样的人，迟早都会赢得别人的尊重和拥护。

*

胸怀大局，为国家做事情，是为“大德”。能形成做人之道与切实解决问题的能力，则为“大智”。“大德”与“大智”实质上是一码事，分不开，也不可能分开，更没有必要分开。

*

中国传统文化中，最值得继承的莫过于“仁”与“义”二字了。仁，按字形理解，就是两个人之间的关系，也就是说，只有把两个人之间的关系理顺了，才能致和谐、致中正，两个人可以拓展之。义，按字形理解，就是上面是羊角（象征利益），下面是仗义、仁义，义是基础，利是自然而然的结果。

*

教育的出发点是民需，民需包括生存、智育、艺术。生存起于独立，终于联系；智育起于人的好奇心。艺术，起于人性好动及娱乐。三者都是人性的演绎，只是不同社会发展阶段的表现形式不同而已。

*

气是中国传统文化的精髓之一，人的高贵在于滋养一种气场、气势、气息、气氛。有人这样写道：多读书养才气，慎言行养清气，重情义养人气，能忍辱养志气，温处事养和气，讲责任养贤气，淡名利养正气，不媚俗养骨气，敢作为养浩气，会宽容养大气。

*

关于“俗”：第一，俗的本义是人都是要吃粮食拉屎的，俗本身没有错，是以人为本的。问题是不可以以“俗”为荣。没有人愿意围观一个人拉屎拉尿。第二，今天的“俗”经过沉淀，有可能成为明天的“雅”。如《红楼梦》、金庸的小说即为例证。

*

真诚做学问者，莫过于王国维。据陈寅恪先生把王国维治学方法归结为三目：第一，取地下之物与纸上之遗文相互释证；第二，取异族之故书与吾国之古籍互相补正；第三，取外来观念与固有之材料互相参证。此三目值得我们这些晚生后学者学习一辈子。

*

一切教育理论都是教育实践的补充，从来没有一种教育理论能直接转化为生产力。因为有了这种信念，我自觉选择了一种新的理论研究方式——12年以来坚持到课堂上、到校园里寻找有意义的教育。

*

中国人的思维核心是实用主义。凡是实用的，就是可以拿来的。在这种思潮的潜移默化下，是非观、价值观受到重大冲击，直接产生的后果就是思维僵化。比较典型的思维僵化模式如：一是以自私为荣：人不为己，天诛地灭；二是以帮派为荣：圈子；三是以成败论英雄：成者为王，败者为寇……这才是三俗的深层原因。

*

**去其糟粕，取其精华。这句话是一个巨大的谬论。**因为抽取其中精华了，精华就不再是“精华”了，因为精华只有蕴涵在整体中才能成其为精华。离开了整体，所谓“精华”就是试管里浸泡的死婴样本。

*

人的德行和意志从何而来？北京大学法学院原院长朱苏力在某年的毕业典礼上说：“学校会增加你的知识，但知识提升不了人的德行，也增加不了你的判断力和意志。既然知识不能让人增加精神品位，看来只有实践出来的真知、只有用脚做出来的学问，才能使人功力大增。”

*

人需要艺术。艺术之所以存在，是因为一般性的成功已经不能满足人的内在需要时形成的，比如拥有巨大物质财富已经无法让人幸福的时候，艺术消费就变得很自然、很大众的。而不是像现在的很多的艺术都是不自然的、造作的、伪装高雅的，那是因为没有到时候。

*

青年经济学家赵晓说，有人看是DOG，有人反方向看是GOD。谁错？仅仅角度不同而已。现实中的争论大抵如此。

在我看来，知识分子的基本道德应当是，一是尊重不懂的东西，二是尝试换角度和立场，来理解你不懂的东西。

*

与唐曾磊老师喝茶，谈到对宗教的情感。我自己评估了一下，于佛教，我的情感是“亲切”；于基督教，我的情感是“尊重”；于道教，我的情感是“呼吸”；于伊斯兰教，我的情感是“敬谨”。日前在潭柘寺购《赵朴初文集》，读后感到了贯通与包容之美，从本质上看，任何宗教都是一种教育，都是值得借鉴的。

有人说我更偏向老庄的“道”，概因崇尚自然教育之道，实际上，我也尊重和学习基督的救世、禅的自性自救、真主的善德之尚以及儒家的礼仁之学。所有宗教从起源上看，都是一种教育。

我认为人依靠自身能量“立”起来，是教育的本质所在，这一点，与任何宗教和哲学的基调都不矛盾，其区别是以神为本体还是以人为本体而已。

*

我的工作原则有五个：

一是在杂乱中找到简洁与关键；

二是在不协调中找到配套与和谐；

三是分清阶段性，并由此制订操作的程序与步骤；

四是在困难中找到突破口；

五是归零，回到原点提升自己的高度。

这些原则，综合来源于六位大师：黑格尔【德】、福柯【法】、爱因斯坦【德】、奥修【印】、华罗庚、钱学森。他们是我的方法论老师。

*

凤凰卫视美女主持人许戈辉在《名人面对面》中访问刚获得诺贝尔文学

奖的作家莫言，莫言谈到自己内心的软弱。莫言举了一个例子说，所谓的软弱，就是怕别人不高兴。自己实际是很没出息的一个人，每次坐飞机回来，女儿的房子离机场很近，有时明明应该到她那边去我都不去，而是回到在市中心的这个房子，就是因为怕出租车司机会嫌路途短不高兴，排了半天队拉这么一个挣不了多少钱的短活儿，就会甩脸子，这一路就很痛苦。所以有两次必须去女儿家的时候，就预先准备好一盒中华烟，上车以后把中华烟先给他，说师傅先给你一盒烟抽，真中华，绝对不是假的，然后再跟他说去哪里，很对不起，特别近。司机当然很高兴，他一算，一盒中华烟六十块钱，他没赔，所以一路有说有笑。自己就是这么一个很没出息的人。

我想，这应该就是莫言获得诺贝尔奖的真正原因吧。一位作家，要真正得到他人的尊重，内心必须保持一种软弱，这种软弱，是对每一颗人心世界的关切，是对平常人命运的关注，是对自我的不断消弭，更是对人类美好情感的坚守。教育家也应如斯。在我看来，一个内心柔软甚至软弱的人，恰恰是内心极为坚强的人。

*

《檀香刑》是莫言的代表作之一。

这本书有一段话，我想摘录一下：世界上的事情，最忌讳的就是个十全十美，你看那天上的月亮，一旦圆满了，马上就要亏厌；树上的果子，一旦熟透了，马上就要坠落。凡事总要稍留欠缺，才能持恒。

人内心的坚强，看起来往往很软弱，但实质上是预先接受“不完美”之后表现出来的一种自然、平常、持恒。这个世界本身就是不完美的，包括我们每一个人，都不是十全十美的，总有缺憾、痛失，十有八九不如意，如果内心不够坚强，我们就会陷进无限的失落和无奈之中。

*

如果真的失败了怎么办？我的老师曾经告诫我，失败并不可怕，可怕的是自己对失败所抱持的错误态度。我们在武打片中经常看到，一个人被打倒了，他失败了，对方胜利了，但是这个失败的局面，不会停止在这里不变，它会发展，不是向好的方向发展，就是向坏的方向发展。具体而言，人的坚强，往往表现在如何扭转失败的局面？一是对于失败要有心理准备，人并非无往而不胜的；二是失败之后，不能把注意力放在体会自己的痛苦上；三是集中到一件事情上：我们现在怎么办？四是冷静分析，是不是真的失败了；五是看清失败的局部性和暂时性；六是抓住有利因素，吸收失败所带来的一切信息；七是坚信自己能转败为胜，积极创造扭转局面的条件；八是坚持到最后一分钟；九是万一局面不可扭转，只要身体本钱尚在，换一条路试试，把不可扭转的失败转为局部、暂时的失败。

*

**最基本的往往是最重要的。**

掌握了万事万物的基本规律后，我们就可以举一反三，融会贯通。

将之落实到我们的做人、做事甚至一切改造世界的活动中，从而优化我们的思考，提高能力。

**所谓智者，无非是掌握了基本规律的人。**

*

水是生命之源，没有水，就没有世界。水是运动的，水在生命中运动，生命在水中运动。

水的运动，最为基本的规律是：水往低处流。在水往低处流的过程中，具有如下特征：

一是只能疏导，不能堵塞。挖掘有效而科学的水渠，引导其方向。二是有高度就能形成势能。越是有高度，形成的能量就越大。所以我们经常说，高度决定影响力。三是润物细无声。水往低处流的过程中，渗透，浸染，浇灌……因此，最为有效的影响是无痕的影响。四是流水不腐。水是有生命的，保持流水，一切就会有希望。比如办企业。五是静水流深。

水往低处流，是一种态度，是一种美感，更是一种智慧，只有遵循这个基本规律，人就会越来越自由。

*

人有左耳朵，有右耳朵；人有左手，有右手；再看任何一座建筑物，基本上都是对称的，即使出现了些许不对称，也会统一在大的对称之中：无—有；上—下；前—后；内—外……甚至，人的大脑与宇宙也是对称的。

世界无不是对称。

对称的，才是美的。

因为有了对称，世界就变得很有秩序，世界才成为世界。

对称，是万事万物的基本规律。

前些年有一本物理书影响极大。这本书就是《可怕的对称》，该书阐述了对称在物理中的地位。对称奠定了现代物理学上的思想，也奠定了美学的根本。作者从星球寿命、光的魔力、浩渝的宇宙、粒子的生死等种种不同现象中展现了对称是如何规划大自然的宏伟构造的。

既然对称是世界上万事万物的规律。那么，它一定启迪着我们怎样处理问题，启迪着我们怎样形成我们的能力。

我举一个例子，就是如何利用对称原理对人进行启发，施加影响：

启发人是一门高超的技术。

启发就是利用对称原理的。

人的心理活动是和周围世界密切相关的，所以周围世界的结构特征必然反映到我们的心里活动上来。物质世界的对称，对我们的心理也会产生影响，比如，我们总是追求对称，对称才完满。如果，对称受到破坏，或者有了缺陷，该有而没有，这就出现了心理上的“趋于对称”，使人产生一种欲望，希望填上或者修缮这个缺陷。这就是我们所说的启发“空穴”。

启发就是形成空穴，所谓空穴就是“该有而没有”。

怎样形成空穴呢？一是让人感觉到“该有”；二是让人看清“没有”。

据说，苏格拉底的所有启发都是按照这个原则实现的。

*

我们曾歌唱道：万物生长靠太阳。

对于植物来说，这个原理就是光合作用。

光合作用是指绿色植物通过叶绿体，利用光能，把二氧化碳和水转化成储存着能量的有机物，并且释放出氧的过程。

光合作用使我们的地球充满了生机。高效地利用光合作用可获得更多的、人们赖以生存的食物和能源。因此光合作用被称为地球上最重要的化学反应。

光合作用对于人类和整个生物界都具有非常重要的意义：

第一，制造有机物。第二，转化并储存太阳能。第三，使大气中的氧和二氧化碳的含量相对稳定。第四，对生物的进化具有重要的作用。

由此而来，我们可以这样思考：

万事万物的生长和发展都离不开阳光、二氧化碳、水，三者缺一不可。而在人的一生中，如何学习、如何立身处世、如何积聚能量？这也是一个化学反应过程。

阳光——就是知识，知识就是力量，人必须不断学习，读万卷书，方求得真知；

二氧化碳——就是实践，再实践，行万里路，用自己的行动去超越自己；

水——就是人际关系，水的作用是无形的，无形但又缺少不得。通过深度沟通，赢得真正的关系，大的关系，小的关系，关系决定成败。

以上就是人生三要素。

人的发展过程，就是积聚能量的过程，也是光合作用的过程。

*

宇宙是一个周而复始、永无止境的循环体。

任何事物都有产生的原因和导致的结果，任何结果都有相应的原因。

所有的宗教和哲学都谈到了这个基本规律。

我们经常可以读到：

种瓜得瓜，种豆得豆；

善有善报，恶有恶报；

付出越多，回报越多……

其实，**任何一种结果的形成，可能会有若干个原因，而其中起决定作用的，往往只有一个，这个“因”就是我们所说的“关键因素”**。

在我们的生活中，你如果想改变结果，那么，你就试图找到那个“关键因素”。改变了“关键因素”，结果就可能被你改变。

从某种意义上，任何一种结果，只要有提前量，并且尽快找到“关键因素”，都是可能改变的。

比如贫穷，比如命运。

*

阶梯是人生的基本规律之一。

这个规律的发现，我的朋友、教育专家程鸿勋教授有着重要贡献，他曾著有《生命发展阶梯》，在教育界和思想界具有重大影响。

人往高处走。

怎么走？

拾级而上！

阶梯是规律，更是方法。在所有的规律中，该规律的独特价值是，将理论与实践结合在了一起。

一切的成功都应归结为目标的达成。

对目标进行细化、量化、具体化的过程，就是形成阶梯的过程！

*

人的意识分为，显意识和潜意识。

人脑好像一个沉睡的巨人，我们均只用了不到1%的脑力。

人的大脑是一个无尽的宝藏，99%的脑力都存在于人的潜意识之中。

人要学会利用自己的潜意识。

通常而言，有三个系统方法：刺激法、直接输入法、自我暗示法。

其中用得最多的就是自我暗示法。

自我暗示又包括：视觉暗示、听觉暗示、想象暗示、权威暗示、期望暗示、环境暗示、自我谈话暗示……

教育学意义上的罗森塔尔效应，以及盛行一时的赏识教育模式、卡尔威特教育法以及北京光明小学自信心教育模式，都是基于该人生基本规律而构建的具体方法或者操作模式。

所以，很多教育专家都说，教育，就是唤醒人内心深处的巨人。我认为，管理也是。

*

命运，就是你周围的人。

人的一辈子，瞬息而过。

我们能经历的事情不会很多，能完成的事情也不会很多，有时候一生做好一件事情就已经很荣耀了。

而能遇见的人则更是少之又少，能有交往的、彼此能相互了解的人可视为惊奇，在中国，人均大概不会超过1000人吧。

而真正属于“你周围的人”者，大概不会超过100人。

如缩小在20人以内的，应当几乎都是挚友了。再缩小到五人，三人，甚至两人，一人……

一个人的人生轨迹，其实，就是由“你周围的人”描写的。

所谓邂逅，所谓缘分，从根本上说，其实是一种命运。

所以说，命运就是你周围的人，即使是折磨你的人（能折磨你的人都是居住在你心里的人）。

我认为，这是人生的基本规律之一。

由此可见，命运并非是一种“果”，而是人生中最大的一种“因”，只有捍卫这种“因”，珍惜这种“因”，用心浇灌这种“因”，人生才能如意。

即若同在一个树林里的小鸟们：一天，树林失火，火势猛烈。一只小鸟幸而逃出。但它想起还在树林里的其他小鸟，心里非常难过。于是，它飞到河边把羽毛浸湿，然后飞到树林去，拍动翅膀，洒下水滴。这样一来一往，十分费力，但是小鸟仍然奋力去救。天帝很感动，就降下一场大雨，把火扑灭了……

“周围的人”，何尝不是同林鸟？

人生有三境界：

第一境界为，昨夜西风凋碧树，独往高楼，望尽天涯路；

第二境界为，衣带渐宽终不悔，为伊消得人憔悴；

第三境界为，蓦然回首，那人却在灯火阑珊处。

与此相对应，“周围的人”也大致可分为三个境界：

第一层为诚挚。人总是会有很多朋友的，可能开始的时候，也许是因为某种功利，某种世俗，这是人的社会性，但随着岁月的流逝，会渐渐地沉淀诸多弥足珍贵的诚挚，那是用金钱和其他任何有价的东西无法换取的。

第二层为支持。人与人之间总是相互支撑的，与我们相关的人，总是在以自己的方式支持你、爱护你，即使一时糊涂，对你有了伤害其实很快也会因为岁月的流逝而渐见消融。

第三层为关心。关心则乱呢，乱也无悔。每一个人或迟或早都会遇见与自己灵魂相关、互赖的人，那种灵魂结构互相渗透的关系是超功利的，是用心血才能灌溉的。也许无须什么承诺，但可能会有某种约定，那种约定正是人生精神世界中永恒的灯塔，没有灯塔的人生是庸俗的人生。

——对于命运，我总是心怀感激。

*

人的快乐有两种：

一是享受的快乐，满足之后立即就空虚——稍纵即逝。

二是克服局限、自我更新之后的快乐，先痛苦，后快乐——持久而值得回味。

第二种快乐，实质上就是来自学习的快乐！因为学习的本质正是：克服局限，不断自我更新。

学习是人的生存需要，也是人的发展需要。只有学习可将人的两种需要统一在一起。

学习，就像初夏的“知了”蜕壳一样，靠自己的力量克服局限、蜕旧迎新，其过程本身是痛苦的，但获得“新生”以后，立即就会涌来深层的、持久的快乐。

*

饭要一口一口吃，总会吃饱。

路要一步一步走，总会到达。

很多人笑了。

但，尊重万事万物循序渐进的规律，讲秩序，讲节奏，讲科学，确实是首要的人生态度。

不敢说所有的成功都因为有了这个态度，但所有的失败都可归因于缺乏这个态度，因此，这是做成任何事情的首要心理前提。

在没有确立好态度之前，一切的行动都是危险的。伟人毛泽东也犯类似错误，比如大跃进。

而所谓态度，就是一种心理倾向，其核心是自主选择。除这个态度以外，对于个体人格打造而言，还有很多其他的“态度”，但都是起辅助作用的，如：决心、企图心、主动、热情、爱心、自信、自律、坚持不懈，等等。

*

鲜花总是插在牛粪上。

这是一条独特的人生规律，是符合美学原则的。

我想至少有如下几个方面原因：

牛粪看似不起眼，但在冬天的时候使人感觉暖和、舒服。据说，草原上的人们常把脚伸进牛粪里取暖。因此，鲜花插在牛粪上永远不会受到冷遇。

牛粪不仅有水分，而且营养丰富。它的营养使鲜花得到最好的滋润，比养在花瓶务实、长久。花瓶式的男人没有几个有能力积攒财富与功力，听梁冬说，李彦宏例外，但毕竟是极少数。

牛粪不端架子，平易近人，使人感觉可亲近。可能有些异味，但习惯了之后更像是青草的芬芳。

牛粪晾干了，可以用来烤羊肉，烤出的羊肉最地道。从草原上来的人都知道，牛粪是上帝赐给人类过冬用的首选燃料。

牛粪没有花心的相对优势。

鲜花插在牛粪上时，人们开始会觉得不和谐、不美，但当人们一思考时，这种不和谐似乎隐藏了另外一种更加意外的和谐。这种意外的和谐，就是——命运。

……

我要阐述的，当然不仅仅是我们耳熟能详的英雄美女或者才子佳人因“此事古难全”而产生“希冀美”。更重要的是阐述一种务实的生存之道——牛粪法则。

*

所谓成功，就是达成既定目标。

由于我们太渴望成功了，导致近年来“成功学”几乎成为中国特有的一门显学。

其实，所谓的“成功学”连学科都称不上，最多算是心理学中的一种应用方法，我们可以称为——如何发挥人的心理力量。

事实上，除了以传播成功学为牟利手段的个别同志以外，世界上没有一个人是因为学习了“成功学”而获得成功的。因此，为了“过正”，我不得不“矫枉”一下，“矫枉”才能“过正”呢。我提出：

**所有的成功学都是伪科学！**

因为，事实上，一个人的成功至少必须遵循：

一是讲科学。

二是注重现实可行性。

三是通过不断自我更新，做好内在素质上的准备，以便抓住时代所赋予的机遇。

四是在做事情之前，认真分析条件。如果有条件就充分占有、利用条件，如果没有条件时就努力创造条件。

五是实践，再实践。实践既是检验真理的唯一标准，又是一种勇气。

六是处理好人与人之间、人与自然的关系，在和谐中求效果。

七是一定要去结识高人，在实践中不断获得他（她）的点拨。

八是注重过程，并对过程进行有效管理、控制。

九是所有的成功归根结底都是做人的成功，所有的成功模式都是个性的模式，所以，完善人格是根本之根本。

十是——以上九条的基础上，与所有“成功学”一样，积极发挥人的心理力量，发掘人的潜在价值与潜在能量。

*

**高度决定影响力**。而人的高度是如何形成的呢？

我想，主要是处理好以下三种关系：

整体与局部之间的关系；

感性层面、理性层面、悟性层面三个思考层面之间的关系；

理论与实践之间的关系。

*

哲学的价值不仅仅是处世，也不仅仅使学习者成为一位有思想的人。

我担心，大家把哲学的价值仅仅庸俗化为：处世的技术，以及获得个人成功的指南。

其实，哲学的真正价值是：

哲学是一种爱智，其核心是终极关怀，是对彼岸世界的一种信念，一种坚持；

哲学高于任何学科，是将所有学科融会贯通的方法论，而不仅仅是某一些处理问题的具体技术。

哲学对生活的启迪应当是文化意义上的启迪，而启迪的过程就是把人本身作为根本追求的过程。

哲学不是枯燥的，反而是灵动的，是诗性的，是美丽的，是开心的。我们应当从生活中寻找哲学的真正的快乐——即感悟！

学哲学，当然要用哲学，用于心，而非用于形也。

另，还须警惕成为一位哲学教授，哲学教授总是企图建立自己的体系，缺乏灵性，缺乏生活的质感。

如果仍然有人学哲学，可以推荐几本有意思的哲学书，可能有些不是严格意义的哲学书，但别有洞天：黑格尔——《小逻辑》；萨特——《存在与虚无》；老子——《道德经》；孔子——《论语》；李贽——《焚书》、《续焚书》；顾准——《顾准文集》；周国平——《诗人哲学家》；刘小枫——《拯救与逍遥》、《走向十字架的真》；何怀宏——《良心论》；张承志——《心灵史》；史铁生——《灵魂的事》；王小波——《我的精神家园》；索甲仁波切——《西藏生死之书》……

*

众所周知，洗礼是基督教的一种仪式。

但我想说的，不仅仅是宗教意义上的洗礼，而是拓展了灵魂的超拔形式。

我们在这个理想缺失、浮躁的、转型的时代，将接受无比繁杂的、来自外界的诱惑，以及人性弱点的挑战。我们所处的时代是一个洗礼的时代。

在中国汉语的语境里，“洗礼”这个词已经远远超出了基督教所能界定的内涵。在汉语的环境中领会“洗礼”得更深刻内涵，对我们过上精致的生活或许会有帮助。

洗礼在很多时候，是人内心挣扎与斗争的一种痛，是经过了风暴之后的灵魂模式。无数多的苦难、阳光、水、战争都承载了为人类洗礼的使命。

泰戈尔说：“不是锤的打击，乃是水的载歌载舞，使鹅卵石臻于完美。”这是多么美丽的一句话，当我在朋友的书里看到他引录这句话的时候，我的眼睛都湿了，内心波澜壮阔。

我们这个理想主义缺失的时代，我们将接受来自诱惑、困惑、内心道德挑战的重大洗礼，我们的每一个人都无法回避。这种洗礼比战火纷飞更加残酷。有多少人在这个时代沉沦了，成了物质的奴隶。

我不相信人随口就说，我把什么都看淡了。**没有经历过，你怎么有资格谈“看淡”？**我们必须在诱惑之水载歌载舞的洗礼之后，才能成就心灵的宁静。

人应当选择有尊严、有希望、内心幸福的生活，所以，我们应当接受洗礼，而后求得内心的安乐与平静。

洗礼是为了求得内心的安乐。人的安乐应当就是顺应心性，倾听自己的声音，从而获得根本的宁静与平安。

不了解自己的心是严重的错失。

如何接受洗礼而又能拥有自我?

静观自己的内心!

每日抽出一点时间，凝神静观，重新回到我们本初的生命：赤子之心。看似简单，其实却代表着一种生活态度的改变。从向外看转为向内看，从关注向外的索取追求到凝神触抚自己的内心生命。

这对于大多数人来说是一种全新的体验。我们回避向内看的生活，因为一般人总有种对自己内心的恐惧，更因为我们认为这不重要。我们留恋刺激热闹的生活，嘈杂忙碌的生活，在这个急功近利的世界，向内看被认为是一种怯懦和消极的行为。

是的，我们埋怨着过于繁忙的生活，但我们继续忙碌着为了能付得起钱去“休闲”，也就是跟随旅行团到某个同样人声鼎沸的地方走马观花。

*

我们没有理解的是，**真正的财富，真正的悠闲，真正的风景，都只在人的内心。**

任何这些景象都可以打开你的心灵，认识到世界上无边无际的苦难。让你从这里了解到这世界广大深远的痛苦。

很多人其实过得都是慌乱、浮躁的，几乎没有时间来回味、感悟生命本身的美好。将节奏慢下来，与自己灵魂互赖的人一起精致地生活。

在你愤怒、贪婪、嫉妒、烦恼、怨恨、欲望、恐惧、焦虑和纷乱时，仔细想想这些是否值得，你得到了某些可以计算的好处，却污染了你生命源头的活水，这是一种什么样的损失?

在记忆中回想那些给过你挚爱、关切、帮助的人，重温每一个他们对你表示爱心的细节。充满感激地回想，唤醒你的爱，想象你的爱从心中流露出来，首先从你最亲近的人开始，其次是亲戚、朋友、熟人、同事、邻居，然后是陌生人，你不喜欢或难以相处的人，甚至是你视为“敌人”的人，最后，让你的爱变得越来越广大宽厚，遍布整个宇宙。

*

人的富有并不能带来真正的幸福。

改革开放接近三十年，最大的变化就是很多人变得富裕了。可人们发现，随着物质财富的增多，人们并没有因此得到更多的幸福感，相反，人性中一些低俗的东西更加暴露无遗，比如：厌倦，欲望，寂寞，嫉妒，内心深处的恐惧，烦躁与无助，人之间的距离也越来越遥远……

这也是邓小平推动改革开放时没有预料到的。也许，清贫一些人们会更幸福，但，我们似乎不可能再回到那个时代了，即使回去了，也将无所适从，会进入另外一种不幸。因为，人是不可能踏进同一条河流的。

所以，我们还是要变得富有一些。

不是吗?

关键是富有了以后，必须找到使精神生活与物质文化和谐统一的具体方法，我想，只是倡导建设和谐社会，只是鼓励知足常乐，只是鼓励建设社会主义新农村，是解决不了问题的。因为，这些纯粹的价值观，在人的欲望面前，显得异常无力。

*

极个别的圣人除外，我认为——只有经济自由的人，才是真正的文化人。

这不是实用主义哲学的观点!

因为，理想主义的先驱人物李大钊就说过：“物质上的不受牵制，精神上才能独立。文化人为社会传播光明的种子，当然要有相当的物质，维持他们的生存，不然，饥寒所驱，必至于改业或兼他务，久而久之，将丧失独立的人格。”

在现代社会，是不是真正的文化人，与学历、年龄、专业、性别、国别等似乎没有任何关系。有很多人读了很多书，但并不是真正的文化人。

关于什么是真正的文化人，我也没有一个准确的定义，《辞海》上也没有，但我想，最起码须具备六个特征：

一、经济上是自由的。经济上不独立，人格就不独立；人格不独立，何谈文化？经济上的自由是无法确立一个数字标准的，追求物质财富与“唯利是图”的本质区别是：获得财富之目的不同。——按照目前的行情，我倒是想给每一个文化人发30万美元，这样大家就自由了呢，哈哈。

二、良心。文化人应当是社会的良心，其使命就是向社会提供良知与真理。——不太敢奢望每一个人都要像张载所言那样的：为天地立心，为生民立命，为先圣继绝学，为万世开太平。

三、承担一定的社会责任。先为他人，然后为自己，金钱是顺带的结果。——“为他人”，这很重要，我们应当一起来唾弃只“为己”的人，哪怕他是什么博导，××津贴的获得者。

四、可以是文盲，但必须尊重知识。不识字也没有关系，但要有尊重知识的习惯。——通常而言，尊重知识的习惯日积月累之后将转化为“智慧”，如六祖慧能就是一个文盲，但他有智慧。

五、务实。务实，不是现实，更不是功利，务实只是一种扎实的人生态度而已。——务实就是：对于物质财富是一种合法占有的自主态度，而对于精神价值有一种西西弗斯式的执着与耐心。

六、有理想，有信念，但不是狂热的理想主义者。坚信理想是烛照人生旅程的亮光，但不纠缠或者留恋理想之虚妄色彩。——理想虽然不能当饭吃，但我们仍然要有热血，要有青春，所以，一定要有理想，要有信念，否则就是：30岁的年龄，60岁的心脏。

——经济上不自由，有可能会失却独立的人格，人格不独立，何谈文化？现代教育的一个崇高使命就是防止把人培养为“为统治者利用之家什”。

*

东方人是有大智慧的。

西方人的逻辑和科技，是技术层面的，是小智慧，小道理；而东方人则善于跳出技术，进入更超越的层次，从而提出问题、解决问题，即“道”，是大智慧，是大道理。

毛泽东说，大道理永远管小道理。

**我所理解的东方人的第一个大智慧是：和而不同。**

人与人之间的智力差距是极微的，要形成自己的核心竞争力，关键在于是否用“心”。

因为，大凡事情要做好，必须用“心”，用“心”了，才能赢得他人的信任、支持与合作；而过于强调用“智”，反而经常会“聪明反被聪明误”，渐渐会失去人心。社会是人的社会，人是社会的人，所谓“得道多助，失道寡助”是也。

学会与人相处与合作，是现代教育的四大支柱之一。而学会相处，并非依靠“智”，而是用“心”，是用真诚换真诚的大智慧。做人是做事的前提。

有人说，这就是前几年流行的情商（EQ），我则认为这是中国传统文化的集中体现，我所敬佩的王阳明先生早在几百年前就提出了“心学”哲学体系。

与人相处，当然是社会化过程中的一个常见问题，我们的传统文化中早已进行了系统描述和总结，简洁、经典、考究：

一是君子以成人之美。

二是己所不欲，勿施于人。学会换位，学会理解他人，尊重多元文化，善于和不同的人共同生活。

三是和而不同。尊重别人，善解人意。善待别人不等于失去自我，不仅要保持自己的个性和优点，还要相互学习，善于发现对方的优点。

有人问我，东方文化传统是什么，如果从某一个角度上看，不就是这三句话么，其核心就是“和而不同”。

这三句话合起来就是一个方法系统。这个系统的提出实际上也是中国对全人类的贡献，它为解决当下世界难题预制了一个系统解决方案——联合国教科文组织于1972年发表了经典的人类发展报告——《学会生存》，强调了与人相处之难题的存在与解决之后的核心价值。但三十多年过去了，并没有一个有效的解决方案，我想，可以用这三句话来回答他们多年前的提问。

实际上，这个方案的应用已经远远超越了教育和商业的范畴，它还可以更加超越地解决外交问题、国内和平统一问题、地区贫富差距问题、种族歧视问题等等。

在东方文化中，**我认为排名第二的大智慧应当是：整体大于各部分之和。**

处理好整体与局部之间的关系，在各行各业都是决定性的因素。

整体大于各部分之和，蕴涵着两层意思：

一是整体大于局部，任何一个局部必须服从于整体，但任何一个局部一定是另外一个局部的整体。

二是整体大于各部分之和，其内在的秩序使整体形成合力，效能要远远大于各部分的简单累加。

第一层意思很好理解。

第二层意思，可以举一个不是很确切的比方来说明。人的身体是一个整体，是由碳水化合物组成的一个整体，当一个人死去的时候，各种碳水化合物仍然存在，但已经不是一个整体了。

我们现代人把处理整体与局部关系的方法论叫作“系统工程”。

我手头上的这本1982年1月出版的《论系统工程》（钱学森著，湖南科技出版社），对系统工程这门科学进行了探究。

“系统工程”最具可视效果的就是农业、航天、军事、水利等战略性行业或者学科，以及中央政府的决策行为，如果没有系统工程的支持，几乎是寸步难行。

我则认为，系统工程应当更加明确解释为：整体大于各部分之和。这种大智慧很早就在东方文化中得到了应用。比如，公元前250年，李冰父子带领四川劳动人民修筑了都江堰，由“鱼嘴”岷江分水工程、“飞沙堰”分洪排沙工程、“宝瓶口”引水工程这三项巧妙结合而成，是一项现代科学家看来都十分杰出的工程建筑。

西方人善于分析，就是把事物的整体分解为许多部分。分析可以帮助我们认识到宇宙、自然界、人类社会和人体本身许多本质的东西。分析有明显的局限性，比如解剖学，它帮助我们认识了人体真相，但一旦解剖刀一下去，被割的部分就成了死的东西，活生生的整体就不存在了。

东方人善于综合，所谓综合，就是把事物的各部分联在一起，使之变为一个统一的整体，考察各个因素之间的联系，把握整体，从整体与局部之间的关系上，揭示事物的本质及其运动规律。

东方人的整体大于各部分之和的思维优势已经充分展示在各行各业之中。比如中医。比如农业、水利。比如国家的外交战略、和平统一战略、和谐社会战略、科学发展战略。比如经营管理（中国式经营管理）。比如义务教育。等等。

中国的有些事情，西方人永远理解不了。这是事实。

*

意大利有一个全世界著名的“二政府”，“一政府”认为他们是黑社会，但也有部分民众希望他们来组阁，社会管理起来会更加有效。我倒是知道这个“二政府”有一条内部军规令人惊叹，这条军规就是：女人是不可以被责备的，如果是因为女人坏了事情，那是命。据说该组织什么人都敢杀，但从不杀女人和孩子。

*

和教育家田玉一起深聊教育价值时，有两句话令我热泪盈眶。

田玉谈起他自己的家庭教育时认为，时时给予他力量的，是两句话——父亲的一句话和母亲的一句话——构建了他的精神支柱与成长哲学。父亲和母亲不算是有知识的人，却是没知识但有文化的杰出父母。

父亲说的这句话是：“儿啊，到了年三十，算一账，人在本钱在。”母亲说的这句话是：“出门在外，要和看得起你的人打交道。”

这两句话实质上就是现代家庭教育的全部内容，父亲的这句话是一个人的精神框架，即人格的力量；母亲的这句话是一个人的选择原则，选择得当则会赢得爱，赢得人生的圆满。

**父母在孩子成长中并不需要做很多，只需要在孩子遇到挫折与失败时给予一点点精神力量，就足够了。**

*

在教育中，母亲要做的事情并不多，除了引导孩子学会选择以外，还有一个重要任务是，每天亲自做一顿适口、营养丰富的晚饭。这顿饭绝不仅仅是简单的任务，而是蕴涵着丰富的精神能量，让家庭中的每一个成员，都在这种精神能量中，吸取爱的力量。

认认真真做好每一顿饭，不仅对孩子，对夫妻关系，对于整个家庭的和谐发展，都是一门至关重要但容易被忽略的课程。因为，爱是一顿一顿饭堆砌起来的。

特别是对于城市的母亲，经常用很多理由来抱怨甚至试图摆脱做饭、洗碗的麻烦，孩子的教育和夫妻关系能不受功利世界的挑战吗？

*

大凡从农村出来的优秀孩子都有一个体会，即便母亲没有接受良好的教育，可能在知识方面匮乏，但几乎都很明理。所谓明理，就是识大体，懂收放。

而且还有一点，就是：深知孩子读书求知的重要性，但并不检查作业（无法检查），更不会瞎管乱管，而总是寻找家族中比较有成就的人，充当教育孩子的唯一资源，让孩子自觉地模仿这个人的优秀习惯，从而走出自我，超越自我。

**大教育家陶行之说，做母亲最好少一只手。**令人深思。

*

北大校长周其凤的母亲在其90岁寿宴上对儿子说：“有困难就回家来，妈妈还在。”真的很让人感动，也许这就是母性文化的真谛，更是家教的本质。

网上有人批评周校长下跪作秀，真的是人心复杂和混乱啊，难道这些批评者没有一点基本的文化常识？还是因为居心叵测？

*

有一位朋友提到，女人是水做的，那么，女人的柔弱是不是缺点？

这是一个重要的问题，涉及女性精神世界的实质。

我想，柔弱本身对于任何人来说，都不失为一种优点。老子说，人的舌头很柔弱，但比坚强的牙齿生命力更强，人老了，牙掉光了，舌头还在。

我甚至联想到，中华民族的整个朝代变更的过程中，宋代是柔弱的，但也是最长久的……

四大文明古国，只有中国仍然存在，其他所谓强大的文明古国都已经看不见痕迹了。中华民族之所以能绵延发展几千年，其中关键原因除了优秀的教育传承以外，就是我们汉民族的“柔弱品质”，和水一样机动和变化，而化无为有。

从某一种意义上说，柔弱的，往往是具有强大生命力的。

再说到女人，女人的力量也是高度体现在柔弱和软美上的。如果母亲过于强悍，孩子的心会离你很远。只有柔弱而温暖的母亲心灵才能自觉地让孩子的头靠过来贴过来。柔软的心，才是孩子永远的家园。而对于家庭经营而言，只有心灵柔美的妻子才能让丈夫得到精神上的滋养，不离不弃。

柔弱是上天赋予的女性的精神要求，我们甚至应当坚信，柔弱是女人的最重要的内在美。

这里蕴涵了家庭教育的真谛。

*

读者问，你为什么如此关注女性精神世界的提升？

我的答案是，这是教育事业的一个重要组成部分。

任何一个女性，都有可能是现在和将来的母亲。不管她的孩子是三岁，还是六十岁，母亲的精神力量始终在引领着他们的进阶和更新。

可以说，一个国家和民族的未来掌握在女性手里。因此，协助提升和完善女性精神世界，使之丰满而且诗意婉转，是一件意义重大的事情。

法国著名画家，浪漫主义画派的典型代表德拉克罗瓦的代表作品《自由领导人们》，画的是1830年法国的七月革命，一位闪亮的女性高举着三色旗，立在一堆死尸身上，领着群情激昂的市民冲锋。这幅画正好说明了现代教育的一个真谛：推动世界的手，是摇摇篮的手。

歌德在《浮士德》里说过，一切过往的，不过是象征，永恒之女性，引领我们上升。也有人说，好女人是一所学校，等等。皆异曲同工之妙呀。

再看我们所有学校召开的家长会，有资料显示参会的85%都是母亲，父亲淡出家庭教育是一个事实。

其实，父亲的作用也是极其重要的。这是另外一个问题。但退一万步说，即使男人再“混乱”和“迷茫”，只要女人能“定静”和“清明”甚至“知性”，家庭氛围就一定还是一个静谧而有序的式样。

当前中国教育的问题，不能就教育而谈论教育，而应当将重点转移到女性精神世界的重塑上来，改变了一个女性，就有可能改变一个家庭的命运。

但每次开家长会或者座谈会，我看到各位母亲的眼神里，都是功利的、浮躁的、慌乱的。我很担心。

近年来，我们组织了一批杰出的哲学家、教育家、心理学家，由国家立项开展针对女性特别是母亲教育公益性活动。目的有三：

一是重建女性自信。自信的女性才是最美丽的女性，美丽、善良、真诚的母亲才能感召孩子，不教而教。

二是克服浮躁。教育实质上就是人的一种状态，而不是“教诲技术”，只有女性对教育有正确的认识，有了好的情绪和状态，流露出来的，就是最好的教育。

三是巩固、打造自己的内在美，滋养整个家庭甚至社会的精神性。

可以说，一个国家和民族，它的女性，精神世界是丰富的，它的将来就会是充满希望的，而它的女性是美丽的，它的将来也一定会是充满诗意的。

*

无论什么社会，其得以繁衍的根本是母系文化的存在。男人只是这个文化系统中的一座“精神之桥”，男人的智慧在于舍得委身、勇于担当，高度尊重、捍卫甚至依赖女性的高贵与优雅。而家庭教育，本质上也正是这样完成的。

无论如何，男人的伟岸，就在于能赋予女人一个庄严的家——精神圣地，以栖居两颗孤独而诗意的灵魂。那么，两“感”一“心”就必然是一个男人最崇高的操守与价值观，即：

安全感：无论何时何地，都能让你的女人对你放心，包括信任你能处理好很多危机；

责任感：说到的，就要努力去做到。

事业心：一个一直在勤奋追求的职业理想，足以让男人具备秩序感与计划性。

*

读者经常问，你所倡导的提升女性精神世界，是中国教育的强基工程，那么男人特别是父亲，又应当如何担当?

女性精神世界提升，是需要男人特别是父亲的精神力量来支撑与保卫的。我在想的是，父亲应当有怎样的一种情怀。

对于整个世界来说，男人是一座山，女人是山脚下的水。对于孩子来说，父亲是西装，母亲是纯棉的内衣。**男人的强大，通常是因为一种力度，**

**是向外的；女人的强大，通常是因为一种温度，经常是向内的……**

也许在这个缩略时代，男人要比女人承担得要多一些，要抗拒的诱惑也多一些，但若能往前看30年，到那时再回首，就明白当下应当如何作为了。

*

《心理月刊》杂志的主编王珲应该是高我一级的美女校友，杂志编得不错，值得阅读。其中一篇《指引我的那句话》——出镜主角是著名作家、《暗算》作者麦家——让我读后产生极大的共鸣。他说，父亲是个农民，只读过一年私塾，识字有限，但知识与智慧是两回事。父亲对他说的一句话让他永远记住了——家有良田，可能要被水淹掉，家有宫殿，可能要被火烧掉，肚子里有文化，水淹不掉，火烧不掉，谁都拿不走。麦家说，这句话太有哲理了，太知识分子了。它以异常的华丽色彩和哲理内涵永远烙在心里，成了他人生接受的第一句“名言”。改变，有时候就是一句话，一念之间。当他带着这句话去上学后，一切都变了……父亲送给他的这句话，让他时时心有磐石和灵犀，对这个日益喧嚣、物化的世界，保持了一种应有的距离和警惕。

巧妙之事是，我在讲学中经常引用朋友田玉父亲对他一生影响最大的一句忠告——大年三十，一算账，人在本钱在。据说，田兄的父亲八十多岁，几乎不识字，但有着高深的人生智慧。

又收到朋友转发的香港电台著名主持人梁继璋给儿子的信，抄录如下：

一、对你不好的人，你不要太介意，在你的一生中，没有人有义务要对你好；二、没有人不可替代，没有东西必须拥有；三、与其盼望长寿，不如早点享受；四、世界上没有最爱这回事，爱情绝对会随时日心境而改变；五、你学到的知识，就是你拥有的武器，可以白手起家，但不可以手无寸铁；六、你怎么待人，并不代表别人怎么待你，如果看不透这一点，只会徒增烦恼；七、亲人只有一次缘分，好好珍惜，下辈子，无论爱与不爱，都不会再见。

——我想说的是，中国的家教文化，其实与知识多少无关，却贯穿了整个民族的精神发展过程，是另外一种形式的宗教。而父亲对儿子的忠告，应当是父亲文化的最根本的流露形式……

*

**男人最伟大的力量绝不是爱和财富，而是理性。**

家庭教育中，父亲所需要传达的、也是唯一的教育价值就是理性的光辉。因为只有父亲的理性才能让孩子遵守规则，具备责任，成为一个文明的人。

男人的理性在于“站起来是一座山，坐在椅子上是一本书，躺下去是一条路”，其中包括：始终保持心平气和，以及稳定有效的思维方式、坚韧不拔的意志品质。

王安石有诗：墙角数枝梅，凌寒独自开；遥知不是雪，为有暗香来。此为男人理性存在的一种写照也。

*

这是一个缺乏雄性的时代。

从远古以来，一直到上世纪80年代初，中国人一直把雄性当作生活或者时尚的一个重要元素。

但如今已经不再。

尽管很多人可能会反感我的提法。

但“好男儿”式和“中性超女”毕竟不是我们的终极理想性别，可以接受，但不值得宣扬。

据社会学专家分析，独生子女一代的养育环境，男孩女孩都受到娇宠，男孩已不像过去被父母教导和要求的那样，一定要勇敢、刚毅，多为家庭和社会承担责任，也就是说，今天男孩女孩在社会化过程中已不像过去那样被培育出不同的性别角色和职业功能。

加之从幼儿园开始到小学毕业这个性别发展的关键期，接触的教师大多数是女性教师，导致男孩女孩对男性角色的认知缺乏深刻的体验。

为此，很多人开始探索改变之道。

据报载，成都十七中的老师们发现，在青少年中出现了一些性别不明确、中性化的现象和倾向：男生说话细声细气、动作忸怩、喜欢留长发，性格表现出更多女性“柔弱”的一面，缺乏男性应有的意志品质、行为方式。

该校校长认为，从心理学来讲，这种不明确的性别取向表现过度，就会造成性别错位，影响男孩将来的社会角色甚至婚姻生活。

为此，该校心理咨询室专门设立了“十大标准营造阳刚”：

衣着整洁 体魄强健 举止稳重 坚强执着 宽容豁达 幽默风趣 乐观开朗 礼貌教养 有责任感 照顾弱小

其实，雄性的培养是人格的综合培养的问题。

*

阳刚之气何来?

我曾经倡导过“精神上的性感”。

所谓“精神上最为性感的男人”，应当是可以通俗地描述为“这个男人是一条汉子”。

当然，在人类精神史上，性感的男人很多很多，限于篇幅，我就只谈两位。

我要说的第一位精神上最为性感的男人是海明威笔下的桑提亚哥。

有一句话：

一个人并不是生来就要被打败的，你尽可以消灭他，但就是打不垮他。

我认为，这句话应当是打造男人强健人格的总纲领。

我要说的第二个精神上最为性感的男人是保尔·柯察金。

苏联作家奥斯特洛夫斯基所创作的《钢铁是怎样炼成的》是一部自传体小说。主人公保尔·柯察金的原型就是作者本人。这本书给予我们的不是单纯的理想教化和红色熏陶，而是始终启迪着我们：人性的本质是积极的，所以有了永恒的意义。这，是不会因为时代和国别而腐烂的人类永恒的主题。

若不是限于篇幅，我会详细谈论人类精神史上最为性感的二十个男人，包括切·格瓦拉、凡·高、司马迁、贝多芬、索尔仁尼琴等等。这个话题其实也是蛮重要的呢，二十个全部都写好了合起来一定是一本畅销书，因为所有的女人都愿意买来送给自己的男人，让男人站起来！

*

多少人青春依旧，但热血殆尽！

——我们是否可以自问：每天在条件的计较中犹豫，每天在患得患失中迷失方向，每天在进退中与生活无限期地谈判，不敢忘我，不敢投入真情，害怕吃亏，甚至不敢去探索和创造属于自己的幸福模式。

——我们是否可以叹嘘：青春呀，热血呀，就这样在庸常的选择与评价中散漫流逝！其实，在人的精神世界里，不管是事业，还是艺术，甚至真爱，何尝不需要呕心沥血，何尝不需要像凡·高所言“也许使我成熟的东西就是一轮烈日”。

之前我曾经在一本书里详尽介绍过凡·高以及美国作家欧文·斯通创作

的伟大著作《渴望生活——凡·高传》。

我想，怎样形容这个真男人在精神上的性感都是不为过的！

*

在没有战火、没有苦难的太平盛世，我们如何冶炼阳刚之气？

阳刚之气首先在于：自信，负责任，敢作敢当，不怕牺牲，勇者无畏，并且有足够的智慧来面对挑战。

因此，冶炼阳刚之气应当是这样的一个过程：

首先，应当把自己放归到大自然中去。我们来自大自然，也必须回归大自然，大自然赋予人勇气，也赋予人智慧。

其次，读厚书。没有读过厚书的人，堪谈功力？堪谈人文价值？堪谈阳刚之气？每一个男孩需要通过阅读来学会选择、养成鉴赏的趣味，培养格调和品味，养成阅读的习惯。

第三，学会承担责任。做错事情时，需要主动承担责任。被赋予一种职责时，无条件地去担当并尽最大努力去达到要求。

第四，学会感动。真正的阳刚之气，恰恰是内心的善良来滋润的。为真情所感动，为正义而流泪，高尚的情操与男性的魅力通常是结合在一起的。

第五，学会面对挫折。每一个男人都应当经得起摔打。对于真正的男人来说，任何的失败、挫折都是暂时的，站得再高一些，就会有新的风景、新的世界。

第六，建立自信。学会接受自己，相信自己，创造自己。前面说过，自信是人格的核心，缺乏自信，一切都是枉费心机。

第七，锻炼身体。人的强大精神需要一定的物质保证。每天俯卧撑50个，仰卧起坐50个？

第八，尊重女性。很多时候，阳刚之气都体现在对待女性的态度上。

*

严冬，发现窗台上意外开了一朵牵牛花。

我觉得真美!

借题发挥一下：什么是美?

我们知道，人们对美感的追求是一种积极的精神需要。

既然是一种本能的需要，对于我们来说，就是一种可贵的、可以调动和利用的动力。因而我们也就必须要认识它，了解它的规律性，以便调动它和利用它为我们的工作服务。

我们都知道：美就是和谐，美就是对立的统一。

但知道了这一点有什么用?

为什么对立的统一就是美，就能使人产生美感呢?

这就需要我们自己来进一步加以研究了。

*

和谐之所以美，对立的统一之所以美，是因为它们展现了新的自由度，展现了一种新的发展可能。

人是最高级的动物，发展是人的最高级的又是最基本的需要。

当人直觉到一种隐约可见的发展可能，而还没有来得及产生出具体的动机时，这时所产生的心理体验，就是人的美感。

这种展现出的新自由度、新的发展可能，就叫美。

*

举一个美学意义上的应用：

正常的男人都喜欢美女。并且，美还能推动男人上进。

因为美女能给人以美感上的满足，但，我们也经常会发现，如果一个美女只是身材、脸蛋美，而不能从灵魂深处洋溢着知性的美，外在的美很快就会被男人厌倦。

男人移情别恋，一半是因为男人的原因，一半是因为女人不善于储蓄内在的美并时常展现新的精神意义上的可能性。

真正的美是可以长久的。与年龄无关。与容颜也关系不大。

一个男人真正喜欢上一个女人，喜欢的是那种来自精神层面的美感，这样的美，让他执着，让他沉溺。

这就是美学原理在生活意义上的一种应用。

*

一个人好像一本打开的书。

形式上的美是装帧、封面设计的美，它可以吸引人的第一注意。

但内容上的丰富、有趣，是否具有“可读性”，则是该书拥有持久吸引力的关键。

需要强调的是，这里所说的“可读性”是针对普罗大众而言的。

比如，钱钟书的《围城》是可读的，内涵丰富，深入浅出，让人难以卒读，但他的《论学文选》则相反。可见，“可读性”并非高深莫测，而是：一，要让人能够理解你，能够读懂。二，要有丰富的内涵，而且要有一定含蓄性，让人觉得你这个人有趣且丰富，“阅读”你后深有收获，而不是一摊浅水，一望而知深浅，一览无余。

那么，怎样让人具有“可读性”呢？亦可分为两条途径，一是，开拓内心世界的广度和深度，并且求得真知，彻底弄懂一些问题，直到你能举例说明问题。二是，向有智慧的人学习，确立新的目标，告别低级趣味，对自己不断提出更高的要求。

*

涵养，就是一个人有许多优点，但能把大多数优点藏起来。而思想，就像内衣，我们都该有，但不可逢人就亮出来。

而让人着迷的女人，必然是静的，不能人家一句话不合心意就尖叫；而具有“可读性”的女人，须学会闭着嘴说话，用意念用心去感受、感悟、表达这个世界。

*

据说这是美国3M公司格言：为了发现王子，你必须与无数只青蛙接吻。

是的，**一个人的人生阅历，无非就是与很多只青蛙接吻的故事而已。**

# 魂

*

为什么要探索太空？“航天之父”齐奥尔科夫斯基【俄】说过：“地球是人类的摇篮，但是人类不能永远生活在摇篮里。”我们中国人今天才到达300公里之遥，还差得远。

对于一个国家来说，太空还意味着“高度”，意味着“条件”的占有，意味着安全的“壁垒”。竞争学鼻祖迈克尔·波特说，过去200年，人的最大的错误是花无数时间在提高效率上，但事实上，他们更应该制造壁垒。

*

**人生是没有弯路的。因为一个人所经过的一切，都是充满意义的。认为自己走了弯路的人，只是因为在过去的生活中不够认真而已。**那么我们是否可以这样认为——认真是人的灵魂获取回报的唯一形式。

有人说，两点之间，直线距离最短。其实，再直的线，远看虽是直的，而在显微镜上近观，都是弯曲的。人的高明在于既能远看，又能静观，此为洞察事物规律之法门。

*

与一位心理学者谈到，为什么那么多人自杀，真的不是因为所谓的心理障碍。在这个时代，人的绝望，往往是因为灵魂层面出现了空洞和迷茫，找不到生命的价值性，找不到生活的信念。我不迷信心理学的主要原因是，教育的核心问题，心理学是解决不了的。

青年自杀的原因，无非两个：一是深刻地感觉到了周围人对自己缺乏信心，其实质是自己对自己没有信心，而不是周围人的原因。二是缺乏远见。也就是说，不能站在“足够远”的将来看现在，这里的“足够远”指15年到20年。

*

先见能力，即往前看的能力（最少往前看10年，再回到现在）。古人云，知止而后能静，具备先见能力的人才能“静若处子”，“以不变应万变”，在运动中寻找机会进行突破和发展。甚至可以认为，先见能力应当是领导的第一素质，看不远，眼下的一切都无法选择，无法判别，无法计划，无法执行，“领导”就变成了一个空头衔。

要获得先见能力，必须具备“站得高”之前提，“站得高，方能看得远”，即：高度决定远见。

人怎样才能站得高呢？一是具备整体观，任何一个整体都是另外一个整体的局部；二是不断反思错误，感悟成功，形成自己一套优良的思维模式。

*

看问题，要从整体上去看。就像中医治病，着重系统性，中间有病四边治，而不是像西医那样，哪里有病就在哪里开刀。很多时候，事物的发展是有局限性的，要冲破局限，须远离现实关切点（远离功利的另外一种解释），从标本兼治的角度，一定可以引动从量变到质变，实现整体发展。

*

生命的意义与目的何在，大概可以分三层吧。第一层是安身立命，有一门技术使你吃饱饭，得以生存；第二层是爱与创造，只有爱和创造可以使人精神世界富足而不慌乱；第三层是灵魂的归宿与出路，灵魂生活的质地与升华最终决定人的生命目的与价值。



*

著名作家、万通集团董事长冯仑说，伟大的事业要和伟大的人一起做。关键是如何确定“怎样的人才是伟大的人”。我认为所谓伟大的人至少应当具备：一是有远见，能看未来30年；二是有能力，具体指标是10年之内能影响100万人跟随自己；三是有襟怀，在小人与贤人之间，能游刃有余其中。

*

输与赢，吃亏与占便宜，这些“概念对”的背后，实际上就是——将人格商品化。有多少家长和教师，都这样无意识地陷进了人格商品化的世故之中。最可怕的是集体无意识。

*

关于中庸，勇敢是怯懦与鲁莽的中庸，磊落是放浪与拘谨的中庸……亚里士多德也是倡导中庸之道的啊。

*

执意地去忘记一件事情、一个人是不可能的，因为你想忘记时，实质上在加强记忆。因此，人生的快乐在于，可以记忆与思考，但要学会放下。

*

在“忍人所不能忍”与“能人所不能”之间，来确定一个人的生存空间。大智慧啊。

*

陈道明说，只有能接纳对方缺点的两个人，才能将婚姻进行到底。**其实，能接纳别人的缺点，叫人格健全，能接纳自己缺点的人，叫心理健康。**

*

世界上的人分为两种，一种是能做成事情的；一种是不能做成事情的。在第一种人中，又可分为两个类型：口才好的和口才不好的。口才好的人容易快速达到小目标。口才不好的“慢慢来”，但容易让人信任，最终能达到大目标。

*

佛为什么受人尊敬？是因为佛从不说话。

黑格尔说，对于听众来说，演讲家的描述也不是为了描述而描述，也只是一种手段，用来使听众达成一种信念，做出某一种决定或者采取某一种行动。

曾经为中国移动全球通VIP客户做巡回演讲。与助教谈演讲层次，第一层次是，精彩PPT，精确讲稿；第二层次是，课程化，脱稿，无PPT，精心设计背景音乐、听众高潮与掌声等。第三层次是自然流露，顺手拈来，家长里短却通透精炼。第四个层次是，从不演讲，只是信徒们在讲，如释迦牟尼。

表达之美在于通透、深刻、有效，但表达之极美在于精要。林语堂先生说，好的演讲就像美女的超短裙，越短越好。而实际上，要做到越短越好，必须经过了太多的磨砺之后，才能做到虽短但引人入胜。

我不是一个善于演讲的人，但因为工作需要，经常当众说话。

这么多年以来，我坚持每次主讲的内容是即兴的，不管多长时间，不使用讲稿、PPT，且不重复讲过的内容，这种方式使我进步很大，因为所有的备课都是早上冲澡时准备的，所以有新意、有逻辑、很管用。

其实，与讲演技巧无关，只是在自己的内心深处下工夫，然后自然随心而已。

*

我一直坚持认为，才情与理想一样，是不可以当饭吃的。

才情是天赋的，不可多得，但也不要太当回事儿，在社会实践过程中，才情所能起到的积极作用甚微。与才情相联系的通常还有文字、艺术、理想主义，等等。修身可以，把它们当作一种资本或者职业，则是危险的。

毕竟，在现实生活中，关键还是做，“做正确的事情”的事情最重要，Just do it。

因为，拥有一定才情的人，通常会纠缠于“如何正确地做事情”，即思考与权衡。事实上，仅仅是思考是得不出答案的，“如何正确做”也是通过实践之后才会逐渐找到方法的。

*

**真正有智慧的人都是尽量少说或者不说，做完了再说。**我佩服的人，都是能干的人，而不是会思考的人。

在50岁（知天命之年）之前，最好少说话，少谈人生，少谈哲学，只有知天命的人才有资格“谈”那些。50岁之前，闭嘴！多听！因为你长着一张嘴巴，两只耳朵；少思考，因为你没有时间思考；多做，多实践，在实践中才能成为大师，这叫谦虚，谦虚使人进步。

*

回望自己的来时路，很多年以前，经常被人冠以“才子”、“思想家”、“青年才俊”、“年轻有为”等等，当时可能装出不以为然的样子，但内心一定是沾沾自喜的。现在想来，愧对自我，愧对自己呀……

等你老了，耳朵不好了，你就可以多想、多说了，即使是漏风的牙齿也抵挡不住从你平和的叙述流淌出的智慧。

*

人的自私形成的深层原因是优越感，就是站到一个山头上，仍然只看脚下，不看路。

*

晨读《南华经》感悟：真理寻找我们，如同水寻找水库与湖泊，水往下流，找到一个低洼处，渐渐就变成了水库和湖泊，而我们的“自我”最终消失在水中。

*

内心宁静，外行迅敏，中道也。达成中道者，务必有三十年的目光，三个月的快速行动之计划。

*

如何克服教育焦虑，秘诀有三：一是挪得远远的，多就会显得少；二是开放会简化复杂，把心门打开来，让阳光照进心；三是减少明显的、功利的，增加有意义的、长远的。简单带来真幸福，简单者长存。

*

天真为大美。转经济学家张五常先生短文：人的感情有多方面，其中有一面重要的是没有长幼之分。这是人类天生下来没有受到世俗影响或污染的感情，即是天真的感情表达了。不少大画家画到老年时，技术与思想的深度不论，我们可从他们的作品中看到天真。天真的感情表达可爱，只是人浮于事，世俗烦扰，不容易长久地保持。

*

羡慕嫉妒恨，不知道是哪位高手造出来的词组，仔细品味，意味深长。人的知情意生成过程，如水之波涛，不定而有规律。即从羡慕开始，当感到自己不及而无奈时，即产生嫉妒，这时若又缺乏他人信任，嫉妒就转换为了“恨”，恨天恨地恨人恨自己。

*

在飞机上读《修好这颗心》，有感：人生中大多数时间都是在等待（即：《易经》中的需卦），只有少数时间充满机会与欢喜。因此，我们要做的事情，更多的是给予，不断给予别人信心、希望、方便、欢喜，因而结善缘，播种子，一生就会好运连连。

*

爱因斯坦曾经说过，人的成功，主要依靠八小时之外的工夫。据说，哈佛大学也有一个著名的理论：人的差别在于业余时间，而一个人的命运决定于晚上八点到十点之间。每晚抽出两个小时用来阅读、进修、思考或参加有意的演讲、讨论，你会发现，你的人生正在发生改变，坚持数年之后，成功会向你招手。

*

世故是最大的敌人，因为世故的背后是拒绝，是借口，是对自我觉醒的放弃。多年来在一线做教育过程中，我感受最多的“世故”有二：一是您说的很好，可是我怎么做？二是道理我都明白，可如何把握分寸？请直接给我方法！其实，法无定法，自己觉悟后的“法”才是“真法”，教育是道而非法。

*

世界上最根本的“道”，就是：大就是小，小就是大。任何时候，万事万物的基本规律都是由小变大，又由大变小的。大就是小，看起来很强大，但内里必然隐含着弱小甚至死亡的危机。小就是大，看似微乎其微，实则隐含着强大的动因，绵薄而致远，谁又可说其“小”呢。

*

《沙家浜》中刁德一的唱词：“阿庆嫂真是不寻常。我佩服你沉着机灵有胆量，竟敢在鬼子面前要花腔。若无有抗日救国的好思想，焉能够舍己救人不慌张。”

怎样才是抗日救国的好思想呢？

好的思想，应当是：一听就能懂，从来没想到，再也忘不了，用起来真有效，自己成一套。这是具有通透特征的学术表达标准，更是对我自己作业的要求。

一个人的思想好与不好，一定须经过人格印证甚至血肉融化，才会具有震撼力，否则就有可能是轻浮的“夸口”，而轻浮的东西是苍白无力的，是缺乏价值的，更是经不住历史检验的。

一个人的魅力在于将好的思想通过一种情绪流露出来，而不是讲大道理，这不是思想本身的魅力，而是人格的魅力。

*

萧伯纳曾经说过：“一个理智的人应该改变自己去适应环境，只有那些不理智的人，才会想去改变环境适应自己。但历史是由后一种人创造的。”

变通，是对条件的一种清醒的认识与判断以及对条件的占有智慧。变通并非圆滑，而是一种思维上的优越感，是知性的光芒。

*

知识，是指人类在实践中认识客观世界（包括人类自身）的成果。

知识意味着规律，即对事物的一般认识，尊重知识，就是尊重人类自身的历史，景仰知识就是景仰往昔。

记得大学的时候，在地坛的旧书市场上，花了一元五角买到了金岳霖先生的《知识论》（精装本），当时就哑然一笑，原来知识只值一元五角啊。

可这本书却让我很震撼，其中，每一个字都意味深长，都充满着哲理与逻辑。也正是这本书让我对知识产生了敬畏及怀疑之心。

知识的发生有两个原则：一是求实。就是实事求是，就是善于从实践中总结，就是精确，就是注重知识发生的条件。二是更新。人的认识是一个过程，必须不断更新，不断更新的知识才是真知识。

但仅有知识是不够的。之前我曾经这样写道：

培根说，知识就是力量。可是，我不这样认为。

口号多么具有号召力！

可在我们的生活中，有很多学富五车的人，却没有任何“力量”，只能戴着高度的近视镜，跌跌撞撞……把拥有知识本身当作一种资本，注定是慌张的，注定容易把问题想得复杂，反而失去了创造力。

之前大家讨论的资格与能力，拥有知识（通常表现为文凭）可能会让一个人赢得更多的机会，但能起到作用的一定不是知识本身，而是将知识忘掉以后剩下的素质和能力，特别是学习新知识和更新旧知识的能力。

都说目前的中国处于从资格社会转换成能力适合的社会变动中，特别是信息时代的来临，事实上给人们一个重大的挑战：如何利用知识？如何管理知识？如何更新知识？

在一个人的能力形成过程中，知识只是一种条件而已，如何利用和发挥是关键。

著名哲学家波普尔在《通过知识获得解放》中提到康德的时候，他这样写道："他尽管主张多元论，却把理智的自我教育或者通过知识而自我解放，当作从哲学的观点来看成必不可少的任务——要求每个人在此时此地立即行动并永远行动的任务。因为通过知识的增长，心灵才能从它的精神束缚即偏见、偶像和可避免的错误等束缚中解放出来。"

人，必须通过知识获得解放！

世界上的人分为两种，一种是追求精神富足的，一种是追求物质富足的。第一种人又分为两型：书呆子型，书卷气型。书呆子型通常是一个穷酸的理想主义者，书卷气型也是理想主义者，但不仅精神富足，且物质也富足，具有务实精神。

可我思考的是，为什么很多人并不能被知识解放，而被知识谋害成书呆子了？

这或许是因为知识没有得到内化和活化。

我坚持认为，知识的内化和活化，实质上是"自我"的不断认识和觉醒的过程。

铭刻在希腊圣城德尔斐神殿上的"认识你自己"——所有的智者都将这

句话当作指导世人的箴言，这，也是人通过知识获得解放的唯一通路。

可是无论怎样努力，人是很难认识自己的！

也正因为此，我们经常迷茫，我们不开心，我们经常会发现自己根本不认识自己。

正如人文主义哲学家所倡导的那样，每个人身上都藏着人性的秘密，都可以通过爱自己来了解人性。而每个人都是一个独一无二的个体，都应该肯定和接受自己独特的禀赋和价值，从而实现自我，真正成为自己。

真正的读书人总是首先把自己当作最好的朋友，不是故步自封，也不是自以为是，这样，不断反思与感悟，与自己谈话，就可以把知识变成“生产力”。

知识正是在人类的自我不断觉醒中变成力量的。

这就要求我们的主体具备三个条件：

一是所有的知识都是有内在联系的，这就要求我们将知识联系起来，组成一个结构性的知识树。

二是把知识进行加工，然后应用到人类改造自然、适应自然的实践活动中去，从错误中不断检验，不断修正。

三是对知识，经过一个把感性知识升华成理性知识，最后通过觉悟，变成悟性认识的过程。只有悟出来的、活化的东西才是真正有力量的！

另外，知识的利用模块一般是这样的：一，是什么，二，为什么，三，怎么办？这和人的认识规律是一致的。

知识，很有可能成为智慧的敌人。人接受知识，就像吃了肉一样，如果没有消化好就容易变成多余的脂肪，只不过知识没有消化好，变成大脑里多余的脂肪而已，大脑多余的脂肪必然会阻止人获得智慧，甚至毁灭智慧。

*

**读万卷书是必要的，不然行万里路就变成了脚夫了。**但，不要乱读书，这个世界上值得读的书不是很多，特别现代人写的书，值得读的更少，因此，要少读，读透，慢慢咀嚼，然后吞下去，化到自己的血肉、骨骼里。

*

有学历的人不一定有文化，有文化的人未必需要学历。近日读倪萍的《姥姥语录》，感受良多，甚至常常让我热泪盈眶。大字不识半个的姥姥，分明是一个哲学家、思想家，其中流露的超凡智慧与思想力量，如白岩松说的那样——我们需要姥姥的精神。建议30岁以上的老师和家长有空读一读。

*

教师和家长喜欢和我谈教育，原因是我习惯于把自己放到一个“无用”的位置上，也就是说，我坚信教师和家长在教育方法方面是我的老师，他们的身上“百药齐全”，我唯一要做的事情是不断向他们学习。结果，我不经意地发现或者唤醒了他们内心深处教育的光芒，而同时也丰富了我的内心世界。正如把自己放到低处，如湖泊一般，结果万物齐聚，能量互换，相互滋养。

*

甚至我想，我的所有教育思想，其实并非来自于博览群书，而是来自于我的“行万里路”。因为近十年来，踏遍了上千所学校，是千千万万位校长、教师和家长教会了我，我只是把这些点点滴滴的思想光芒串成了串而已，我自己哪里有什么教育思想啊？

我想说的是，如果我们的教师和家长，也能把自己放到低处，尝试放下自我，清空自我，不断向孩子学习，教育就会变得有趣得多、深刻得多、轻松得多，因为“用”于无形啊。如此这般，教育就真真变成了与孩子一起成长，反之，如果一味地教，自己都被逼疯了，更何况孩子？

*

老子最美的一句话是：治大国如烹小鲜。不用解释，也不用多余地联想、推演，治世之道简洁、深刻、到位、通透。

*

李白有一天醉了，信手写道：天生我材必有用，千金散尽还复来。尽管多少人才都被埋没，尽管千金散尽了很难再回来，可是，当我们权衡得失或者郁闷无奈时念一遍这两句话，心中就会立即出现阳光，如晨曦照进心间。

*

人的高贵和尊严一定是由强大而丰富的内心支撑起来的。哲学家叔本华有一个很精辟的陈述：很多人需要外界的活动，因为他们没有内心的活动。

*

人的智慧来源并非来自死读书，而是来自于善于总结经验，来自于在错误中反思自己，后者起了决定性的作用。怀特海在《教育的目的》中说，畏惧错误就是毁灭进步，多么美丽的思想呢，对待错误的态度应从“真诚”到“热爱”再到“反思”，便发现自己了，智慧油然而生。

*

建立清晰的时间感，是构建世界观的首要前提。马克·吐温说，皱纹不过是表示原来有笑容的地方。这就是清晰的时间感。在时间感的基点上再寻找自己所处的空间，就是自己的世界观了。

*

清。

清，即清清楚楚，明明白白，不妖，不染。人要达到“清洁”、“清廉”、“清净”，自然是很难的事情，大致有几种方案：

一是清净无为。道家尚清气，如老子青牛西出，紫气东来，其精神实在是善于因势利导地利用、控制自己的本能欲望，“知足”、“寡欲”、“无为”，进而超越自己。

二是吃苦精神。不管是郑板桥的“难得糊涂”，还是“嚼得菜根，百事可做”，其精髓是，吃苦即福，大智若愚。

三是清贫思想。日本思想家中野孝次的《清贫思想》其实和《瓦尔登湖》道归同途，同样倡导“简朴生活”的理念——回归本心、亲近自然，摆脱物欲对心灵的统治。清贫，不是指贫乏，而是从自己的思想和意志出发，保持积极的、简单的生活态度……清贫传统的另一方面是和谐、友好地对待自然。

*

慎。

慎，真字前面有心肠，实际上是有所敬畏，是慎独，是内心反思，是一种认真的人生态度和处理事情的能力。其实，人的智慧就在于一个“慎”字上。

*

勤。

人和人的智商不会有太大的差距，每个生命的诞生，都是从亿万个竞争对手中脱颖而出的，可以说都是天才，可是人的差距在哪里呢？

所谓天道酬勤，上天给予大家同样多的时间，但只把机会给予勤奋之人，因为勤奋之人把时间用到极致。

而勤与不勤，与人的目标有关：人没有小目标，就不勤快；人没有中目标，就不勤奋；人没有大目标，就没有气势。

*

忍。

什么是隐忍？隐忍就是宽容周围的人，人是在宽容中得以自拔的，而任何事业也都是在宽容中壮大的。人之所以难以宽容的原因是，我们经常把要求别人宽容作为自己宽容的前提。其实，真正的宽容，是无条件的、无边界的，否则就是“故作宽容状”。

事实上，一个人的生存空间，就在忍与能之间。如果找到了这个空间，人生就有了自由度，这可能就是我们通常所说的“定位”。

*

王蒙先生说，宁愿做一个恶人，也不愿意做一个无趣的男人。

我也在想，一个男人，不打牌，不喝酒，不旅游，不读书，不谈论女人，不自嘲，不离家出走，不逛公园，不抽烟，不贪恋美食，不收藏，不写文章，不转发荤段子……不知道有没有这样的男人，如果有，真的是很可怜、很无趣。这样的男人是不可以交往的。

而一个女人，如果没有一点真性情，只是装着斯文，装着高雅，装着贵族，装着矜持，装着广博，装着……我想，也是了然无趣的。

冉乃彦老师在微博上说，怎么王蒙和林格都是美丑不分啊？我有可能分不清，但王蒙一定是分美丑的，他的句式中“宁……不”已经呈现了他的诙谐和深刻，美丑之分也有境界啊。明末大家张岱有一颇为自得的名言：人无癖不可与交，以其无深情也；人无痴不可与交，以其无真气也。异曲同工也。

还是王蒙——这位我敬重的长辈——当代的苏东坡，很多年前，我曾手抄写了一篇他的短文，请他签了名作为勉励。这篇短文我现在依然能背下来：

一株挺拔的树在风中自然飘摇，它没有固定的姿态，却有一种从容，一种得心应手的自信，一种放得开又收得拢、既敢倾斜又伸得直、既不拘一格、千变万化又万变不离其宗其和谐的本领，不吃力、不做作、不雕琢、不紧张，不声嘶力竭。我们说，这是潇洒。

*

王小波说，假如一个社会的宗旨就是反对有趣，那它比寒冰地狱又有不如。在这个领域里发议论的人总是在说：这个不宜提倡，那个不宜提倡，仿佛人活着就是为了被提倡。要真是这样，就不如不活。

在我看来，这个社会之所以无趣，是因为现在大家都急了，都不包容，缺乏一种幽默、从容、不当真的生活态度，被非此即彼的“二元论”思维所控制，因此消极的情绪成为这个社会最普遍的污染。

我经常接触台湾、香港的朋友，尽管，无论在什么行业，他们只能写灵秀的“小文章”，由于地域文化的局限，很难做出大格局、大体系，但他们内在的淡定都写在脸上，让人很容易接受、很舒服。

*

著名作家海岩讲了一个段子：盲人打灯笼走路。人问：你一个瞎子打灯笼有何用？答曰怕他人看不清路，这是儒家；答曰怕别人撞到我，这是墨家；答曰黑夜出门就得打灯笼，这是法家；答曰想打就打何必问，这是道家；答曰你猜，这是释家；答曰你才瞎，没看出来我是装瞎吗？这是政治家……海岩说，这是听人闲聊的，且当笑话。

意味深长，大致可以理解为，儒家之道，道在担当；墨家之道，道在非攻；法家之道，道在法度；道家之道，道在非道；释家之道，道在自悟……

*

听过一个这样的故事：

假如世界遭受危机，我们要选一个人站出来领导大家渡过危机，下面是三个候选人，我们应该选谁：

A、经常占卜，两个情妇，嗜好烟酒，意志坚定，比较自我，有理想，善于激励人；

B、爱睡懒觉，曾吸鸦片，好酒，爱攻击别人，善于辞令，文学水平高，喜欢表现自己；

C、战斗英雄，素食，不吸烟，敏感，有热情，有幻想，比较自我。

您会怎么选择呢？

实际上这三个人就是二战时期的三个真实的人物，A是罗斯福，B是丘吉尔，C是希特勒。

人的使用问题，首先是信念与价值观问题，如果信念与价值观不同，即使多么有才华多么高富帅多么克己复礼，也未必是真的人才。其次是用其长处的问题，如果价值观一致，可以包容其弱点，激扬其长处，用好以后就是人才。

领导者特别是校长用人要先考虑其价值观，再考虑别的因素。

*

如果没有“血统”的优势、平地而起的人，只有不断修炼内功，才有可能被所在的集团所需要，否则无法入门核心价值层的会议室。任何行业都一样。

人的内功，说起来还是那么三样东西：一是远见。比别人看得远，才能知止而静定。而要看得远，须发展地看，积极地看，阶段地看。二是通透深刻活化不僵化的思维。抓住核心的问题以及问题的核心，举一而反三，善于推演并解决问题。三是知识。大量读书获得知识是不二法门，书读少了，自然就少了很多内涵储备，内心世界可能比别人狭小一些。我自己的体会是，阅读量在很多时候就是核心竞争力。

*

总有大道在前，走大道方可直行。

所谓大道，一曰天道，是为自然之道，尊重、对话自然，悟得天人合一之途径；二曰人道，是为生命之道，回归生命原点，尊重、依靠生命本能，发现道之所在。

教育之大道，亦在此机。

*

道在握，则百事可做。

万物因道生，得者自通灵。

其实做什么事情，都要有“道”在手里，否则做得再好，也是会后悔的，钱挣得太多迟早也是要还的，事业做得再大也迟早要倒塌的。

这里的“道”并非《道德经》的道，而是正心、正意、正行，所谓“大道直行”也。

做教育的“道”，在于“真为了”，为了孩子的一切，为了一切孩子，为了一切孩子的未来三十年。道在握，哪怕一开始也是为了生活为了生存甚至为了私己的情绪，但先发展后完善，终有一天可以大成。

偶然前往安徽肥东圣泉中学考察学习，与胜权校长的深度交流，让我感受到了这所将近达到14000名学生的中学，简朴而大气，恢宏而生动……这里是有“道”的。

*

德国存在主义哲学家雅斯贝尔斯说，做教育，不能没有虔诚之心，否则我们教育者就变成了“劝学专业户”了。

虔诚，是对人的生命的敬重，也是超越职业价值的智者的心灵笃守。人，因为敬畏而虔诚，因为虔诚而守望，这也是现代教育的基本精神。

事实上，教育的严肃性在于，通过培养把新一代带入人类文化精神之中，让他们过上完整、幸福的精神生活。而教师的光荣也在于全身心地去融入每一个生命的生成之中。

*

有趣的人性：

一是关于踢名人的屁股。

据说，爱德华八世读中学时，常被男生们欺负。他似乎得罪了全校的男生，因为每一个男生都会千方百计想着法子地踢他的屁股。学生们这些匪夷所思的行为，目的很单纯——爱德华王子终将继承王位，而那时候这些家伙就可以指着国王，得意扬扬地向家人朋友们炫耀：看哪！那就是国王，小时候我常常踢他的屁股呢。

二是关于高速路收费导致堵车。

取消收费看似实现了公平，却让愿花钱的人失去了买时间的机会，想免费获得时间的人也没得到好处，是一种劣质的公平。

张天蔚先生说，对那些高喊："哪怕堵死，也要实现公平"的人，公众必须警惕。他们在意的不是公众的利益，而是为民请命的名声。

三是关于环保。

北京大学陈宇教授说，有一位女士坚决反对塑料袋收费，她说："不用商店提供的塑料袋一点都不难，我从来就自带环保袋，为什么要靠收费？"可事实是，她确实很有环保意识，但在实施收费后，她才真正完全做到了每次都不忘记自带购物袋。

*

我喜欢一幅字，是现代杰出画家、美术教育家刘海粟先生所作"闳约深美"。"闳"就是知识要广阔；"约"就是在博采的基础上加以慎重的选择，吸收对自己有用的东西；"深"就是钻研精神；"美"就是最后达到完美之境。

这里隐含了学问的四个阶段。"闳"最费时间，就像蜜蜂采蜜，虽然芳香醉人，但辛苦寸心知。"约"最难，仅是博采而不去粗存精，就会变成两脚书橱，知识就变成了人生的负担，因此需要"约"，也就是提炼，提炼是一种能力，是高度的概括能力。再就是"深"，抓住关键问题不断深化，也就是钻进去，进入一般人无法抵达的深处，深化的基本方法应当是"突破"，找到突破口坚持钻研，渐入佳境。最后就是"美"，是一种体系的美感，换言之，就是自成体系。

*

王岐山是一个善于深度思考的人，他说："说长话容易，说短话不容易，如果给我5分钟，我提前一周准备；如果是20分钟，我提前两天；如果是1个小时，我随时可以讲。这个演讲就是属于随时可信口聊的水平。以后凡参加王某人的会，不准念发言稿，要学会深刻思考。"

其实，这里说的是深度思考的问题。解决问题的前提是深度思考。在我看来，教育者更应学会深度思考。深度思考的步骤：一是找内核。找到核心问题的核心；二是去色彩。变换时间、空间、主题，用排除法找到恒定的关键因素；三是再推演。进行逻辑上的推演和论证，建立一个系统的、科学的、完备的立论；四是做阐释。需要通透地、精辟地、达观地把"立论"加以准确阐释。

思考的层次，至少要达到四个层次以上，才能叫"深刻"，不然必有偏颇，这也是中国人思维的一个严重缺陷。

*

魏文王问扁鹊："你认为除了你，天下谁的医术最好？"

扁鹊回答说："我家大哥最好，二哥次之，我最差。"

文王再问："那么为什么你最出名呢？"

扁鹊答说："我大哥治病，是治病于病情发作之前。由于一般人不知道他事先能铲除病因，所以他的名气无法传出去，只有我们家的人才知道。我二哥治病，是治病于病情初起之时。一般人以为他只能治轻微的小病，所以他的名气只及于本乡里。而我扁鹊治病，是治病于病情严重之时。一般人都看到我在经脉上穿针管来放血、在皮肤上敷药等大手术，所以以为我的医术高明，名气因此响遍全国。"

大哥治未病，二哥治小病，扁鹊治大病，谁更高明？

大到一个国家，小到一所学校，一个家庭，治理之道莫过于此。

我长期对学校和区域的教育进行所谓的“问道”和“诊断”，实质是试图找到打通未病（学校文化建设）、小病（德育）、大病（教学质量）之间的道路，生成提炼为一套理论实践体系。让每一位校长都拥有自己的一套理论实践体系是我的工作目标。我想，这也是未来教育家成长之路，因为校长要成为教育家，建构理论实践体系是必经之路。

*

中医是以“中和端正”为核心理念的哲学体系，相对中医而言，西医则是技术，是“解决问题”的具体措施和对策。

就研究的对象而言，素质教育也是哲学，是以人的发展以及人的潜在价值与潜在能量的挖掘为己任的人本主义哲学。

中医与素质教育的共同之处是：

一、都是治本的。

都是以人的健康和发展为宗旨，比如转化所谓的“差生”，就应该采取中医的方法，中正平和，扶正祛邪，心气平衡了，一切就会好起来。

二、都是重视实证体验的。

真正的教育是体验教育，是环境的教育。中医也是，望、闻、问、切，总是从辨证实验的角度，来探究身体使用的规律。

三、都是重视因地制宜、灵活机动原则的。

中医的因病而医、因人而异的原则，与素质教育中的因材施教是基本一致的。即使同样的病症，在不同年龄、性别、地域的人身上，是不能用同一种方法来应对的。

四、都是以自我治疗为主他人协助为辅的。

前者的关键理念是自我沟通，自我接受，自我觉悟，然后辅助必要的专业指导与药物干预和平衡。后者的关键也是以人的自主性为准则，自我教育为主，他人教育为辅，因为真正的教育是自我教育。

五、都是分阶段实现目标的。

无论是中医，还是教育，其设立的目标以及实施步骤，都是分阶段的，是层层递进、逐渐实现目标的。

六、都是在和谐中寻求解决之道的。

中医强调和谐，特别是强调人的内在状态与外在环境的和谐统一，和谐就是“中”的真正含义。素质教育也强调，师生之间、家校之间、人与自然之间、亲子之间，需要建立和谐的关系。好的关系胜过好的教育。

等等。

比较中医与素质教育的异同，对于理解掌握教育或者中医的规律，是一个不错的角度。以上的共同之处证明的是，以人为本是中医和素质教育共同的逻辑起点。

*

看电影《一九四二》，其中传教士对牧师提出了一个很有意义的问题：为什么上帝总是失败，而魔鬼总是胜利？可我们还要这个上帝做什么？冯小刚、刘震云也许没完全想明白，也许故意不回答，总之没能回答好。其实答案应当是：人在困难、挑战、灾难面前，“爱”可以帮助我们，唯有“爱”才是真正的上帝。是爱让我们拥有尊严。

*

和徐斌校长谈鄂尔多斯的民间信贷危机。民间信贷危机的核心问题仍然是价值性问题。只有尽快转变价值观，才可以从根本上解决问题。这对于整个鄂尔多斯乃至全国，其实都值得深思。而价值观的重建，需要寻找一个突破口，从而生成一个可操作的体系与平台。未来的中国，价值观是真正的王。中国教育改革也是一样的，其核心问题是价值观的重构问题。

*

与江苏省教育厅有关负责人聊江苏的教育发展之战略及突破口，保持超前引领的关键穴位在于“以文化育人”。也就是说，从整体格局上，以文化土壤的培育为线索，推进价值观的重建，落实到全省素质教育实践体系之中，从而抵达制高点。

每一个省市的情况不同，但我主张都应当有自己的顶层设计和教育改革方略。当然，单纯依靠教育管理部门来推动教育改革这个系统工程，是不现实的，需要自下而上的改革实验与探索，特别是校长和教师的深度的自我觉醒。

*

我始终觉得自己是一个软弱而平庸的人，时常觉得“如履薄冰”，始终不敢“大声喧哗”，尽一切可能低调为人，在和人相处时宁愿多吃一些亏。因此，30岁之前的全部记忆是“忍耐”两字，而如今，似乎感觉可以到达“自然”状态了，很多时候不需要忍耐就能做到静心和无为。

*

**教育，并非无所不能。**

最近，我在书上看到了一句话很有意思：人的生命其实都是基因延续和发展的载体而已，基因才是王。一位朋友听我讲完这段话，说“我瞬间有一种被利用的感觉”，呵呵。

如果教育者认为自己无所不能，那么他所做的一切都是对生命本质的“反动”与“多余”，素质教育的实质就是减去这种“反动”与“多余”。

*

破茧而出自天生。

一所学校的整体改革与发展，总是存在阶段性。在不同的阶段，有着不同的突破口，集中一切力量在一个关键点上进行突破，乃唯一的方法。但最怕的是总是说要“量力而行”，事实上，任何事业“量力而行”去做都是做不成的。

一切有意义的教育改革，其最终的成果一定是未来的万千桃李之芬芳。学生才是也必须是受益者。

*

教育是一种状态。

沉不住气，就是不等别人说完，迫不及待地抢话“这事我知道”。而现代课堂的智慧也在于：沉住气，静待花开，然后享受生命自我超拔的过程。

所谓大家之风范，就是放下自我，愿意把自己最喜欢的东西给了别人。教育的力量，也在于我们不断“放下”，不断“给予”，缩小自我直至比灰尘还小，那样，嵌在孩子的眼中，孩子才不会觉得不舒服。

*

守我之拙，彼巧无所施。

人生如棋。为人，往前看三步，足矣，但做教育，需要往前看三十年，才能拥有自由和自在。为师者，过一天算一天，必然平庸。

围棋有九品：一入神；二坐照；三具体；四通幽；五用智；六小巧；七

斗力；八若愚；九守拙。其中八品和九品位最高，均为“守道”，八品若愚，观其布置虽如愚，然而实，其势不可犯。九品守拙，凡棋有善于巧者，勿与之斗巧，但守我之拙，彼巧无所施，此之谓守拙。教育也是如此，教育之道，莫如棋行，静如处子，动如脱兔，守拙为王，虚静至极。

*

在教育认识方面，我们很容易陷进误区，也很容易迷茫。

**在教育上“大于”往往比“等于”更易让人清晰**，比如“成长大于成功”、“关系大于教育”、“习惯大于成绩”，一旦找到“大于”的心灵宽度，整个世界就会开阔起来。

人生也是如此。

人生如果没有格局，就会慌乱、迷茫、不知所措，满脑子的抱怨、苦衷，所谓“无处话凄凉”。

而人生如果有了格局，即使当前在街头讨饭吃，也是充满着激情与真诚，每天有计划，保持一颗积极上进之心，暗暗下工夫，把手头上的事情做好。

古人告诫我们，“知止而后能静”，这里的“止”就是格局。那么怎么来建立自己的格局呢?

可以设立的自己的目标。主要是要细化为短期目标（3个月，明确的、具体的，细化到数字的），中期目标（1—3年），长期目标（3年以上，直到更远）；

优化自己的思考模式。以自信为核心，优化自己稳定的思考问题的固定模式，并且不断优化、简练。比如我通常有一种思考模式，是“不易”＋“简易”＋“变易”，即：守住“不易”的，比如传统文化与经验；通过洞察事物规律，抓住“关键”，“简易”之；最后求变通，求创新，实现“变易”。

每天有感悟，每天有反思。参与自己的情感与意志，把“感悟成功，反思失败”作为每天的必修课并坚持记录下来，变成自己的一个人生核心习惯。这可能是生成智慧的不二法门呢。

不断提升自己的灵魂品质。做一个高贵的人，在于不断地丰富自己的内心世界，提升自己的灵魂品质。人与人最大的区别一定不是占有物质的数量，更不是社会地位，而是人的灵魂世界的高洁与单纯。

*

教育改革进入深水区，要成功须同时具备四个条件：一是以深刻通透的教育思想作为支撑；二是发挥体系的力量，而不是单一追求特色，以促进教育机制的不断完善；三是专家引领和自主生成相配套，成功不可以复制，走自己的路；四是一大批教师校长的深度觉醒，成为明师。

*

任何事情都有因果。

因果构成世界，“因”决定“果”。任何的结果都有一个、几个甚至更多的因，我想，只要找到了“因”，就可以掌握“果”。理论上，是成立的，但由于世界是复杂的，任何一个“果”可能会有很多的“因”约束。比如命运，“命”不可控制，但“运”可以控制，控制“运”的方法，就是找到真正的“因”，找到真正的因的方法就是，设法减去次要的“因”。

*

不同的思考方法，不同的观察角度，会决定不同的结果。在我们的习惯性思维控制下，我们经常顾此失彼。当我们观察和思考一个事物的时候，经常出现偏颇，不是我们没看到而是我们感知不到，心中没有眼里就没有。

所以，我们最好的选择是，调整和改变思考、观察的方法，直至找到一个自己觉得比较舒适的位置，总会有一个较为客观的世界，呈现在我们的面前。

*

哲学不是处世技术，而是一种智慧，更是一种关怀世界的方式。

不要寄希望于哲学能提供给你一套处世技术。

哲学只是一种智慧，其核心是终极关怀，是对彼岸世界的一种信念，一种坚持。哲学对生活的启迪应当是文化意义上的启迪，而启迪的过程就是把人本身作为根本追求的过程。当然，哲学并不是枯燥的，反而是灵动的，是诗性的，是美丽的，是开心的。从某一个角度上看，每一个人都是哲学家，因为，我们每天都在感悟。感悟是哲学对人的最基本要求。

*

问题经常是在我们试图解决它的时候发生。

很多心理学家认为，心理学上有些事情是因为我们去解决它们才构成问题。比如抑郁症，我们创造了抑郁症这个词，抑郁就开始流行。因为我们大脑里有了，生活中我们就真正找到了证据。再比如孤独，我们意识到自己的言行符合孤独的概念时，我们的孤独感随之袭来。

概念和定义对人们的利益是显而易见的，但危害也是显而易见的。

*

一年又一年。

变得喜欢一个人呆呆地站在窗前伫立，看窗外车来车往。

今天，看见了一只老鹰在上空盘旋，和“共产主义的幽灵”一样。让我想起经常读到关于老鹰自我更新的故事。



老鹰是世界上寿命最长的鸟类。

它一生的年龄可达70岁（我希望我能活到70岁）。要活那么长的寿命，它在40岁时必须做出困难却重要的决定。

当老鹰活到40岁时，它的爪子开始老化，无法有效地抓住猎物。

它的啄变得又长又弯，几乎碰到胸膛。

它的翅膀变得十分沉重，因为它的羽毛长得又浓又厚，使得飞翔十分吃力。

它只有两选择：等死或经过一个十分痛苦的更新过程。

它必须很努力地飞到山顶，在那儿完成150天的操练，不得飞翔。

老鹰首先用它的啄击打岩石，直到啄完全脱落，然后静静地等候新的啄长出来。

它要用新长出的啄把指甲一根一根地拔出来。

当新的指甲长出来后，它们便把羽毛一根一根地拔掉。5个月以后，新的羽毛长出来了。

在我们的生命中，有时候我们必须做出困难的决定，开始一个更新的过程。

我们必须把旧的习惯，旧的传统，旧的牵挂彻底抛弃，使我们可以重新飞翔。

只有我们愿意放下旧的包袱，愿意接受新的知识和观念，我们才能发挥我们的潜能，创造新的未来。

人的更新与老鹰的更新的模式有什么差别呢？

人的自我更新模式是“躲起来”和“闭嘴”，这往往比老鹰拔指甲和羽毛要难得多。

*

在中国传统智慧中，兵家是道家的老师，道家是儒家的老师，读懂《孙子》几行字，了解中国万千事。

*

佛教作为一种宗教，它的基本特点是：解脱苦难，度己度人。

佛教的主要内容是三学，即：戒学，定学，慧学。戒是指戒律，有所不为才可有所为，在语言、行为、思想等三个方面防止过失。定是禅定，即专心致志，屏除杂念，心住一境，观悟四谛。也就是让内心真正静下来。慧是智慧，是顿悟的实现，即洞察一切真相，获得智慧解脱。

基督教的特点是敬爱上帝，爱人如己，它的经典觉悟模式是“礼拜”，主要内容是唱赞美诗，祈祷，忏悔，诵读《圣经》。让集体在一个好的环境下接受感染，潜在隐蔽学习觉悟，是为“潜移默化”。

伊斯兰教的特点是敬仰安拉，信奉《古兰》，它的觉悟模式是“朝觐”，朝觐的仪式极为宏大，多者可以达到几百万人，朝觐者须潜心参与，是为“活动成长法”。

而发源于我们国家的道教，道法自然，清净无为，因为其倡导的核心理念是“道”。道是万物之源，道教将觉悟模式归纳在精——气——神三个境界，与佛教的戒定慧似乎是对应的，精是指身体与遗传，需要填空补虚，气是指代谢、能源，神是指神经、控制。

人的悟性是怎样获得的，又是如何传达给别人，我们就有了大概认识，但，这是不够的。如果要更加深入地掌握“悟”字深远内涵，还需要结合脑科学的原理，进行消化、活化。

*

如果思念是毒药，那么人类寻找解药的情结，从来就没有中断过。直至今天，一切具有依赖性的药物，都可以说主要是用来解救思念的，同时也都成了自我的毒药，因此也可以说，思念是自我的毒药。

与“思念”相辅相成的是“孤独”。人的孤独，是生命中一种重要的体验。

客观上说，人在孤独的时候，才能与自己的灵魂相遇，人的独处，是为了进行自我的内在整合。

*

**多年以来，我有一个原则，就是只和正直的人做朋友。**

于是乎，很多人都说林格有一绝，就是会选人。

我也经常“沾沾自喜”，至少事实上看来，周围的人似乎都是正直的、走正道的。

而稍有浮躁且取巧的人，要么自觉选择了离开，要么被我“树立”成了竞争对手。

一位功成名就的巨贾调侃我，说“水至清则无鱼”呀，甚至说我就是不够“狠”，在这个时代容易遇到阻力。

其实，我坚持认为，一切的成功都是做人的成功。守正出奇，是诸多高人的智慧.

我们以往对正直的理解有可能是错误的。

真正的人生，一定不是100米的短跑或者冲刺，而是10000米的长跑，甚至是万里长征，因此，并非依靠投机式的爆发力，而是依靠持续、耐久的人格力量。

在人生的道路上，正直应当是另外一种核心竞争力。

著名管理学家彼得·杜拉克说，优秀的管理者最重要的特征是正直感，正直感不是一种单独的美德，而是所有美德的综合，美德决定了商业上的成功，使人们从商务行为本身获得了自由与幸福。

一个具有普遍性的问题，即人生之路犹如海上行船，必须按正确的航线行驶，否则，船越大越有触礁沉没的危险。也就是说，一个人的正直品质，决定了人及其事业发展的发展方向。

正如：树不直，则难以长大成材，在生长过程中也难以舒展，无法抵抗更多的风雨雷电。人也一样，不正直则不能顺利地抵抗所面临的一切风险。包括：

一是树根的扎实深刻，才能充分吸收养分。

二是树干的力度，才能保持正直生长的方向。

三是树枝的飘摇直上，才能潇洒自主。

就人的正直品质而言："树根的扎实深刻"就是稳健踏实的作风，才能不断深入，从而具备钻研的底气和实力。"树干的力度"就是战胜怠惰克服干扰因素的力量，这样才能形成稳定的进取心。"树枝的飘摇直上"就是健康丰富的情感世界，只有爱憎分明，勇于选择，才能树立远大的目标。

冯仑说，守正出奇。

柳传志也说："父亲对我说，我的孩子不管做什么，只要做一个正直的人都是我的好孩子。这句话是多么刻骨铭心！这句话，指导我好好走过了四十年的路程。"

我们可以提炼出"正直"的定义，所谓正直，就是通过正当的手段遵循公平的原则去争取自己想要的东西，至少包括：一是说了就要做，言必行行必果；二是自觉按照规则办事；三是向上的、积极的、诚信的精神；四是直道而行的气魄。

正直的人，一定会吃亏吗？《商道别裁》的作者所罗门说，商业上的成功往往源于这样一个观念——商业行为与我们珍视的种种美德密不可分……要达到自然而然的境界，我们称之为正直。我们把生意建立在相互信任和互惠互利的基础上，并且礼贤下士，那么功到自然成。企业将更有亲和力和安全感，更令人愉快，最终财源会滚滚而来。

——无数多的事实证明，看似吃亏，实际上是最终的受益者。

——无数多的事实证明，看似暂时占有了一些便宜，实则失去了一切。

*

现代社会最富有的资源就是压力资源，但如果我们不能将之转化成动力，日积月累，就会使人崩溃，使人失去希望。

*

与朋友们一起吃饭，一位医界高人朋友玩笑着给我把了脉，结论是：你的能量过于强大，以致只耗散不回归，应当“收”而归元，否则容易加重心脏负担。

这让我想到了一个词：心痛。难怪这一年来经常“心痛”，去医院体检，心脏功能极好，可为什么总是让我“心痛”？

中国人说“心”，一般是指“大脑”，“心理学”研究的其实是“脑科学”，翻译有误。

因此，我觉得“心痛”是因为脑中思想所导致。

那与能量的耗散与回归有什么关系呢？这是一个非常有意思的问题，比如：很有可能是人的心与脑确实存在一种逻辑关系，否则，脑的“思想”怎么会让人心痛呢？

事实上，人的大脑是总指挥，一切的器官必须归大脑指挥，那究竟是怎样的意识导致了心痛呢？

由于现代医学（西医）对大脑的研究与了解是存在局限的，或者永远也是无法深入与解析的。也许万一彻底深入和解析了，那么人类就会毁灭，按照这个逻辑，人类就会制造出超智能的非生物体，比如按照人类大脑的机制与结构制造出来的机器人，可能将最终毁灭人类。所以，极端地看，从这个角度上看，西医的发达可能是人类生存的最大威胁。

人类似乎是不能完全了解自己的，哲人都说，人一思考，上帝就发笑……

潜意识是人类漫长历史的积淀，它有着巨大潜能。我们必须正视、了解潜意识和潜意识学习，努力地去诱导、开发它。它深刻地反映着、影响着、塑造着人的生命，它是人的完整生命的一个主要的基础性部分。

人可以利用输入“积极意识”，从而利用我们的潜意识工作，可以治病，可以保卫人的健康，甚至创造奇迹。

因此，解决“心痛”的问题，可能不在于心脏功能的检查与治疗，也不仅仅在于“归元”，而在于真正地“放下”，把大脑中的显意识调节到一个空灵、无为的状态，让涌动着的人的能量在身体内部达到一种“无”的状态，从而解放心扉，让自己更加开心，随遇而安，无为而治。

我希望我不再心痛。心痛无药。正如医界高人朋友说的那样“求医不如求己”。

*

生意，其实不仅仅是从事商业才叫作生意，一切的行当都是做生意。

生，就是创造，意就是合作意向，因此，我理解的生意，就是抓住需求，创造合作的意向，最后实现共同的价值。

对于内在的要求来说，又可以理解为：生命的真意。

真正的生意内涵是：谋求关系，紧抓时机，主动突破。

谋求关系。关键在于“谋”字。一切事情都是准备出来的。一切事情都是由关系决定的。但谋求关系的大忌是，以不端正之心衡量利用关系，最终聪明反被聪明误。所谓得道多助，失道寡助。

紧抓时机。用心，用眼，但不是用心眼。时机的出现是偶然的，但又由必然所决定。时机具有三个特点：一是稍纵即逝。过了这个村就没了这个店。二是个性化。有些时机对别人来说，是时机，对于你来说可能就不是。三是负累性。等大家都明白这是一个时机时，这个时机就是你的负累，就不是时机了。

主动突破。人的发展规律表明，过了一段时间，都须突破一次。突破之道，豁而脱壳。但其秘密是：主动性。人的价值通常体现在主动性上，人的主动，将使“关系”与“时机”生动起来，生意就形成了。

*

在社会生活中，人们往往是在信息获取的基础上，做出自身信任度的判断，并从而做出行为抉择。信任和信息之间究竟是一种怎样的关系？是否信息越充分，就越容易获得信任，并基于信任给出一个理性选择或判定。

先解释一下什么叫作不对称信息：比如你去市场上买白菜，那么就会出现这么一种局面：卖菜的知道白菜的真实价格，但是不知道你最多肯出多少钱来买；而你正相反。这样，你们两个都处在信息不对称状态。

信息不对称理论的提出者，于2001年获得了诺贝尔经济学奖。

对于二者之间因关系而导致的格局，可以化约为一种博弈关系的表达。对于这种关系，新古典经济学从信息不对称或者不完全的角度解释，行为经济学则从信任的角度解释。信息不对称是现实生活中普遍存在的现象，亦即平常所言的“不知情”、“不知道”或者“被蒙”、“被忽悠”。不光事件本身会引起信息不对称，由于生活经历、知识、时间不同等等情况也会引起信息不对称。当生意双方处于信息不对称或者不充分状态下，“信任”显得异常具有价值。

基于信任，选择或者判定就显得简单，水到渠成，选择的成本也大幅度下降，因而，信任感乃至诚信机制的确立，有助于“生意”即“合约”、“合作”的有效达成，并以较小成本赢取最大利益。因此，“谋求关系，紧抓时机，主动突破”，均以建设性的方式服务于信任机制。商人杰克为什么能够“赢者通吃”，道理之一便在于“优秀商人”本身就是一笔不菲的稀缺性资源——信任资源。所以，建设性地谋求人格力量、社会声望，亦能产生外部效益。可谓“道”、“术”的殊途同归。

*

从小读《双枪老太婆》开始，我情有独钟于匪类小说。

究其原因，是因为，匪亦有匪道，匪的出现是时代逼出来的，不能怪匪，并且我不想做意识形态分析。但“匪道”会给予我们关于有效执行的启迪。

长征前夕，五次反围剿时期，所谓共产国际的一些战略战术事实证明无效，读过书的毛泽东意识到，在游击战争时期，光靠理论是不管用的。适应于特殊地形与敌强我弱的形势，必须借鉴于袁子材、贺子珍等的“敌进我退、敌驻我扰、敌疲我打、敌退我追”十六字方针。并进而结合中国革命的实际，制定了游击战争策略，上升为理念以后分别为：集中作战，分散游击；红军作战尽量号召群众参加；敌情不明，不与作战；敌进我退，敌退我进；对敌采取跑圈的形式；对远距离的敌人，先动员群众扰乱敌人，次采取突袭的方式；敌人如有坚固防御工事，不与作战。等等。此为大智慧。

在中国这片土地上做事情，不能老抱着国外先进的理论不放，应当从“匪道”中得到启迪：管用的才是真正的马克思主义。

现代中国各界，“王明”、“博古”大有人在，并且到死都不知道自己的这一套为什么不管用。

*

做教育，首先要讲究科学性，否则就变成负教育，那样必然会误人子弟。

科学性，除了来自反复实验以外，更加重要的是要有理论依据。

最近在思考教育研究的方法论。惊讶地发现大量主流教育学者的研究严重缺乏学术所赖以生存的理论依据。总结一下，主要在这几个方面有着普遍的缺失：人的全面科学发展理论；系统工程理论；信息论；哲学；人体工程学；脑神经科学；营养学；中国传统文化原本。

中国教育改革的推进最为要紧的就是理论创新，可怎么创新？怎么融会贯通？以上八个理论依据缺失，只是就教育研究教育，就发展心理学而研究发展心理学，研究的结果必然是空洞而缺乏逻辑性的。当然其研究成果也就很难在实践中得以应用，更谈不上教育理论的创新了。

涉及人的教育与发展，事关重大，但似乎没有人注意到这个问题，这是一件很可怕的事情。

*

A君问，人的生长过程中，难免遇到敌人，怎么办？

正好读完了李承鹏的《你是我的敌人》，一本言情小说，不好玩。但李的文字确实很好。

李在书中有一句话却让人深思：不要轻易去爱一个人，爱有多深，伤有多重。世界上根本没有真爱，真正的爱其实就是对爱人的一种伤害。

李是搞体育的，无独有偶，这两天还读完了陈丹青的《退步集续编》，陈是搞艺术的，但他们的文字远比许多搞文字的人好，可见人的慧根总是在高处相通的。

**敌人是让事物存在的原因之一**。麋鹿的敌人是狮子，若没有狮子，麋鹿这个物种就会消亡。军人没有敌人时，就会从“战士”变国家的“寄生虫”……敌人可能消灭我们，但没有敌人，我们就会退化，这是进化论，也是自然辩证法。

敌人产生于你强大的时候。当你强大或者处于人生峰顶的时候，敌人就应运而生。当你处于弱小的时候，敌人一般对你不感兴趣，也就无所谓“敌人”了。所以，强大意味着树敌，软弱意味着亲和。人生之过程，强就是弱，弱就是强。老子似乎深谙此道，他说，人的舌头很软弱，但比坚硬的牙齿要长寿。

**今天的敌人可能是明天的朋友**。从人的整体发展角度看，敌人是阶段性的，是局部的。有智者说，没有永远的敌人，只有永远的利益。只要你有勇气面对敌人，敌人都有可能变成你的朋友。敌友之间是存在化解之道的。起决定作用的是整体观，当面对整体上的敌人，就有可能把局部的敌人化解为朋友，一起对付整体上的敌人。《孙子兵法》与《战争论》中最值钱的道理就在于此。

有人说，人最大的敌人是自己，我看，关键是要学会接受自己。什么患得患失，什么优柔寡断……足以把你自己的信心毁灭。既然我们无法真正地认识自己（这是一个古希腊哲学亘古命题），不如试着接受自己，接受自己的弱点与困境，甚至接受自己的敌人，当然也接受自己的长处，全面接受自己。如果自己是最大的敌人，接受了自己，也就摆脱了困扰。接受自己是消解自我迷途的唯一通道。

**人值得警惕的敌人是小人**。大敌当前，勇者不惧。兵来将挡，水来土淹。办法总比困难多。但遇了心术不正者，则防不胜防。个人觉得，只交正直的朋友很重要。小人具有极强的生存力和破坏力，并不是我们依靠勇气与所谓智慧就能解决问题。也许我们每天都将面对潜在的小人，但只要你是堂堂正正的，就必然亲君子，远小人。这是一门大学问。

找到你的“敌人”。实现了人的积极性就实现了自我。人的积极性是在拥有明确的“对手”中得以实现的。但这并不意味着好斗，只是为了将你的荷尔蒙激发出来，相克才能相生，不和谐才能和谐。或者不说“敌人”这个词，说“竞争对手”吧。比如，在爱情战争中，“竞争对手”让你充满创意与激情。

*

自然而然拥有自我。拥有自我的工具和凭据似乎很多，有时是努力，有时是智商，甚至优秀的才能，杰出的品质等等。但，这些都不能让你真正拥有自我。而让你真正拥有自我的恰恰是一种平和甚至软弱的心态。把自己的心真正放下来，从自卑到自信到自然，并且做好该做的每一件事情，做好事情了，就什么都会有。故曰，超越自我是拥有自我的不二法门。我个人也曾经历过极度自信的时节，仰仗自身的才情、悲悯情怀及文字工夫，构成了所谓成就感甚或炫耀感。现在想来，那些都只是别人所“期待”的“价值”，而不是真正的自我，真正的自我在自然而然之中。“无我”才能无敌。

把握住最为关键的。人最为关键的是东西有三个：爱，追求真理，做有意义的事情。一切侵犯这些核心价值的东西都是你最不容忽视的“敌人”。这三个比你的自尊重要得多。除此以外，皆不是你自己真正所需，人生境界贵乎“得其意，忘其形”，形式是次要的。比如，“爱”的三大忌是：旧交当断不断，患得患失，自私。比如，妨碍人“追求真理”的是人的惰性、懈怠。再比如，“做有意义的事情”最大的隐患是人的欲望等。

与李承鹏提出的“伤害论”相对应，我始终坚信，人最终是在真爱中才能发现自我、提升自我、实现自我的。尽管，真爱很容易让自己甚至让自己所爱的人受伤，但还是要去爱，并且还可以把爱的内涵拓展开来，变成大爱，传达出去，传遍整个世界。因为，最终能让人类薪火相传的，不是敌人，而是人类独有的博大的真爱。

*

朱德庸说，这一天在智者家中，智者终日不语，我们临走告辞时，智者才开口说：**世上有两种人，一种是敌人，一种是友人，要对朋友好一点，因为敌人不会变成朋友，但朋友会变成敌人。**

*

在人软弱的时候，进一步是很困难的。

我一直是行如风的，以前与朋友一起走路，走着走着，又走在别人前面了，总是回头说抱歉。

一种下意识的习惯而已。

这种下意识的习惯中，蕴涵了一种“积极”与过于自我。其实，最终总是要回头的，与其说抱歉，何必“行走如风”呢。

古人云，不积跬步，无以至千里。一切道路都是慢慢来的，慢慢来才能走得稳，慢慢来才能让自己处于一种良好的稳定的心态，心态决定一切。

只有在慢慢来的心态上做出的选择才可能是正确的，人生无非选择两字而已，那么，“慢慢来”就是正确选择的前提。

人还小的时候，先学会爬，然后行走，然后奔跑，这是有一定规律的，不能乱了顺序，只能一步一步来，人的发展过程正像学走路，只是到了成年后我们感觉不到这个发展的阶段，实际上，仍然在延续……不断学爬，学走路，学奔跑。

*

我尊敬的著名教育专家佟乐泉教授给我们讲早期教育时讲到，早期教育的真谛只有四个字“超前一步”，很意味深长。

他说所谓“超前一步”，“超前”的意思是说，我们作为大人，不管你是不是在有意识地教育孩子，你要站在孩子前边，不要站在孩子的旁边，更不要站在孩子的后边。我们必须是在他前面，在他前面多少呢？在他前面“一步”。“一步”是第二个词。什么叫一步之遥？伸手可及，而不是怎么够你也够不着，那他就不跟你学，你爱说什么说什么，跟我没关系了，因为你说的我全听不懂。正是因为“超前”，所以我们永远在引领着孩子；正是因为“一步”，所以我们永远使我们的孩子触手可及地被引领着。那么这种情况下，才能促进他的发展。

我们不是说遗传、环境和教育吗？这就是环境和教育的精髓。你要想给一个环境、要想给一个教育，必须掌握“超前一步”的原则。没有“超前一步”原则的就不是真正的早期教育。

其实，不管是儿童，还是成人，人生进步的规律何尝不是“超前一步”呢？

改革开放也应当是“超前一步”，超前太多，危险；不超前，就落后挨打。

突然顿悟，人生真谛无非是——不要贪快，也不要贪多，超前一步即可。大智慧也。

*

上进是人发展的本真，因此也可以说，上进是人的第一天性。

我倡导的上进，来源于人的内心要求的，是任何学说都不能否定的人生真谛，儒家的“拿得起”是一种上进，佛家的“能看破”是一种上进，道家的“放得下”似乎也是一种上进。

台湾星云大师说，飞鸽千里传书，才有人豢养，骏马万里奔驰，才有人喜欢，海豚尽力演出，才有人喝彩，做人力争上游，才有人欣赏。

*

意义来自未知，来自陌生，来自出乎意料地突然敲你的门。正如一朵花突然开放，你从未期待过它，一个朋友碰巧在街上遇见，你从未等待。可谓“坐看云起时，春来草自青”，一切都是水到渠成，而非努力之结果。

# 道

*

经常有人问我，教育的本质是什么？我通常会用四个字来回答——心灵感应。

这里所说的心灵感应绝非那些术士的通灵术，而是指两颗心灵之间的高度默契。甲骨文中的“教”，右边的“文”中有一个“心”字，现在的汉字经过几次重要的演化后，那个“心”看不见了，从本质上说，教育就是“以心灵感应心灵”的过程。

其实，对教育本质的解释有很多的说法，只是角度不同而已。我之所以认为教育的本质是心灵之间的感应，是从东方文化的核心价值角度进行阐发的。相对于西方文化的分析、逻辑、抽象而言，东方文化则侧重模糊、概括、觉悟。不论东西方文化的区别，仅对“人本身的发展”这个根本性问题进行思考的时候，似乎又都是统一的，并没有根本的差别，性质相同，表现的内容和形式不同而已。

中国传统哲学认为，人的价值源于天，来自于宇宙这个“生生不息”的总系统，人的生命意义也就在于认识、顺应以至推动这一进化的过程。而心是人类经过千万年进化后唯一能与宇宙沟通的器官，故而“人因心而知天”，广义上说，人的感觉、思维、言语、行为，都是在“为天地立心”（张载语）。

《二十四孝》有一个“齧指心痛”的例子，据说孔子的学生曾参事母至孝，曾采薪山中，家有客至，其母等了很久他还没有回来，急得咬自己的手指，这时曾参忽然感到心痛，知道家中有事，于是负薪回家。这样的例子不胜枚举。

心是一切经验的基础，它创造了快乐，也创造了痛苦；创造了生，也创造了死。心的第一个层面是“凡夫心”，这是会思考、谋划、欲求、操纵的心，会暴怒的心，犹疑不定反复无常的心。但此外，我们还有心的本性，这是永恒的，不被死亡以及任何外界事物触及。说到底，心性就是万事万物的本质。

在教育过程中，我们过于依赖大脑，依赖心理学技术，依赖知识的传递，使我们心灵失去了感知、感觉、感应的能力。事实上，感受身边的每一个人每一件事物，才能让生命生动而自由起来。

历史上的圣人先哲，用了不同的名词来修饰他们所体悟到的真理，但基本上，他们都是在阐述基本的心性。基督教徒称之为“上帝”，印度教徒称之为“婆罗门”，佛教徒称之为“佛性”。所有的宗教，都肯定有一个基本的核心，并要求它的教徒用一生演化和体悟这个核心，这个核心就是心性。

*

我们的日常生活被种种情绪、思想和欲望所主宰，但有些时候，我们依然能极其清晰、极其深刻地感受到自己的心灵。可能是在欣赏一支美好的曲子，可能是徜徉在宁静清澈的大自然，可能是品尝着日常生活的点点滴滴。

当我们看雪花翩翩飘下，或看到太阳从山后缓缓升起，看到一束光线神秘缥缈地射进屋里，都可能让我们瞥见自己内心深处那无比宁静和美好的地方。这些光明、安详、喜悦的时刻，都曾发生在我们每一个人身上，而且美妙得令人难以置信。

欲望使我们存在，而心灵决定我们存在的品质。身处陋巷的颜回，只有粗粮清水但快乐无比；宗教的苦行者，可以在极其恶劣的生存条件下感受着常人难以想象的幸福。幸福本身不由你获得多少决定，而是决定于你感受到多少。

因为心不曾被正确了解，如同它不了解自己一样，所以产生了不可胜数的哲学观念和主张。改变这种情况，唯一的途径就是回归心灵深处。

*

回归心灵深处，说起来简单，其实却代表着一种生活态度的彻底改变，从向外看转为向内看，从关注向外的索取追求到凝神触摸自己的内心生命。这对于大多数人来说是一种全新的体验。以往我们回避向内看的生活，因为一般人总有种对自己内心的恐惧，更因为我们认为这不重要，我们留恋刺激热闹的、嘈杂忙碌的生活。也许，在这个急功近利的世界，向内看被认为是一种怯懦和消极的行为，我们埋怨着过于繁忙的生活，但我们继续忙碌着是为了能付得起钱去“休闲”——跟随旅行团到某个同样人声鼎沸的地方走马观花。

相对于教育回归心灵深处的真谛，《现代汉语词典》中，教育被解释为“把知识或者技能传给人”，亦即“传道，授业，解惑”的白话文解释，这种解释是苍白的。教育之道，道在心灵，而不是被动的“知识传递”和“技能训练”。

由于过去几十年的教育从未把孩子看作教育的主体，只是以知识为中心，人为地设计教育内容与形式，把孩子当作知识的接受器，而不是知识的主宰者，因此，孩子无论何时何地都是“被教育”的对象，孩子在整个教育过程中，始终处于被动、消极的地位。毫不客气地说，如果他们的心灵没有被教育者感应到，一切的教育是没有用的，教育的本真将离我们越来越远。

*

养人养心，真心第一。

陶行知先生说，真教育是心心相印的活动，唯独从心里发出来的才能达到心的深处。

诚然，真教育用心，假教育用脑，用心了就不用脑了，真教育是自然而然的、是潜移默化的，即如夏花之灿烂，犹如冬雪之晶莹。

事实上，假教育就像一枚坏的种子，种在孩子心田里，会害孩子一生。这一点，很多人没有意识到。

*

与浮躁的社会相关，当前的中国教育变得异常复杂、很难超越，因此，当务之急是教育者的自觉回归，回归到教育本质、回归到心灵深处，而需要警惕的是：单边理想主义、体制决定论、虚无主义、金钱主义等。

当世界变得很复杂、很模糊、很混乱，无法找到自我的时候，人只有两条路能走，一是坚守自己的心态；二是回归本源，反本开新。任何行业都不例外。

中国教育的“底盘”很好，只是“发动机”马力不够，特别是基于生命规律的深层主动意识沉寂了，需要唤醒，需要发掘，需要彻底转变教育观念，从“被动教”彻底转向为学生的“主动学”。

*

如今，教师和家长的主要困难是累心。

在五脏六腑中，最辛苦的就是心脏，昼夜不停地跳动，哪里需要血液，就把血液供应到哪里。思考时到头，看电视时到眼睛，生气时到肝，恐惧时到肾，悲伤时到肺。如果我们处处都乱用心，顾头不顾尾，就会慌乱无措，心就会很“累”。

许多时候，教育者的出发点可以说都是好的，但，为什么有时心血费尽也枉然？那是因为我们没能管理好自己。用心的学问实质上是建立自己良好的内心秩序，具体操作时，修炼好三心：包容心、平常心、感恩心。自己的心修好了，也就不累了。

当然，用心还有一个更高的境界是“不用心”，即时刻将自己处于一个低处，无为而无所不为，才有足够的空间调理好自己的心境。教育的道如水，水往低处流，老子言，江海之所以能为百谷王者，以其善下之，故能为百谷王。

*

当心灵被束缚的时候，是没有力量的，甚至是疲惫的。这种束缚可以说就是企图控制他人的私欲，只有放弃这种“控制”，我们才会发现心灵确实拥有巨大的力量。

没有一个人喜欢被控制的感觉，当孩子意识到自己是被控制的时候，就是教育价值失去的时候。教育的秘密在于解放心灵，尝试着放弃自己的控制之心，渐渐地，不仅解放了孩子，同时也解放了自己。

教育者参与受教育者的生命发展，有一种形式叫“期冀”。教育者要学会在“期冀”中激发、协助、唤醒学生内在的力量去完成自己的整个生命。

另外，在实践中，我经常和教师们探讨课堂上“心灵感应”的作用，深知用一颗心灵感应、温暖另外一颗心灵，传递了精神能量，已经完成了教育的全部任务，而学习，是不需要教的，是学生自己的事情。我想这是现代教育性的主流价值所在。

*

我从不担心我们的教师、校长的教育功力问题，但“耿耿于怀”的是，为什么我们不能回归到教育的原点上来对教育进行思考？其实，做好吃又好看的教育并非难事——只是要将玻璃上的胡乱窗花洗尽还真。这个世界，关于教育的声音太杂，对教育似乎谁都能说上几句，导致我们看不清楚本质，只好随波逐流……

教育确实有一个方向的问题。如果方向不对，使劲越大，负面作用越大，这样即使你的教育技术如何精湛，一切教育都是多余的，不如什么都不做，顺其自然。但问题是，我们无法判断方向是否正确怎么办？我想，可能有两条出路，一是站高一点；二是如果站不高，就回到教育的原点上去。

*

要从根本求生死，莫向支流分浊清。这也可以理解为中国教育内涵发展的基本原则。在当下课改任务中，困难就在于很多人都纠缠支流分浊清，而忽略了根本之生死。

与其跟风各种模式，我们的教育者不如带着一种趋于人的生命发展之核心的教育理念去育人。这种理念就在那里，从来就不是什么新东西，关键是如何接近它，特别是接近它的实质，所谓教育之道也。

*

**教育就是疏通水利，涵养心灵土壤**。只有到了干旱至极时，才知道每一滴水都是无限宝贵的。

其实，人的心灵也是一样，时时需要爱的灌溉，等到“干旱龟裂”之际时，已来不及了。

*

教育，当回归生命原点，顺应生命真意，正如滋养生命的水，视之无色，嗅之无香，然而却源远流长……教育当如真水无香，润泽众生而无虚妄，无分别，无为而为，静待生命之花自然开展。

生命是神奇的，是造化的完美，不可过于雕琢，而应当自然生长。教育的进入，对于生命来说，其实是一种高难度的动作，伟大的教育者总是能敬畏生命、热爱生命、理解生命，以至顺应生命的流动韵律以及发展规律，激扬生命的价值和潜在能量。

感觉到呼吸不自然了，就是“感冒”了。教育的力量在于教育者并没有让受教育者感觉到教育的存在，而又能在“商量”中把自身的能量传递给另外一个生命之中，使之心灵更加富有和自由。知识和经验只是传递能量的载体，而非教育的目的，多少人本末倒置，就有多少孩子的生成受到干扰或者破坏。

*

平时接触很多的老师和家长，一般我都会建议大家抽出时间来学习教育，我听到的更多回应是：太忙了，我哪里有时间学习啊？

我的学生王小东在听完皇甫军伟老师和我的教育课后，对于“忙”字感慨万千，他这样写道：

何为忙，心死也，中国汉字让世界惊叹，我们可以看出“忙”字是由忄（心）和亡字组成，拆开就是“心亡”。

是呀，“忙”字同音的字有“盲”和“茫”。当你在忙碌的时候，你的视觉观察、思维反应力也是处于功能最弱势的状态。因而，离你最近的事物你却视而不“见”、见而不“明”。在人生忙碌纷扰的时候，我们常常会做出一些错误的选择，错失重要的良机，忽略或伤害了一些生命中最重要的人。在人生的跑道上，扬鞭策马快速疾驰，顾不上休整和自我调节，顾不上反思和感悟，拼命三郎般得往前冲，总有一天要么会不幸运地撞进一个死胡同；或者，闯到一个人生岔道口，无从选择，将不知路在何方？不知道要去哪里，好像去哪里都可以。柳青说过“人生虽很漫长，但紧要处就几步”。

事实上，“忙碌”、“盲目”、“茫然”，已经构成了一幅中国现代人的生活现状的图画。这图画的色调，是大多数人生活在浮躁功利的现实社会中，囿于辛苦矛盾困惑的局面，而内心充满了挣扎的抉择和追索的压力。

我们大多数人常常是为了工作，生活，交际，应酬……我们从早忙到晚，好像没有轻松的时候，成了所谓的“大忙人”。但是我们扪心自问一下，真的有这么忙吗？即使真忙，是什么造成的？会一直忙下去吗？我想真忙的现象肯定是存在的，但一定是阶段性的，暂时性的。但是更多的忙可能是由于很多人不肯立即将该做的事情做完，必须等到最后的关头才肯动手，结果必然手忙脚乱，身心疲惫。其实，忙碌并不是一件值得骄傲的事或者可以成为一种理由、托词，因为忙碌通常是由于懒惰造成的。

台湾著名歌手李宗盛在歌曲《忙与盲》中这样写道：“曾有一次晚餐和一张床，在什么时间地点和那个对象，我已经遗忘我已经遗忘，生活是肥皂香水眼影唇膏，许多的电话在响，许多的事要备忘，许多的门与抽屉，开了又关关了又开如此的慌张，我来来往往我匆匆忙忙，从一个方向到另一个方向，忙忙忙忙忙忙，忙是为了自己的理想，还是为了不让别人失望；盲盲盲盲盲盲，盲得已经没有主张，盲得已经失去方向，忙忙忙盲盲盲，忙得分不清欢喜还是忧伤，忙得没有时间痛哭一场。”

因为忙，我们会逐渐疏远了朋友，因为忙，而冷落了亲人，因为忙，而忘却了自己的健康。在教育孩子的问题上，我们更多的家长经常这样说，没时间陪孩子，因为我们忙；我们没时间看书和学习，因为我们忙；我们没时间给孩子做饭，因为我们忙，等等。都会以“忙”作为理由和挡箭牌，真是一言以蔽之，一忙遮百了。

太多的家长每天都会大喊着我忙呀，我没有时间！好像说出忙字就会得到原谅，就会得到支持和同情，可仔细回味一下一天的有效工作时间非常少！是不是当今的社会中太多浮躁和功利而让你要忙来又忙去，和不能停下的钟摆一样！忙忙碌碌中连自己都不知道忙些什么？如果今天的忙是由于自己平时懒惰造成的，如果忙是因为做无聊的事情，造成忙而无序的工作生活状态；如果因为你的忙，有一天孩子成了文盲，迷失了人生的方向时，你的内心就不会得到平静，你会深深地自责并且承受巨大的痛苦。当你面对孩子无计可施的时候，你就会有病乱投医，因此也会舍得了时间，舍得了学习，舍得了情感，舍得了精力，舍得了平时看得很重的金钱。

拿“忙”这个字来搪塞自己，其实是对教育责任的一种回避。按照王小东的理解，“忙”的反义词应该是“静”，我是赞同的。我们的教师和家长首先真正要从忙中解脱出来，回归到平静和宁静状态中，用内心真实的情感和温度去呵护自己的孩子！

静——非宁静而无以致远；

静——大丈夫喜怒哀乐不形于色；

静——心静自然凉；

静——心静自觉书中味；

静——室静时闻翰墨香；

静——静谷幽兰现；水静如镜；静水流深；

静——心静理自明；静则思明；思明则行明，行明则正修，正修则豁达。

*

信仰是什么？信仰就像家一样，累了的时候想回去休息，而实际上家里并不需要什么豪华的装修与家具，只需要有温度，有安全感。

*

七色花教育现象值得深思。所谓七色花教育现象，就是本来一种花只开红花，但我们的教育者非得使用所谓高新、复杂技术机制，让这种花开出七色花来，可能也开出来，很好看，却违背了花的天性。教育的本真应当是，疏松土壤，涵养水系，让花儿自然生长，自然开花，哪怕是一色花，自然而然。

*

电影《一九四二》，经过了这十多年的酝酿，终于出炉了。导演冯小刚说，以前可能觉得拍得越黑暗就越深刻，但现在他觉得，任何东西都要有一个节制。

文艺作品如此，而对于所有事情来说，节制都是一种宽广与智慧，比如权力。可是节制很难，难在“执着于自我”，难在“欲望”，而这些都是难以“放下”的。节制并非极限克制，而是泰然自若的一种习惯，是人格成熟的标志。

*

不爱数学的孩子，如果一旦感受到了数学的美味（美丽和甜味），就必然会爱上数学，天生没有数学细胞的只占千分之几，可以忽略。那么针对偏科的孩子，我们教育者应当怎么做呢?

*

忠实于自己的内心，保持本真，是做教育的人最为良好的状态。

一个人在浴室里的时候，经常会对着镜子傻笑，甚至发出天真的声音……如果这个时候你发现有一个孩子在锁眼里看你，你一定会立即装得严谨、不苟言笑。天真与淘气的逝去，是人的生命停止生长的表征。教育，需要天真，需要淘气，需要本真的自我。

*

著名人士杨澜最近说了一段话，很好。她说：“回归到人的本身，可能是我最大的一个收获。然后我也发现世界上形形色色有影响力的人，他们都是试图忠实于自己真实的内心，甚至他们试图去改变这个世界来达成自己的理想，这就是我对进取的理解，这就是我从他们身上学到的东西。每一个人都试图改变一点什么，而这种改变首先从自己开始。”

*

教育就是生长。从教育学的角度看，哲学家们认为，孩子并非未长大的成人，他们的儿童期本身具有特殊价值，教育的任务是保护这种价值，具体做法是：尽可能给予孩子内心生长最需要的阳光，如果做不到，至少不要挡住阳光。

*

什么是教育，养鱼养水也。正如清华老校长梅贻琦所说：学校犹水也，师生犹鱼也，其行动犹游泳也，大鱼前导，小鱼尾随，是从游也，从游既久，其濡染观摩之效，自不求而至，不为而成。

*

其实，教育的形态确实是水般柔软、深沉。按照水的性质，相对应的是，教育者的修炼之路有五种：

自己活动，并能推动别人的，是水。教育者的修炼之路是：以生命面对生命，以灵魂唤醒灵魂。

经常探求自己方向的，是水。教育者的修炼之路是：主动发展，勤奋上进，有目标有计划。

遇到障碍物时，能发挥百倍力量时，是水。教育者的修炼之路：坦然面对困难，不抱怨，不推卸责任，在困难与挫折中反思自己，成为一个有智慧的人。

以自己的清洁洗净他人的污浊，有容清纳浊的，是水。教育者的修炼之路：包容。

汪洋大海，能蒸水为云，变成雨雪，或化而为雾，有凝结成一面晶莹明镜的冰，不论其变化如何，仍不失本性的，是水。教育者的修炼之路：保持本真而高贵的内心，把自己放到一个“无用为大用”的姿态上，无我是教育者的最高境界。

*

做教育近20年，一直不敢公开说的事情是：教育改革，大家都认为是制度问题，或者是应试教育机制的问题，其实大家只是看到了表面，没有看到问题的核心。我深信中国的教育尤其是基础教育一定会越来越好，因为我们的家长和教师不再只是抱怨了，而是进入了一种深度的“自我觉醒”。

还有一个不想说的事情是，中国教育的希望在于每一个教育者的内心回归宁静，而阻碍人们内心回归的，除了时代性的浮躁病，就是公说公有理、婆说婆有理的“教育理论”，后者的危害更大。坦率地说，35年以来，值得读的中国人原创的教育书，不会超过5本（35年前甚至更早的世界教育经典除外）。

*

我常问校长和教师一个问题：累吗？

其实，累不累取决于是否“清晰”，清晰的人是永远不累的，不清晰的人则累倦无助。清晰的内核是：价值观，就是知道什么东西是最有价值的。

具体而言，就是能抓住核心问题以及问题的核心，进而按照步骤和计划解决问题，推动事物的发展和进步。

人的清晰不清晰，都写在眉眼之间。清晰的人，眉眼开展，眼神清澈，而不清晰的人，则脸无血色，眉眼之间紧张如斯，六神无主，甚至一脸“旧社会”的苦大仇深的模样。

*

教育应当是无名之学，而非新旧概念之分。

在教育上，不要迷信什么神话，改革开放以来的经验证明，多少所谓“旋风”一般的流行不会超过三五年。教育的成功从来就是一种常态的成功，是教育人长期暗暗下工夫的结果，更是大量一线校长和教师走向深度觉醒的过程。

*

打个比方，教育就像种树。家庭教育的主要任务是培养根系。和种树一样，泥土以下的归家庭教育管，泥土以上的归学校教育和社会教育管。

泥土以下的任务包括：培养基本行为习惯；帮助孩子学会管理情绪，强大内心；锻炼身体；构建优良家庭文化，以文化育人。其目标与定位应当是：心情好，体格好，人文素质好。

其他的，家长做的都是多余的，甚至是有害的。因为培养根系之道，在于涵养水系，疏松土壤，而不是瞎管乱管，结果泯灭了孩子美好的童年与心灵品质。

与家庭教育配套的是学校教育，主要任务是管泥土以上的部分。比如树干怎样长得正直、潇洒，怎样得玉树临风，每朵花儿是否自由绽放，最后能不能结果丰收。因此，学校教育的主要任务包括：培养良好的学习与道德习惯，以及创新思维；发现孩子的最佳才能区，引导协助激励每一个孩子的个性成功；传递核心价值观，帮助孩子建立独立人格；课程教学创新，特别是创建高效、有机的生命课堂体系等；提炼办学理念，转化为学校文化体系，以文化育人，等等。目标与定位应当是：特色发展，内涵发展，品牌发展，规模发展。

受传统文化的深刻影响，在中国，学校教育和家庭教育谁也离不开谁。两者之间的实质合作很重要，所谓实质合作，就是各自找到各自的位置和价值，从而实现融通和互补。

当然，社会教育作为大树生长所需要的阳光、气候或者空气，也需要引起足够注意，包括：怎样以先进、优秀的文化熏陶人，怎样以正确的舆论方向引导人，怎样推进国民精神文明建设，怎样结合社会经济发展的实际提炼核心价值观等等。

需要说明一下的是，当前社会上的一对一培训并非社会教育的范畴，他们的定位是模糊的，也缺乏真正的课程教学体系，是培训市场而非教育。这种市场的形成，估计和家长的急功近利有关，有远见的家长是不吃那一套的。

有人问，如果种的是榕树的话，树根十分健壮与茂盛，但树干基本不能用作材料？

我想，榕树的用才是大用，所谓遮蔽天下，提供阴凉，甚至让人类与其彼此呼吸，优化时空环境，生生不息；做家具、盖楼的树的用反而是小用、功利之用呢。教育的价值并非为他人培养现实工具的。

当然，种树只是一种比方，比方是有局限的。

*

什么是学校？

有一位学者叫路易斯·康，他对学校的起源有一个很精彩的说法。他说，学校源于一个人坐在树下，与另外几个人谈论自己的想法。谈的人不知道自己是老师，听的人不知道自己是学生。学生听得出神，不禁惊讶万分，要是这个人能留下来多好啊。于是他们就在那个人所在地划出一个地方，于是世界上就诞生了第一所学校。

由此，我们可以界定“学校”的定义或者本质，学校就是——在“树下”划出一个地方（校），有人在谈自己的想法（学），只是在谈各自的想法而已……也就是说，真正的学校，听讲之间，无所谓老师和学生，学生也是老师，老师也是学生，一起成长，共同进步。

回到原点上来看，我们是否就清晰了一些呢——我们应当如何思考我们的教育？我们的学校，我们的学生，我们的老师。

*

庸常、简单重复的工作生活容易让人麻木甚至心灰意冷，一旦遇见了困难和挑战，更难以超越自己，因此，确定并提升我们所做的事情本身的意义与价值，是明智的，也是必要的。

尽管我们所做的事情，可能是很低微的、简易的，但所有渺小的事情总是指向崇高目标的。即使你所做的事情再微小，也一定可以找到它的社会价值。

从这里起步，是为了向更高的目标进军。世界上的事情，都是一步一步来的，和大海一样，把自己放到最低处，才可以海纳百川。同时，人的情感世界与物质层面上的满足，经常可以让人每天笑意盎然，从而调节生活大的意义与价值的虚空性。

但这些都还不够，因为我们在钢筋水泥森林中行走，不免心灵迟钝，丧失了天赋中人的对美的敏感与热情，我们的血是凉的。

唤醒我们内心的激情与热血，是从烦琐的日常教育工作解脱出来的突破口之一。

*

一位教师问，我们究竟教给孩子什么？

我给出的答案是：教师首先要考虑自己做一个怎样的教师，是优秀的教书匠，还是一名教书育人的教育家？

前者决定了教师必须在完成教育教学的目标和任务的前提下，掌握优秀的教学法，使孩子会学、爱学、学有所成。后者决定了教育是一种状态，不取决于你教什么，而是你自己的境界到了一种程度后，自然就形成了一种精神力量，得“意”忘“形”，一种人格力量的流露和渗透，足以使孩子自觉地觉悟和提升。

*

我经常把教师的专业发展设计为四个阶段：一是普通教师；二是教学能手；三是学科教育专家；四是教育家。每个一线教师都可以成为教育家。

在教师中，可分为两种：

一种是上进的人。刻苦努力，生气勃勃，力求上进。

一种则是享乐的人。因循怠惰，得过且过，图安乐混日子，不思上进。

在第一种力求上进的人中，又可以分为两型：仓储型和加工型。

仓储型的人很喜欢学习，他们的脑子好像一个仓库。他们把知识装进大脑之后，整整齐齐地码放好，然后就又去寻求别的知识。当需要他输出他的知识时，他可以很快地把保存得很好、包装还是新崭崭的知识，原封不动地拿出来，没有丢失、损耗和变形。

加工型的人则不同。他们把知识输入大脑后，立即把它们彻底消化，一面吸取其营养，积淀自己的功力根基；一面对它反复进行加工，把它们和过去吸取的东西融合到一起，组合成一种更新、更好、更切实用的东西。加工型的人，总是用他极强的悟力，悟出独到之处！很可惜，在力求上进的这一类人中，加工型的人，所占的比例极小。正是这种上进类加工型的人，推动着社会的前进。

*

相对于学习教育理论而言，教育者是否热爱生活和学会做人，更加重要。

教育并非是一个玄妙高深的概念，而是一个人人都可以触摸到的生活具象，它就存在于我们的一言一行之中。在实践中，我也发现，一位教师或者一位家长，只要会做人、会生活，他就会做教育。

*

教育上有一个词语叫“通达”，真正的教育者都是通达的，他能够将教育的理论“化”掉，转化为一种状态和气场，他站在那里，自己本身就是教育，不教而教。换言之，教育的本质是教育者的自我教育、自我提升，而不是执着于“教”。

教育之法，法无定法，如何做到手中无剑心中也无剑，答案就是：教育就在教育之外。

*

怎样做一个通达、通透的人？本质上，事物的“道”到了一定境界后都是相通的，关键是能否找到契合点。

一个内心世界丰富的人，必然古今相通、中外相通、文理相通、理论与实践、书本与生活相通、情感与理智相通、人性与人情的相通，故而，修持通达之境界，须有阔大的胸襟、对真理的狂热追求以及每天进步一点点的行动纲领。

我的一点点体会是：一是有修炼阔大的胸襟。站在高处，看到远处；放到低处，容纳万般。二是保持对真理的狂热追求。保持一种激情和好奇心，以探索未知为生活的主要乐趣。三是每天进步一点点的行动纲领。每天有感悟、有日省、有经验总结，更重要的是在行动中一点点感受到内在的进步与愉悦。

*

一名演员成功了，他总是以为自己是天才，容易忽略了导演、编剧的重大作用。其实，任何演员成功了，首先应当看到，其他人的作用才是主要作用，因为，机会成本才是主要成本。

一个人的才能与创造力，在一生中所起的作用可能只占10%，其他的一切都是别人给予的（即使他是老大，可没有老二也成不了老大）。因此，人在一生中，感恩、换位、慷慨，三大素质所起的作用，至少应当占90%。文艺界、学术界、教育界、商界、政界莫不如此。

我的感悟是：心态决定命运！

比如一名教师的成功（成为名师），90%靠学校特别是校长和同事、学生给了机会、期待、积极评价。这样的心态才是成熟心态。大凡能有所成就的人，事实上内心里都是谦卑的、感恩的。而人的恐惧与不安，正是因为自己以一种消极的心态去面对世界。守住心态，就守住了一切。

*

**教育之所以是大智慧，就是因为，它无形，但胜有形；无用，但大器天**

**成**。教育之道，就是指导人们提高生活质量之道。

*

我很执拗地认为，改变中国教育，要从改变家庭教育开始，因为，家庭是孩子生长的土壤，因此，改变家庭教育的土质，是一切教育改革的起点。而很多家长认为，父母是天生的，不需要专门学习怎样教育孩子，再说我们的父母，父母的父母都没有经过专门学习的啊。

可是我们看到的现状却让我震撼，比如，清华大学一位老教授（后来知道是中科院院士）听了我的讲座后，课后找到我，拉住我的手说："我对自己的孙子真的是一点办法都没有，听了您的课，我认真做了五页的笔记，也想了很多，感觉自己在您面前，就像一个小学生。我代表老一辈的人对您的工作表示由衷的感谢、感恩，我还要告诉我身边的所有人，做父母亲，一定要专门学习。"

记得童话大王郑渊洁说过这样一句俏皮话，"教育孩子就像开飞机，如果没有专门学习过开飞机，十个有九个都会掉下来。"我考察过很多文明国家，比如瑞典，所有要结婚的人必须学习专门的家庭教育功课，学习合格后才能凭这个结业证书去登记结婚。

我们每个家长都应该学习家庭教育理论，马克思说："法官的行业是法律，传教士的行业是宗教，家长的行业是教育子女。"这句话非常深刻。作为法官，必须执行法律，否则就是失职；作为传教士，必须以传播宗教为本分，否则就是不虔诚；同样，作为家长，必须以教育子女为天职，否则就是不称职的家长。做父母的，必须像法官、传教士那样忠于职守，更加重要的是，家长这个职务是不能退休的，是终身制的。

我国有近4亿未成年人，关心孩子健康成长，希望孩子有一个美好的未来是广大家长共同的愿望。但如何做好“第一任教师和终身教师”，却不是每一个家长都清楚。如果孩子家长按照老一辈人的方式教育孩子，有时不仅是无效的教育，甚至会招来孩子的反感，因为现在的时代发生了前所未有的变化：

首先，独生子女是时代的产物，而人类在面对没有玩伴的独生子女的教育方面，没有任何经验；

其次，现在孩子的身体发育时间大幅度提前，许多问题提前以新的面貌层出不穷地出现，使我们无所适从；

第三，我们的社会处于社会大转型期间，以经济建设为中心的社会发展，使孩子成长的文化土壤与历史上任何一个阶段都不同，经济、财富、竞争概念的灌输，让很多孩子失去了他们应当有的真正的童年；

第四，在电视机前长大的孩子，以及在网络时代长大的孩子，具有特殊的心灵生长特征，这是我们的上辈人根本无法解释和理解的教育现实。

*

教育做到极致就是文化。为什么那么多不识字的母亲教育出了那么多优秀的人才？她们没知识，但有文化。任何教育做到一定程度，就是文化。不能准确地给文化下一个定义，但基本上可以确认的是，文化就是一种状态，一种情怀，一种意识，一种耕耘，一种生命对生命的对话与交流，一种忘我的情怀，一种中和，最后融会贯通之后，就是一种力量，对心灵产生影响与感召的力量。此为文化。

家长的学习，重点是在研修如下两个问题：

一是母亲文化。就是母亲对孩子施以德行、礼仪、品格、气质的养育过程中，以慈母之心，以德淑高雅的行为对子女人格的浸润。母亲文化的伟大在于“德”、“容”、“言”、“功”所表达出的社会责任感，母亲文化的厚德在于母亲在操持家务和待人处事的过程中所表达出的通情达理、温厚容让。优秀的母亲对孩子而言是一片海洋，宏大广博，是安全感和幸福感的来源，是一种激励的力量。母性所展示的人性，母亲所表达出的修为和牺牲精神，是孩子永恒的精神教练；

二是父亲文化。考古学家郭沫若认为“父”字乃斧之初文，其两把板斧，一把是思想和智慧的给予，一把是方向和力量的给予。而许慎的《说文解字》认为，“父”乃“率教者”，是家庭中定规矩、以理念统领行为、以“道”教子的人。父爱这种理性使命和方向的引领，是一种伟大精神的输送，父爱的理性越具方向性，对孩子日后的目标、定力越具指引力，父亲的理性、睿智、智慧与责任的表现，是孩子信仰、性格、动力、精神的基础。

可以说，如何整合母亲文化力量与父亲文化力量，是当前家庭教育理论研究方向。

*

在教育领域里，相比较于学校教师和校长来说，真正让我伤心的是家长。我更愿意帮助校长实现自己的教育之梦。

我深知，他们眼睛里的浮躁和急功近利甚至那种过于理性而冰冷的心，是不敢袒露在我面前的。

所有家长都知道，当自己年迈的时候，如果有一个不争气的孩子，那是人生最大的悲哀。但，当孩子一遇到问题，仍然是去找关系、去请客，回到家里，每天仍然重复那句“堪称经典”的话：孩子，只要你把学习搞好了，一切你都不用管！

我写了很多有关教育的文章和著作，许多家长看了也几乎都翘起了大拇指，也许是因为感动，总是转载到自己的空间里，认为自己掌握了教育的秘诀。但邀请他们参加我和皇甫军伟主办的“中国家庭教育高级实验班”，该实验班致力于培养未来能子承父业的人物，需要家长花很多的时间（12个半天）时，这些家长总是说，我没有时间。而对于实验的课题费，其实都不够请领导吃一顿饭，或者去一次低级的夜总会，这些家长总是和主办单位说，能不能优惠一点。而我们的教育专家，每天用心去呼唤那片沉寂和荒芜的心田，使自己心力交瘁。

有多少家长的心是虚空的，又怎能换取孩子对自己的赞美？孩子的心能不虚空吗？我的老师、朋友孙云晓曾说，真爱，是衡量一个教育者是否合格的标准。真爱的教育就是把真爱的种子撒播在孩子的心田，促其萌芽并茁壮成长。可是我们种植的往往是一粒发霉的种子。我们要求孩子学习好，考上好大学，很多时候为了自己的面子……

我们反复发自肺腑地叮咛家长，要用心力去温暖孩子的心灵，用自己的生命去呼唤孩子生命，从而激发出孩子生命的潜能，让他自由生长。家长听了，当时几乎要流下泪来。一转身，开口就说，我认识你这个朋友真的很荣幸，你是教育界的领导，一定有办法帮助我，把孩子转到某某著名学校。经常让我苦笑不已。

无数多的真实案例，让我感受强烈：中国家庭教育是荒芜和残酷的，就像当年我来到科尔沁大草原的盐碱地。我们深知家庭教育是教育的起点，对孩子的成长是决定性的，但我不知道该怎样拯救……除了呐喊和呼吁，我又能做什么？

*

有一种关于学习的误区，那就是——“学了就用”。很多教师和校长学习了别的学校的经验，家长学了别人的教育的成功经验，总想把学到的东西立即用到自己的教育实践中，所谓“活学活用”、“现学现用”。

无数多事实证明那是无效的。对于社会上流传的一般成功经验，我从来就不以为然，因为只有从自己的学校或者自己的孩子身上引导生成的智慧才是真正的智慧。

真正的学习是学而不用、悟而不用，学的目的是悟，而不是用。悟了，就会内化为自己的一种素养，悟得多了，就能积累一种境界和高度，有了高度以后，自然流露出来的心态，就是最好的教育。

一学就用，或者学的目的是直接使用，属于浅层次的学习。每一个孩子都是独立的个体，任何一种教育经验甚至方法都未必适合他，只有活化的、个性化的“流露”才是真正的教育。

*

**好妈妈真的胜过好老师吗?**

这个问题，我本来一直在回避的，因为怕谈不好，误导大家。于是我认真读了一位教育爱好者的《好妈妈胜过好老师》，我很感动，也很悲哀，感动的是这位妈妈像琢玉一样精心地教育孩子，悲哀的是当偏离了教育本真之后，教育者的用力可能会切割了孩子完整的童年。教育的道，道在无为，而精心的、劳累的努力，实际上停留在技巧层面上的术。

我一直要求我的同事，作为一个严肃的教育者，尽量避免用自己教育孩子的案例来“误导”家长和教师。案例的局限在于逻辑的散漫与虚无。这个道理很简单：未来是无法预知的，谁也不能保证一个我们目前认为很成功的孩子，未来三十年就不会叛国，不会跳楼。而现在的这些所谓成功经验，到时候会不会成为教育失败的教训，不得而知。因此，教育者如果确实要使用案例教学，所选案例必须是世界经典的教育案例，那是经过了实践验证并经过了严密推演的，才是接近真理的。

至于“妈妈”和“老师”谁胜过谁的问题，本身就是很不好玩的问题。以种树为例，妈妈的主要教育作用是“培根”，即涵养心力，是泥土以下的事情；而教师的主要教育作用是“枝叶繁茂”和“开花结果”，是泥土以上的事情，即通过课程来发展思维和培养能力。两者是分工合作的，缺一不可。

好妈妈的三大标准：

远见：站在未来三十年，看我们现在的教育，拥有一颗平常心；同时，不断给予孩子成功的机会，并在实现时候给予鼓励和评价，掌握“有条件满足”的期待技术，培养孩子的责任心。

虚空：不断向孩子学习，一切教育智慧就会生成。从技术上来说，就两点：有困难找孩子，想象自己只有一只手。

温度：构筑家庭文化之温度，藏书万卷，并和父亲一起养成手不释卷的习惯，孩子是熏出来的；说有温度的话，做有温度的饭，以精神能量滋养孩子的心灵。

*

与皇甫军伟坐在一起，总有一种深刻的灵魂愉悦感，因为从谈话中可以真切地感觉到中国教育的希望。

用一个词语来形容皇甫军伟的气质，就是：灵秀，灵秀似乎是要超越才情、睿智、深刻甚至博大的。

灵秀者，必然善于归因，把复杂的问题简单化，抓住事物的根本，做到举一反三。但还不够，灵秀者必须还有一种悲悯的情怀，亦即大德、大爱、大智慧，关怀彼岸世界，关注众生。

皇甫军伟认为，教育要抓根本，所谓修基务本。

人的发展之基本，无非“归真”二字，修护一种适宜人生存发育的土壤，再把纯净、朴素的心灵种植在这片“基础”上，自然而然方为正道。

就像农民种植庄稼，多年以来，依靠化肥、农药，已经使土壤板结，生产出来的粮食、蔬菜也很可能对人体有害。真正的农业，应当拒绝一切化肥农药生物技术，而应当有机化，绿色化，重新唤醒土壤的活力与潜能。目前中国的教育也是如此，由于受应试教育体制的影响，基本上处于“农药化肥现代化状况”，前途堪忧。

如何找到一种有机的模式，从根本上推进中国教育的改革，成为有志者共同的希冀与理想。

灵秀是一种胸襟。

表现在教育智慧上，灵秀就是一种回归，回归到心灵深处。按照皇甫军伟的教育思想，教育不能仅仅停留在外在的教育内容及手段，而应当回归到心灵对心灵的呼唤，回归到对彼此的碰撞和感动。

*

从某一种意义上，教育是无用的。

真正的教育是教育者本身调整心态，使自己正确的教育观、世界观对受教育者进行无声的滋润、影响。

*

**教育本来就不是教诲和灌输，而是一种人格意义上的自然流露。**

*

在家庭这个特具魅力的“基本土壤”上，父母首先要做的是，保持一种稳定的心态，用自己稳定的心态影响孩子的心态。心态决定一切。心是自然心，态是高度，用自己的大气与高度去打造一个更大的“杯子”。

教育的目的是塑造孩子的心灵空间，皇甫把其比作一个盛水的杯子，知识好比是即将注入杯子里的水，教育是为了把杯子做得更大更好。有了足够的空间，知识和财富才能积存到一个人的心里。

其次要做的就是发现。教育的特点就是发现，发现孩子的优势，引导孩子用自己的优势去学习。

人在儿童时期的核心竞争力是“力气”，谁的力气大，谁就是胜利者；在学生时期的核心竞争力是“成绩”，谁的成绩好，谁就是胜利者；在中老年时期的核心竞争力是“人格”，人至极善，拼的是人格力量。

那么，无论是教师，还是家长，要成为教育家，主要核心竞争力是什么？我认为，核心竞争力是“沉得住气”。在这个转型的时代，人心浮躁，大家最缺乏的就是恒心和耐心。如果你一个人能“沉得住气”，你自然就会在浮躁的人群中“脱颖而出”。最终人们看重的是：你耐心做过什么事，你的骨子里是否有一股向上的精神，你未来打算做什么，你手里有什么东西，你是否经历了艰苦，你曾经因此结识了什么人。故而，“沉得住气”就有了丰富的精神内涵。我曾经结合多年前研究清朝中兴名臣曾国藩的心得，对“沉得住气”进行探讨，所谓“沉得住气”，实际上就是曾国藩创立的“五到”之说。

身到。就是说要亲身历事，要做调查研究，要勇于实践，不能只是纸上工夫。曾国藩举例说，比如做官，就要亲自查验案件，亲自巡查乡里；而带兵，就要亲自巡查营寨，和士兵一起攻城陷阵，同甘共苦。当官的不去下面调查，满足于下面的报告，做研究的不去亲身考核，满足于引用别人的资料，这都是不踏实的。在曾国藩之后，毛泽东又将“身到”的原则更加发扬光大，旗帜鲜明地提出“没有调查就没有发言权”，这对于教育者来说，都是具有参考意义的——做教育，也需要走出去，走到学校里去，走到课堂上去，走到国外去，看得多了，觉悟自然就会到。

心到。就是说对事情要用心揣摩、苦心剖析，力求获得透彻的理解。从辩证法上来说，对事物的认识是不断深入的。如果仅仅停留在事物的表面现象，而不进行深入地分析，那是无法真正认识事物的。思考教育，当从生命发展的规律上去探究，掌握教育的本质规律，建立自己的系统性的理性思考。

眼到。就是说要认真看。这条看起来很简单，其实，“眼到”关键是练眼。曾国藩看人，一眼就能把人的长处缺点、今后的前途发展看个八九不离十，这是什么样的“眼功”！看公文、看书，也有各种各样的看法，有人仅仅看见字面的意思，有人则看到了字里行间的深意。眼力不同，看到的也决不一样。前面我讲到要“阅人无数”，就是要求教育者，要“放下分别”地去研究、对话每一个孩子，从每一个孩子的身上找到学习和发展的共性。

手到。就是要勤写。比如人的优缺点，事情的关键点，想到就随手记录，以免遗忘。曾国藩在这方面极为用心。他的日记就有若干种，有的用来反省自己一天的过错，有的用来记录读书的心得，有的用来品评人物……曾国藩从自我修身养性的工夫到识人办事的水准再到诗文方面的成就，无不得益于这些笔记。教育者应当养成动笔的习惯，日日有所悟，日日有所记，天长日久，其功自现。

口到。就是善用其口。我们都有体会，用笔和用口交谈，方式不同，作用也不同。尤其是在军队中，如果只用公文告诉战士们该做什么，而不用嘴鼓舞士气，绝对是一大失误。这一点对于教育者来说尤为重要。用口的关键在于，在合适的时间点，说合适的话。话多则贱，自然也缺乏了表达的力量。

细看曾国藩之所谓“五到”，无非是脚踏实地、不厌烦琐、不怕艰难地埋头苦干。看上去虽觉得不是一件难事，除非自己认定“拙诚”二字且抱着这个决心，否则是不容易做到的。

*

我个人的体会是：**越是聪明的人越需要下笨工夫**。我们课题组的另外一位副组长、著名教育专家唐曾磊在他的著作《爱学习、会学习》中专门谈到我的一个实践和经验，他这样写道：“林格老师曾经跟我分享过他高考时的一种做法。那时候他学文科，他说他曾经把历史课本抄过七遍！他说，抄过七遍后，他发现很多历史上的细节题目他都可以轻松答出来，而且可以很系统地把握和运用历史知识。生活中有太多的聪明人，但是却没能有大的成就，原因就是没有在一点上下笨工夫。能够看透这点，并且能够狠下心做笨工夫的人才是真正有智慧的人。”

很多人认为聪明的人才会成功，其实，事情恰恰相反，很多聪明的人做事情往往难以成功。人们常说“聪明反被聪明误”，说的就是这个道理。很多聪明人做事情不能成功，原因有二：一是不能下笨工夫；二是他们没有找到他们价值体系中最重要的事情去做，却去做一些在他的价值观体系中不怎么重要的事情，所以他们内心缺少全力以赴的动力。一件事情的成功往往需要一个较长时间的积累，但很多人在积累的过程中，忍受不住这种看不到成功的煎熬，放弃了。最后剩下来的就是那些真正成功的。在这个过程中，最最需要的，不是一个有什么小聪明的“智叟”，而是一个下行决心施行笨工夫的“愚公”！

*

中国人有句俗话，龙生龙凤生凤，这话看起来不科学，似乎也有诸多反例。但是对于孩子而言，它又揭示了一个硬道理，父母的格局、情怀、心胸、气度，会在很大程度上影响孩子的成长。很多父母是靠嘴来教育，要求、规定、劝诫孩子，苦口婆心，但是他们自己并没有做到对孩子的要求。父母要求孩子要学习拔尖，实际上自己也不过是在混日子；要求孩子要有学习能力，实际上自己的知识更新早已停滞，也完全没有兴趣接受新鲜事物；要求孩子要有解决问题的能力，实际上自己根本就是面对问题绕开走……

*

**父母的职业是终生的，学习也是终生的。**培育孩子是成人成长的第二次机会，放掉了这个机会，教育容易失效，自己也失去了走上更高境界的可能。一个只会说孩子而不会反观自身的父母，从根本上说没有资格对孩子指手画脚。

*

人的内心力量来自于自己的选择。在奢华与简朴之间、逻辑与情感之间、高调和低调之间、仓促和专心之间、怯懦与勇敢之间、富足与清贫之间，我们应当选择什么？生活就是选择，不管选什么，选定了再也不患得患失，渐渐地，人就变成了真正的贵族。

**世界上最难的事情是如何选择。**关于选择，是否可以这样来确立一个步骤：一是当你无法选择的时候，那就倾听自己的心声；二是站在高处看低处（前路就会比较清晰），站在远处看现在（心里就会有定力了）；三是不选择，善待你遇见的每一个人，答案可能会自然出现。

*

有人说，这个世界不是有钱人的，也不是有权人的，而是有心人的。教育的空间更是完全属于有心人的，有心处皆是教育，心是教育的根，以心育心，浇花浇根也。

*

人生的中道精神并非骑墙，而是活化，是深入浅出的通达。朱光潜先生忠告：以出世的精神，做入世的事情。让人受益与鼓舞。

*

师父问：如果你要烧壶开水，生火到一半时发现柴不够，你该怎么办？有的弟子说赶快去找，有的说去借，有的说去买。师父说：为什么不把壶里的水倒掉一些呢？

其实，人生的沉重与无奈，大多因为我们只会使用加法，甚至恨不得用乘法，N次方，利益倍增，成绩倍增，朋友倍增……其实，众所周知，哲学要求人们，真正的智慧在于减法。

站在临死的最后五分钟，再看现在，你会发现，我们所追求的“成功”以及“成功”所隐含的所有元素，都是没有意义的，都是可以减去的。

目前中国教育要做的是减法，只有减去多余的动作，找到核心的问题以及问题的核心，才能反本培新，直抵生命价值之核心，否则不足以谋将来。

反之，我们一味执着于加法或者乘法，以为可以使之丰富和拓展，其结果是变得愈加复杂、虚无。这，就意味着有意义的教育内涵改革和发展之路，需要不断深入，需要有深刻、力度非凡的务实思想，才能突围、才能推动板结土壤的龟裂与重构。

*

教育改革仅凭热情，或者单纯模仿，是行不通的，也是危险的。每一个目标的实现甚至每一种模式的提出，背后都需要有理性的支撑。

我倡导教育理论工作者和实践者至少应当掌握因果论、中心控制论、系统工程论、螺旋式上升论、整合论等基本法则。

在“某某教育”满天飞的今天，这一点尤其需要警惕。如果没有经过严密的推演和实证，不一定值得作为成功模式来大肆推广。

所谓模式，即：可靠的概括。换言之，真正的模式是一个系统，有些不可或缺的特质要求，比如科学性、开放性、内治性、推演性、生成性。当下流行的大多数“某某教育”，只不过是某一种阶段性的思潮或者商业概念而已。

严格一点看，我们现在流行的很多教育模式是站不住的，或者说短命的，站在将来30年后看或许会觉得可笑。过去三十年，比较接近“模式”要求的似乎只有刘京海的“成功教育”，是当年柳斌同志担任国家总督学期间的中国素质教育独创模式之一。

“无名”方为“大名”，正是教育工作者的“无名”之境界，才能引导生成千万所学校和千万个家庭的“教育理念实体”，从而实现“大名”。

*

“想要”和“需要”之间，确实存在着一个可能的空间。为什么我们会感觉不到灵魂的存在，甚至时常感叹“等等灵魂”，是因为“想要”与“需要”之间的空间，被欲望和虚荣、自私、贪婪占满了，灵魂已经没有了生长的空间，但我坚信它还在。

*

做教育，更需要回归生命的原点，减去多余动作，在解放学生的过程中解放自己。教育改革真正的敌人，是人性的暗淡和思想的贫乏，而非制度的不科学。

回归不是为了回归本身，其最终目的是为了建设一种以本土文化为主体的精神系统，因为，一切秩序归根结底都是精神的秩序。当前，我们的国家迫切需要一种秩序。

比如儒家文化的再认，似乎与文化主权、文化扩张没有直接关系。其实是因为改革开放，国外的很多价值观随着西方物质文明的进入，而渗透到我们的肌体，乃至我们今天的人也或多或少受其影响，因此我们需要从我们自己的传统文化中发掘出新的价值观，以使社会文化特质与民众素质相配套、吻合、联系。

*

**人的学习是一种本能，我们是教不会的，也可以说是天教的。**比如吃饭，可以教孩子吃饭，但吃饭的核心部分（如何咽下去），我们是无能为力的。真正的生命更新是自主的，而非教会的。在吃饭的问题上，我们能做的是引导，是协助，是激励。

*

人的强大是内心的强大。内心的“强大”恰恰是柔软的、感恩的、善良的，因为内心柔软才能抵御外力的冲击和打击。而“坚强”的内心看起来坚强，实际上很脆弱，不易求得自在、幸福、完全的精神力量。我的教育理想是培养具有强大内心的人。

*

我非常喜欢看电影，近年来，几乎每个大片都抽空去看，无论好赖。

去看了《阿凡达》，再联系一下《金刚狼》，以及前几年令我震撼万分的《金刚》，会有一个很重要的启迪。建议有空的教师和家长去看一看。如果有时间，还可以把这三部电影一起看，将为你揭示了一个重大教育真谛——人最牛的器官是心灵，是宇宙所赋予的，这是教育所真正需要的器官。只要我们能感知心灵的存在，即使与生物、植物、外星人，都可以沟通与相处甚至相爱……而在心灵面前，人的大脑显得那么可怜与卑微，比如《阿凡达》中的上校们、《金刚狼》中的机器人、《金刚》中的军队，使用如此先进的武器（其实武器都是人的大脑干的活，用大脑制造科技，又企图用科技征服世界），其结果都是徒劳、失败。

人的大脑是不可靠的，人类的科技也是不可靠的，人类的伟大与永存，依靠的是人的心灵，人的根本在心灵，教育应当回归到心灵深处。

*

看《唐山大地震》让我流泪了。一，徐帆将中国母性的文化价值演绎到了极致，透彻、丰富、深刻；二，冯小刚对悲剧以及道德价值的把握，也堪称上乘；三，陈道明传达了最为深层的家庭教育的精髓——以行动而不是以语言，近乎执拗地坚持一种价值观。这是一部家庭教育片。

*

我们的教育最缺乏什么？不是爱，更不是教育艺术，是温度，是基于人性所需要的精神温度，是让孩子的心灵富足和自豪的精神温度。记得美国作家巴士卡里雅有一句话很享受——爱的反面不是恨，而是冷漠。在我看来，冷漠是当代教育改革最大的敌人。

清华学生投毒、徐力杀母、药家鑫、马加爵等等个案不断呈现，更加集中反映了冷漠杀人的反伦理已经成为事实。

*

柴静是美丽的。有朋友说，这是个骨子里透着温暖的女性，平等、慈悲、大爱，如果她采访一只蚂蚁，估计她也会一直保持和那只蚂蚁同样的高度。

柴静不仅拥有柔软和温暖的心灵，而且能用声音和画面以及文字平静地表达人类美好的情感、关注普通人的命运、呵护每一个人内在的尊严，从不故作深刻或故作清高，从庸常的知性中跳出来，是值得我等教育者特别是女性教育者学习的。

*

很多时候，一些民间的俗语所流露的思想也让我很享用。比如我早上读到的一句：暴躁之人跳着叫，智慧之人坐着笑。人的情绪的管理是一门大智慧，人都有情绪，情绪若水，但如何管理，**能否找到合适途径把负面情绪宣发或者疏导出去，成为智与愚之间的界限**。

*

辛弃疾诗云：青山遮不住，毕竟东流去。这句话很有画面感即美感，青山依旧在，河流不息，那么，我们在哪里呢？一想就觉得妙不可言。同时也深刻揭示了一种归复平常的精神或者情绪形式，与曾国藩的“低头一拜屠羊说，万事浮云过太虚”有异曲同工之妙。

*

有趣是完美人格的特征，是智力的优越感，是内心自由的人流露出来的心灵芬芳，有趣的人多了，社会就进步了。

杭州的一位大学同学这样写道：活着，就要做有趣的人，就要遇见有趣的人。有趣，是“有”，有思想、有弹性；有趣，是“有”，无成见，不局限……

因为所学专业的影响，好像我的同学中，“有趣”的很少见，唯有几个活得很潇洒，很自由，这位同学就是其中之一。可能大家都过于严肃了。人就那么一辈子，不如有趣一些。哈哈。

我自己的生活，似乎隐隐约约贯彻着一条暗线，那就是，去遇见有趣的人。所谓有趣的人，就是不当真但认真的人，“战略”上不当真，但“战术”上很认真，不那么急吼吼，可俗可雅，可调侃可自嘲，可进可退，可感性可深刻思维……

一直很喜欢易中天教授，不是因为其他原因，而是因为他的深刻的“性感”。他有一段关于理论是什么颜色的阐述：“人们喜欢讥讽地说，生命之树常青，而理论往往是灰色的。他们不知道，理论如果是灰色的，就没有普适性，而没有普适性，也就没有生命力。但是没有人会喜欢只有灰色的世界，灰色也只有在和其他色彩搭配时，才能显示出它的普适性，显示它的高贵和纯粹。这世界充满生命活力，姹紫嫣红，千姿百态，万类霜天竞自由。正因为生活的五彩缤纷，理论的灰色才不显得死寂，也正因为有了思想的高贵纯洁，纷繁的世界才不至于俗不可耐。灰色提升着品位，而多彩保证了活力。这就是和谐。”

*

作为教育者，教书、做学问，看起来是灰色的，但只要能深入浅出，通达透彻，充满人情味，有爱心，有温度，常怀感恩，勇于包容，也一样可以谱写五彩斑斓的人生。

我经常反思的是，我其实没有什么通透、深刻的教育思想，更多的是对教育的真诚。因为心怀真诚，所以可以屏蔽很多非本质性的问题，透过表面现象，归位到原点上去。

在我看来，教育即人生，人生即教育，甚至有时候会大胆地想，教育根本就不是也不需要什么理论，而是人之常情，是生活的全部内容，是人生的意义和目的。参透人之常情，教育，就了然于胸。

如果要我看未来中国十年的教育发展方向，一个“常”字足矣，包括常识、常规、常态，教育的自由在于回归一种“常在”，而不是声嘶力竭地要做什么新概念。

有一种教育家，我是选择有意识回避的，包括他的书，他的文字……这种教育家，通常认为教育是无所不能的。因此每天呼吁倡导大家去读书，去爱，去行动，去达成，去奋斗，似乎“教导”是“主”赋予他的天命。

这个世界上，根本就没有什么先知或者救世主，我们每一个人身上都具有无限的智慧，百药齐全，只是没有被唤醒而已。所谓的“道”，并非神仙之法，而是事物发展的基本规律，每一个人都可以通过体验与生命本身的信息综合，觉悟到道的存在，道为“如来”。

真正的大教育家，是一种存在，无为宁静，静待花开。他（她）从不教导你该达到什么目标或者用什么方法，只是与你心灵感通，在“无言”中赋予你精神的能量，从而引导生发出属于我们自己的智慧。智慧本来就是教不会的，都是个性化的、偶然发生的，只有反复于己心，方有智慧。

很多人说我有很多独到的见解，其实，我思考、阐释的问题都只是一些常识。这些常识之所以会被人认为“独到”，是因为这个时代常识缺失而已。常识是一种对生活的基本态度，与思考方式无关。

关于常识，特别是关于中国传统文化的常识，我有一个“捷径”，或者叫“习惯”，让我受益匪浅。那就是读古籍善本，因为现代人不读了，而我坚持每天睡前阅读几页明清善本（还有催眠效果），所以经常能“发现”别人“发现”不了的价值，纯属“捡漏”。常识，历久弥新也!

如何发现常识的价值？不仅仅是常识的价值，一切价值其实都将归结为“人心”，比如，我认为有价值，你可能会认为没有价值，其实东西还是那个东西，而这需要我们有眼力去洞察其价值，并有勇气去理解并发挥它的作用。人的智慧的生成莫不如此。

回归常识，还有一种很好的方法，那就是——以人为师，方可为师。十几年以来，我坚持认为，只要真诚地不断地向一线教师和校长学习，教育就一定有活力。这也是我秉持“用脚做学问”信念的根本动力所在，因为只有这样，方可回归常识，教育之智慧因而永不枯竭……同样，一线教师和校长只要不断向学生学习，同样水到渠成。

*

**教育的常识之一：人饿了就想吃饭，人渴了就想喝水。**

不饿不渴，再香的饭再好的水，人都没有兴趣。学生的学习亦如此，只有脑袋里空了，才会主动学习，除此以外，外力怎么诱惑、激发、赏识、惩罚、教诲，都是事倍功半甚至无效的。学习是道，道为本能。

任何比方都是有缺陷的，只做理解教育本质之用。可以想到的是，学生学习的核心部分确实我们是教不会的，那是一种高级本能。我们唯一能做的是，带着学生走向知识，一起去发现、体验知识的美丽。

**教育的常识之二：大多数优秀人才都是严格教育出来的。**

药家鑫的父母最近反思：由于过于严厉，使得药家鑫不敢面对错误，酿造了恶果。不敢面对错误，躲避惩罚，是人的天性。我们并不怕孩子犯错误，怕的是孩子不敢自己面对错误，不敢自己去承担责任。而过于严厉（并非严格），确实让孩子长不大，这是教育的一个大智慧、大觉悟。

实践证明，大多数优秀的人才都是严格教育出来的。严格，关键在于“格”，格就是事前的契约，是明确的要求，一旦违约，须受到惩罚；而严厉，通常表现为一种情绪，是色厉内荏，对于孩子来说，是吓唬，是恐惧，是对其自尊的伤害。两者之间的界限需要教育者自觉、自悟。

**教育的常识之三：人往高处走，沿着阶梯走。**

这个似可从生命的起源开始来理解，主动、积极的那个精子战胜了亿万个竞争对手，终于和卵子结合，成为一个生命。而每一个生命都是值得敬畏的，天生就是积极、上进、勇争第一的胜利者。这种与生俱来的主动积极性，将伴随每一个生命发展的全过程。

但是，内在生命根性的"上坡"发展的路径有很多选择，比如跃进（顿悟）、渐进（低效学习）、梯进（沿着阶梯走）、激进（暴力革命）等等。人类历史的进程，就是探索发展路径的进程。

我们之所以倡导"梯进"，是因为"阶梯"是一个系统工程方法论、哲学观。从效能上讲，梯进的成本最低，风险最小，效率最高。也许我们的教育思想在面向世界时，是一件能拿得出手的东西了。

当然，更加重要的是，在教育实践中，可以实现"低起点、小步跑、明定位、勤反馈，好评价"的教育五项基本原则。或许，梯进并不是最理想的，但由于我们的时间有限，我们更想让每一位学生每一位教师在有效的时间内都能获得成功（素质教育的本质），不得不选择"梯进"而已，主要价值是不浪费时间，同时以高度尊重生命个体的主动性为核心，参照系统工程的思维方法，实现每一个生命的内在自觉。当我们的生命实现自觉、自由了以后，也许不经意地就可以把"阶梯"放下了，就像人过了河，不必担心人会把桥背在身上一样继续前行。

*

物质经过人的思考，就产生了情感，这个过程就是美的发生过程。比如，吃下的每一粒饭，我们思考它生长于农夫辛勤耕耘的田地，然后历数辗转才成为我的营养，我们就会产生一种“珍惜”的情感，并形成在它的营养下努力的意志。

*

太快了，人会很劳累，除非我们已经迷失了自己，否则一定会劳累，因为速度累心。

蛮喜欢“漫不经心”这四个字的。轻轻地念这四个字，会有一种与心灵相互呼应的美感。速度是美感的敌人，并非追求速度不好，但只追求速度，欲速则不达也。偶尔“漫不经心”应当是一种优雅的生活态度。

现在很多人总是怀念小镇的生活，其实怀念的不是小镇生活本身，而是小镇生活的慢速度。我估计不久之后，中国将回归到那种“漫不经心”的文化中去，也就是说，悠闲的小镇文化将再度兴盛。

*

中国教育界真正懂教育的人并不多。因为真正的教育是一种深入内心的精神能量，这种能量，书上未必能读到，或者根本就读不到。它是来自远古的文化密码，只传递给真心做教育的人，而对于只研究理论的教育学者，是如此吝啬。教育，是心灵深处的学问。

*

有读者这样悟道：教育也是一种美好的精神状态，一种自然而然的状态，一种积蓄着能量的物理气场，一种由身边的优秀人或物形成的气场。任何缺乏精神的、刻意营造的，都不是真正的教育。

做教育，当如顺水推舟，依水性而流转宛然，用心用性用情不用力。但凡矫枉为难，则如逆水行舟千般困苦。率性修道方为道，心中有剑手无剑。

做教育，当如放手让野花自然绽放，无忧勤无爱殷不摇其本不美其秀。但凡需要声嘶力竭地或赏识或爱心或探究或呐喊，皆为有害的教育。儿童的生长，是自成的、天教的，外部不干扰已然万岁。

做教育，当如呼吸一样自然，无意味无标签润物细无声。因此，但凡自信十足，侃侃而谈，张口闭口就是教育本质、教育理想、教育规律、教育秘诀者，均属无稽之谈。

*

耐心是上帝。耐心的背后是教育者内心的宁静或者隐忍，是一盏虽柔弱而顽强的心灯，散发照耀人心的温暖。

有人说，耐心之后，花儿未开，事情未果，耐心还有意义么？《易经》揭示了人生的一个真谛：人生90%的时间都是耐心等待的，且90%的事情都是无果的。耐心就是人生的本身和全部内容，花果只是耐心顺带的结局，不可强勉。这就是教育之大道。

*

无论教育，还是人生，静待为最美。

**毕淑敏说，树不可长得太快。一年生当柴，三年五年生当桌椅，十年百年的才有可能成栋梁。**故要养深积厚，等待时间。

*

我们不能等待，甚至慌忙慌乱，乃因看不远。人的区别在于看多远，有的人看三年，有的人看十年，有的人看三十年。

*

在昆明讲武堂与潘光伟兄谈教育，他说海子的诗句“面朝大海，春暖花开”是何等的一种移情和开阔。其实这句著名的诗句说的也是一种教育的智慧，当一个教育者胸有丘壑、视野通达之时，则心中将春暖花开，而心中有了春意，教育的春天就立即呈现。

*

每一个生命的诞生，都是天然命定的，其内在信息系统上并非为0，而是宇宙赋予了其生生不息、不断传承的文化密码。我想，如今的生命一定比2000年前的生命有所不同，不同在于生命信息总量因为人类文化的演进累加而不同，但同时也一定有相同点，相同点应当在人的生命根性上，这个根性就是人的心灵。

*

人的心灵是与宇宙沟通的唯一器官，它有特殊的感应、感知能力。心灵使人类得以发展，也许，人类的进化，也是依靠这个生命根性的张力而实现的。

我们是不是原来也是有神性的呢？如今到哪里去了呢？

它，还在那里，不然我们为什么会经常对于婴儿的独特的灵性能力惊诧不已？只是我们可能掩盖了甚至抹杀了它们，使它们随着年岁增长渐渐消亡。

教育的目的，并非创造生命根性的力量，而是还原、发现、激扬其本身的价值。

可是，这里有一个悖论，人类为了传承心灵的信息，创建了复杂的符号系统。本来这个符号系统只是一种工具，可是由于我们的教育没能回到生命的核心或者根部，这种符号系统往往统治了整个教育，导致掩盖或者抹杀了心灵的各种本然价值。《窗边的小豆豆》作者说：过于依赖文字和语言的现代教育，恐怕会使孩子们用心去感受自然、倾听神灵之声、触摸灵感的能力渐渐衰退吧。

那么，符号系统就一定是万恶的吗？非也。只是我们在教育教学中不必迷信这种符号系统，并且可能试图引导学生自己去创造符合自己生命特质、充满个性的新符号系统。

教育的至高无上的目标应当是培育生命。把生命以外的东西看得高于生命，或者认为更有价值的话，必然导致生命受到压迫。当前教育改革的所有问题归根结底还是两种价值观的平衡和斗争的问题。

毫无疑问，能培养面对未来人才的教育，应当是以生（命）为本的，因此，有意义的教育改革的逻辑就应当是以养护、引导、激扬、解放人的生命为起点。

*

教育的境界分为三个层面：一是兴趣，二是热爱，三是痴迷。每位热爱教育的人都能找到自己的位置。

*

那天看电视，说到张爱玲翻译“我爱你”是“原来你也在这里”，曹雪芹翻译“我爱你”是“这个妹妹我曾见过的”。从教育者的教育情怀往往也是这种状态，有一天，你会蓦然发现教育的美也是如此：“原来你也在这里”或者“这个妹妹我曾见过的”。

*

每个人的心灵都是一片沃土，关键看你种植什么。

教育情怀是由内心渐渐生成的，具有极强的生命力，它的种子和根，往往是丑陋的，但并不影响其长成后，照亮别人，也照亮自己。每个教育者都可以回观自己的内心，看看是否已经种下了那枚种子，否则，做教育就会一辈子处于挣扎的处境。

*

中国的教育，正处于焦虑与恐慌之中，但吾心光明，因为恰恰会有人在这个时候，穿越时间之窗，达成知与行的大突破，寻出好路来。只是需要耐性、灵性、创造性以及突破的勇气。因为，教育的真谛就在那里，从来就在，从未变更。

*

每个人的心都是一个杯子，有的粗糙，有的精雅，有的宽大扎实，有的狭小易碎。

教育之道在于，把自己的“杯子”做好，无须刻意去改变别人，更无须依靠喋喋不休。只需要做一件事情，那就是，沿着自我觉醒的阶梯，从自卑走向自信，再从自信走向自然，往下走。

在我看来，一切的教育都将归结于一个原点：修己即度人。

# 法

*

我的一位远行的学生问我，怎样识别一个男人是否真爱一个女人?

真爱，这是一个重大的问题。

我决定认真地回答。

真爱，一生只要拥有一次就足矣，是人生中最重大的财富了，也是命运赐予的最伟大的幸福。

关键是，什么是真爱?

我的朋友、教育专家孙云晓在一本著作中写到对孩子的真爱:

——所谓真爱，就是把孩子当作真正的人，尊重其人格，满足其需要，引导其发展，而不求私欲之利。也可以说，这是一种纯粹的爱、科学的爱、理智的爱、不求任何回报的爱。

——人之所以是人，因为有真爱；世界之所以成为世界，依赖于真爱。

——只有在孩子的心里播下真爱的种子，才是人类真正的希望所在。因此，当您准备在孩子的心田里播种的时候，请务必拷问自己：这种子是真的吗？假种子坑农民毁一季，假种子坑孩子毁一生。

我发现，虽然孙云晓说的是对孩子之爱，但我们却可以通过这个理解什么是真爱。

因为，真爱是人类共同的、高尚的情感，是相同的，不仅仅存在于亲子之间，也存在于男女之间。

这个世界真爱越来越稀少，渐渐地被功利、世俗等暗流侵吞殆尽。

我们应当呼唤真爱，珍惜真爱，世界才会美好。

小的时候，我们经常有这样的体会：不小心把一件重要的东西弄丢了，等想要珍惜的时候，已经悔不当初了。

我想告诉这位学生，如果遇见了真爱，一定要用整个身心去参与、去珍惜，否则等年岁渐长了，就会后悔终身。

*

真爱，是一种巨大的潜在力量。只要下定决心，就可以发掘潜能，就可以战胜一切世俗与功利的围追堵截。

真爱，是一种文化意义上的价值观。换言之，人的高贵，就在于接受了文化的熏陶并由此而呈现出了独特的人文价值。

我认为，真爱首先是一种信念，然后才是一种关系，一种灵魂互赖、生死相随的关系。

谈及当一个男人真爱一个女人的时候，不能不提及爱尔兰诗人叶芝和他的那首《当你老了》。叶芝被誉为20世纪最伟大的英语诗人，这首诗歌是他写给他的至爱毛特·岗的：

当你老了

当你老了，头发白了，睡思昏沉
炉火旁打盹，请取下这部诗歌
慢慢读，回想你过去眼神的柔和
回想它们昔日浓重的阴影
多少人爱你青春欢畅的时辰
爱慕你的美丽，假意和真心
只有一个人爱你朝圣者的灵魂
爱你衰老了的脸上痛苦的皱纹
垂下头来，在红火闪耀的炉子旁

凄然地轻轻诉说那爱情的消逝

在头顶上的山上它缓缓地踱着步子

在一群星星中间隐藏着脸庞

是的，这个世界上，只有一个人爱你朝圣者的灵魂，爱你衰老了的脸上痛苦的皱纹。那个人就是你值得信赖而又真心佩服的真爱。

我记得上大学的时候，开诗歌朗诵会，我曾经一个字一个字地用带有些许广东腔的普通话，给同学们朗诵这首诗，朗诵完了，会场一片长时间的寂静……

我不知道如今的人们是否已经了无兴趣了。

我还是执拗地把这首诗录下来，让所有热血依然的人们，尊崇真爱的人们，领会到：当一个男人真爱上一个女人时，那种干净而流畅的情怀，美丽的心境以及高贵的灵魂样式。

*

**真爱＝《致橡树》＋世界上最远的距离！**

*

很多朋友判断：林格是一个理想主义者。

因为，他们可能会认为，我所说的真爱，虽是美好的、神圣的，但，也是不可能持久的。

我则认为，我的描写当然不仅仅是为了呼唤，而是支持尊崇真爱的人们用智慧去创造、用心去捍卫人世间最美好的东西。

真爱是一种强大的精神力量，是无坚不摧的……但，要让真爱常青，也需要人的努力，尽人事而顺天意。

如何让真爱具有持久的生命力呢?

以下为缺一不可的四个实践步骤:

第一步:感激。

伟大情感的发生是命定的,是不可须臾或缺的,是人性的光辉。我们都应当感激命运的赐予,感激真爱为你带来的耀眼的亮光,使你的生命流光溢彩。

而所有愿意笃信真爱的人,都愿意用一辈子的感激去替代所有的承诺、约定。

你的所爱正是你生命中的贵人,彼此因感激而来,因感激而去,只有这样,爱情才能神圣,才能常青,人生才会了无遗憾。

第二步:要慢下来。

现代社会的节奏太快、太快,人们过得很粗糙、很慌乱。

一定要让生活的节奏慢下来,过得精致一些,从容一些,生活因为沉着而美丽,灵魂也因此而不至于丢失。

而如果在这样一个慌乱的时代里随波逐流,我们很快就会被庸俗掉,而爱情也会因此世俗、功利,而逐渐枯萎。

第三步:升华。

真爱是无价的,人因为遇见了真爱而崇高和幸福。使爱常青的关键办法之一就是升华之。

其中最具操作性的是:将之升华为一种高度默契、灵魂互赖、生死相随的常态。劳伦斯夫人说:女人的真正幸福是当一个具有创造性的男人努力、战斗时,始终和他站在一起。

第四步:逐渐形成信念。

真爱的力量,总是让我们泪流满面……真爱是忘我的,是充满激情的,是不求回报的,是用“黄继光式”那种堵枪眼的无畏去面对一切困难的。

坚信真爱，才能战胜一切世俗、功利的围追堵截，才能战胜人性中的神秘因素的困扰烦忧，如厌倦、欲望等，才能使爱情得到长期的营养与水分……

我们经常会对爱情能否常青失去坚持的耐性和热情，那是因为我们没有建立真正的爱的信念，更是因为没有找到智慧的方法。

*

也许你读过《爱的教育》。夏丏尊先生在翻译这本书时说："教育之没有情感，没有爱，如同池塘没有水一样。没有水，就不成其池塘，没有爱就没有教育。"

也就是说，最好的教育应当是爱的教育，但长期以来我们缺乏关于尊重、平等、博爱的教育。我们在孩子还小的时候，首先接受的是"热爱祖国，热爱人民，热爱中国共产党"等如此空洞的教育。

教育孩子热爱祖国这本身没有什么错。问题是对于一个孩子来说这些都是"空洞"的，他即使表面上接受了，也无法践行。所以要从身边做起，教育孩子去认识"自我"，认识"自我"与"身边的人"、"社会"、"自然"之间的和谐关系，从"爱"身边的人起，从身边人的身上懂得"爱"的美好和学会用"爱"去生活，一个爱父母、爱同学、爱老师的人，才会更热爱祖国人民。

*

爱是一种能力。我们需要通过学习、觉悟而获得。我敬佩的著名教育家孙蒲远老师，是一位爱的大师。她将自己的爱写成了一本书《美丽的教育》，我觉得所有的老师都可以阅读这本重要的书，是现代版的《爱的教育》。

*

所谓师德，就是为师者之良心。

所谓良心，就是为天地立心——可以概括为两个字：真爱。

所谓真爱，就是有远见的爱，不求回报的爱，无私的爱，因此我们说，教育的秘诀就是真爱。

爱的大师霍懋征老师也说，没有爱，就没有一切。

可见，真爱是贯穿“知情意行”之间的一条纽带，没有这条纽带，教育根本不可能发生什么作用。

关于师德，话不需要多说。扪心自问，善之又善。

*

学生的成长是自己生命发展的必然，因此，教是为了不教，但需要教师温暖的心灵与学生的心灵的对话、碰撞，这是教育的最终定义。但我们痛心地看到，许多教师俨然一个君子，而心灵是冷冰的……

苏联教育家苏霍姆林斯基说过：“没有情感，道德就会变成枯燥无味的空话，只能培养出伪君子。”

只有真正地去爱学生，才能培养出有健全人格的社会人才，才能使教育的效果事半功倍。而只有付出真正感情的教师，才能使在情感上出现弯路的孩子及时醒悟过来，才是合格的教师。教师对学生的爱，不是一种工作形式和方法，而是师德的根本和实质。

教师对学生的爱，是一种巨大的能源，它是学生积极向上的动力，它是点燃学生心灵火花的燃料，也是学生能够进步的希望。

*

唐曾磊老师说，不幸福的教师教学生学习，就像一个乞丐教千万富翁如何挣钱。

*

为什么我们许多的教师和家长，脸上都写着浮躁、消极、疲惫?

表面原因是压力，而深层次的原因是：一是重心不稳，我们的这个社会正在拐弯，重心不稳，很容易被时代淘汰。二是看不远，做教育最可怕的就是没有30年以上的眼光和远见。三是不清晰，眉宇间是糊涂的、混乱的，缺乏清晰的路线和认真的能力。

为了教育的幸福和幸福的教育，我主张教育者应当读透几本书，让自己先厚重起来，扎根扎得深一些。因为，人生的汽车底盘很重要，特别是一上高速路就能感觉到，底盘太轻容易发飘。

一位山东的朋友说：教育的本身的繁杂性、不确定性、适时适应性，正如同林老师说的，需要扎实的底盘才能通过如此复杂的地形路况。

*

有幸作为评委参加北京师范大学附属学校校长的面试活动。来自内蒙古自治区的一位应聘校长说，到了50岁，突然悟到了什么是热爱。他说，教育的本质就是热爱。而热爱就是：每天进入校园，看到图书馆座无虚席，看到学生们在交谈有意义的事情，时常能在校园里听到歌声，教师们经常为了科研问题废寝忘食……而这些都是心灵能感受到的美好生活。也就是说，因为热爱，教育就成为一种生活方式甚至生命的全部。

*

到深圳东晓小学做短暂拜访，之后家荣兄亲自开车送我去机场，一路上我能感觉到他通过几年办学实践和自我修炼之后的宁静。他说，现在最幸福的事情是，每天包括周末到校园里走一走，因为每一个角落自己都是用过心的，一草一树一石一字都会说话、都是教育，遇见任何一位学生，会觉得由衷得亲切，忍不住会去摸摸他们的头。这段话里也蕴含了一位教育者的静守与热爱。

或许，我们过去对热爱的认识是不够的，热爱真的不是说出来的，而是感悟出来的，是人内心流淌的一部教育诗篇。“热爱”几乎概括了所有教育的内容。

*

我反复讲的一句话是：我所妄言仅适合热爱教育的人。教育人对教育的情感分为：没兴趣——兴趣——热爱——酷爱——痴迷五个级别。而只有“热爱”级以上的人，才能时常反观自己的内心，从而不断发现自己、超越自己。

教育的本质是教育者的一种状态，而状态的核心应当是热爱。因为在“热爱”情感的支持下，才有可能生长智慧，才有可能去主动追求教育更高的境界。

*

孩子最需要的是什么？

有多少教师和家长，分明与孩子日日相处，物理上的距离最近，但心灵之间的距离却很远，根本不知道孩子真正需要什么？这样，即使你花最多的钱财把孩子送到最好的学校，花最多的精力去“开小灶”，都是无济于事的。

记得几年前，北京发生了一个家庭惨剧，父母亲是一所著名大学的教授，家庭条件优越，但是，他们的16岁的孩子终于有一天忍受不了家庭的压迫以及对他交往女朋友事情的强加干预，用菜刀残忍地把父母亲杀害了，后来法官在法庭上问他真正的杀人动机，他说了一句话：是因为我的父母亲到死之前，仍然不知道我究竟需要什么？这句话，我想是他对所有的教育者说的。

无数多的事实证明，**只要让孩子感应到你真的在乎他，他就不会让你太失望**。

教育家吕型伟先生说，猿猴变成人需要几千年的时间，人变成动物只是一夜之间。现在地球变暖了，人心变冷了，这是多么可怕的情况，这也给当下的教育者提出了一个重大的根本性问题。

教育应该是一种心与心的感应、感动，应该让孩子在心灵上得到温暖，在心灵的碰撞和感动中获得成长。

有一位父亲问儿子："你记忆中最美好的生活片断是什么？"

儿子毫不迟疑地说："是那个晚上，我参加完童子军聚会，你来接我回家。在路上，你停下汽车帮我捉萤火虫。"

事情如此普通，这位父亲已经不大记得了，却成为儿子最美好的回忆。儿子当时知道父亲很繁忙，满以为不会停车的。这是父子在一起的美妙的晚上，父亲的行为是在对儿子说："我爱你。我在意你。为了你我愿意做更多事。"

友泽是一个贪玩的孩子。一次，老师准备组织孩子去郊游，但不幸的是，天下雨了，因此，这次活动被取消了。

友泽感到很郁闷，他怒气冲冲地赶回家。一进门，他甩下书包，一头倒在床上，不说一句话。父亲见了，决定和他谈谈。父亲用手拍了一下友泽："你看上去很不开心，有什么不高兴的事吗？可以跟我说说吗？"

于是，友泽把郊游取消的事跟父亲说了一下。

父亲听他讲完后说道："这雨什么时候下不好，偏偏这个时候下。"

友泽紧跟着说："是啊，为什么现在下呢？"

这时，双方沉默了一会，然后友泽说："哦，这次不行，可以等到以后再去。"显然，他平静了许多。在下午余下的时间里，他再也没有发过脾气。通常，只要友泽气愤地跑回家，他的这种情绪就会影响全家人，使每个人都不开心。这种情况一直会持续到深夜，直到他睡着后才算结束。没想到，今天父亲的一席话竟使他发生了根本性的变化。

每个人都渴望自己的情感受到重视。我们可以做的最伟大的事情，莫过于让别人知道他们能够爱并且被爱着。在交流中，无声的行动有时能与话语一样重要，起到交流的作用，更能够体现对孩子的爱和赏识。

教育者需要先打开心门，不可抱着一颗焦躁的心来面对孩子，需要从身上流露出一种温暖平和，需要让孩子感受到"阳光"。

记得陕西有一位特级教师请教于我，他们班上有六十多个孩子，怎样才能做到一视同仁，关注到每一个孩子？

我告诉她，我们做过一次调查，一位优秀的班主任，从以往的教育经验上来说，理想的班级人数是15个孩子。也就是说，再优秀的班主任如果仍然用"大脑"关照孩子，最多只能关照到15个孩子。很多家长深为忧虑，每个孩子的家长都希望班主任能关照到自己的孩子。但当前班级人数设计的现状是越来越窘迫，所谓"好学校"更是变本加厉，最多的班级人数据我所知已经达到75人。我向她提出建议，如果不能改变现状，不妨用心灵去感应每个孩子，以往我们都是用"大脑"教育孩子，所以只能关照到15个孩子，如果我们用心灵去感应孩子，那么即使是75个孩子，我们都可以用心灵感应到、关照到，当每个孩子都能感应你的心灵，教育就开始实现了。

我们平常说，一个人有气场，就是指这个人的能量在扩散、传递给周围的人。真正的教育，绝不仅仅是讲道理、传授知识，更不仅仅是开发孩子的智力，而是把自己精神的能量传递给孩子，维护孩子的心力，让他成为一个内心强大的人，一个能承担后果，能应对变故，能改善自身和周围环境的人。

我们每年要接收和改变很多所谓有了网瘾的孩子。发现这些孩子身上有一个共性，就是他们的心灵是冰凉的，他们的心灵没有在家庭或者学校中得到温暖，所以我们经常开玩笑说，他们的心灵实际上每天在街头流浪，自然就到虚拟的空间里寻找慰藉了。

事实上，经过几年下来对网瘾孩子的调研和调整，我可以很明确地说：网瘾根本不是教师和父母的对手，我也反对把这个网瘾问题归结为“心理疾病”，只要我们的孩子每天在家庭和学校里得到精神能量的补偿，一切问题都会变得简单得多。

把我们心中的能量通过一种管道输送到孩子的心里去，每个孩子的心中一定是春意盎然的。我经常呼吁天下的母亲，无论再忙，每天都应当回家做一件事情——毫无怨言地做一顿晚饭，这顿晚饭里隐藏着丰富的精神能量。现在的母亲，特别是每天上班忙碌的母亲，经常忽略或者借口工作忙，即使好不容易做了一顿饭，却满腹牢骚……孩子由于长期得不到精神的滋养而走出家门，实际上他们的心灵是饥饿的。

*

教育是一种大爱，它的使命就是把精神能量传递给孩子。这种传递其实并不需要多么高明的技巧，多么深刻的理论指导。任何一个家长，任何一位教师，只要希望向孩子传递正面和强大的精神能量，都一定能做到。它甚至比学习那些复杂的教育技巧更为简单。当我们用心去温暖孩子的心灵的时候，孩子的心田就浸润了，这比任何知识和技能的教育都重要。

*

爱，是一种能力，也是一种值得用心去做的事业。因为有了爱，人的本质才会焕发出耀眼的光辉，进而消弭暗淡的人性弱点。

而创造则是人的最终意义。郭思乐老师说，人的意义，就是能为这个世界做点事情，哪怕是你作为学者、工程师、工人、生意人，也都是为对象设计、创造了生活。你只醉心于设计和创造生活，于是，所有的人都来了，他们站在你的门外，赞美你的工作，报你以酬劳，但是最打动你的仍是为对象设计和创造生活。因为除此之外，你无事可做。生活自理除外。

*

与范怀兵兄同行，前往阆中，路上聊起教师发展的需求。范兄概括了教师的四个需求，可分为学术需求（论文、专著以及与之相关的职称需求）、政治需求（学而优则仕，担任学校或者主管部门领导）、口碑需求（家长的信任以及社会认同）、生存需求（获得更多的现实物质利益）等。

这四个需求都是融会贯通的，其核心问题是“信任”，包括自己对自己的信任、学生及家长的信任、上级的信任等。

路上时间很长，我们接着聊起家庭教育。对于略微有叛逆的孩子来说，其核心问题仍然是“信任”，所有人包括孩子，其内心深处最为渴望的一种力量，就是信任。信任具有伟大的教育价值，一旦一个人得到了一种精神意义上的确认，他就会充满信心。

其实，生命课堂、习惯养成甚至教育管理，其道德价值的核心都是信任二字。信任，无坚不摧。

“信”就是赋予他人一种信心，即正强化法则；而“任”在于授权，一旦授权，期待明确，机会合理，评价及时，就应当彻底放手。信和任之间有一条微妙的纽带，这个纽带叫自主。

从广义上说，信任就是真爱，是无私的不求回报的爱，更是对每一个人的美好情感的呵护。目前中国德育的问题，主要在这个问题上有所缺失，使得我们束手无策。

而信任的障碍在于，当我们不能打开心门时，阳光照不进去内心，对于其他任何人都是心存疑虑。时间长了，就会形成思维定式，此时，我们爱的能力就消失了，不会爱，当然也就没有信任。

*

政治教员是很不好当的。他们被要求传达正确的价值观，但似乎自己也经常很难自圆其说，左右为难。我的建议是，政治教员需要在思维逻辑上下工夫，特别是思维上的推演性、柔韧性、辩证性、开放性、系统性，才有可能引导学生对价值观问题有一个更加科学的思考方式。

价值观问题虽乍看是一个无趣的问题，但我们无法回避，因为这是一切教育的核心问题，价值观就是一个人、一所学校、一个家庭的魂，没有魂的教育，恐怕是靠不住的。另外，就教育的具体价值观而言，解决的是“我们应当培养什么人”、“我们怎样培养人”的根本性问题，这个问题不厘清，很难说我们做的教育有什么意义。换言之，一艘船的方向和罗盘都没有定好位，怎么行进?

*

在现实生活中，价值观问题还涉及我们的投资问题。

首先，我们将处于一个相当长的通胀时期，储蓄、房地产、证券基金期货都是通胀时期最不安全的投资品种。而像黄金、白银、翡翠、玉石、农产品、矿产品、石油、稀土、古籍善本、古董、字画、珍稀木器家具、白酒等跟资源有关的商品，这些都是通货膨胀时期比较好的投资品种，它们是抗通胀的。所以在未来的十年通货膨胀时期，它们的价格必然节节上升。

其次，相比以上的品种，最为优质的选择当然是教育的投资和健康的投资。这两种投资是容易被大家忽视的，因为没有会计科目来反映它的投资回报率，实际上这个投资回报率最高。

*

仁，是儒家思想的三大核心价值观之首。这个汉字一念出来就会感觉很重要。按照台湾学者蒋勋的理解，仁就是果实的内核，如瓜子仁、核桃仁、脑仁，是蕴涵生命的原点。孔子之所以命名为“仁”，可能他认为赋予人一种叫“仁”的价值观——做一个好人，是所有生命发展的内核和种子。

*

本，在象形文字中，其美妙在“木”下面的那一横，是扎根的意思。现代词汇中的根本、本体、本质，其实都是扎根意义的进一步延伸与追问。

教育的本在哪里？在人的内心深处，有人称之为潜能，也有人称之为悟感，总之，是那种万万不可也不能直接施加影响但又客观存在的人的生命生长的原点，这是一切教育的逻辑起点。扎根的教育，就意味着要尊重、依靠这种生命的原点，而不是一味地教。可以说，忽略这个原点的教育，只是一厢情愿地、执着地“教原点”、“教本能”，是拔根的教育，是反动的教育。然而，在操作上，扎根的教育就意味着教师需要放下以往所认为的神圣的师之尊严，高度呵护人的生命之根。学习是学生的高级本能，教育者是无法教会的，教育者只是承担着尊重、引导、协助、激励其生命之根的作用。这也是当前我国教学改革中“先学后教”、“学会后学”、“教少学多”、“不教而教”等模式真正的理论根源。

回到生命的原点，其实质就是本的精神。中国知名教育家中有一位叫王本中，虽然不熟悉，但我最喜欢这个教育家名字了，因为其充分体现了现代素质教育的价值所在——教育的王道，在于立本，在于执中。

*

**教育的目的应当是让人成为一个完整的人，而非成为国家机器所需要的工具，也非成为家族引以为豪的谈资或者榜样。**也就是说，在新时期，值得警惕的是，教育如果只是一味地满足表面、虚荣的成才需求，必然走向堕落与庸俗。

人出生时，是不完整。需要在一生中不断完善，成为一个内心强大、思维深刻、具备良好习惯的人，这，不仅意味着人要通过不断的自我发现而促进人格的完整，还意味着要让孩子在玩耍、游戏中充分拓展思维的空间，增强大脑中各方面功能的神经元，使之思想自由、心胸开阔。

*

人最值钱的是心灵的威仪，这是一种坚守，是我们这个民族骨子里最高贵的东西，即如屈原不愿与污浊同流合污毅然投入清水，亦如张伯驹宁愿家人吃粥也把无价的《平复帖》捐给国家。教育，就是要赋予孩子以高贵的心灵，这是首要的任务。

*

心怀鬼胎的人吃饭都不香，而内心亮堂宽阔的人，却能装下所有知识与财富。这就是为什么完善人格是教育核心任务的真正理由。

*

道德，是汉语中最为司空见惯的词语，也是汉语中最为要紧的词语。

我认为，老子的汉语最为过硬，发明的这个词将人的意义表达得如此清楚、意味深长。

那么，道德是否可以教会呢？

“道”为行为之规则，“德”为内心之境界。

我认为——

“道”可以通过训练、启发等手段来实现，比如养成习惯；

“德”则不可以教会，我们只能提供一种环境，提供一些条件，使之充分利用条件，最终得以悟化、活化，形成内心的境界。

*

当下，许多的人动不动就拿起道德说事，这个时候我总是战战兢兢的。因为我深知，当人“拿起”道德的时候，道德已经不再是道德，而是杀人凶器，鲁迅就说过道德杀人的警世之言。

事实上，道德是存于心，而且是永远存于心的，是“不可说”的，是人内心的一种坚持与守望，只可以用来律己，绝不可用来责人。它一旦被人拿出来说事、责人或者炫耀，就不再是道德了，而是人的内隐暴力意识的流露。道德，成为被人用来实施“暴力”的工具。我们可以这样来认识——拿道德说事情的人是不道德的。

人类罪恶的根源之一，应当是暴力。暴力在历史上给人类似乎带来了很多利益，但同时也埋下了一个人类永远无法挣脱的圈套。我们目光之所及，权力制约、利益分配甚至民主的追求，虽然被很多表面的东西所掩盖，其实质可能正是一种暴力的存在，虽没有战争这样的硬暴力那么宏大与尖锐，但软暴力的掠夺性却可能更加深刻与恐怖。



近日参加了一个关于“师德”的电视谈话节目录制，明显感到了一些暴力的气息，一些所谓精英的言辞中隐隐渗透着浓郁的群体性暴力意识。联想起当前网络上的很多恶搞，特别是对一些名人的恶搞与批判（如余秋雨事件），让我心有戚戚焉。不知道这是在促进文明与民主，还是在推动暴力意识的蔓延。

*

人的本质是积极主动的，因此，无所事事的人是最没有道德的人。这是理解人、团结人、选择人、激励人、影响人、引导人的第一定律。

*

事实上，一个人有了强大的内心之后，外来的一切荣与辱，方可与之平衡消解。而人的强大内心是因“大德”而生的，所谓大德，就是为国家为未来为更大多数人的一种精神担当或者信念。圣人之道，吾性自足，不必外求。在我看来，即使今天被人“批斗”了（如郭德纲），如果心有“大德”，亦即有为国为民的伟大理想，对那些“批斗”则均可一笑了之，而如果没有这种“大德”，则玉石俱焚。

然而，与之相反的是，就修身而言，即使你的外在极为刚强，但你的内心仍然要保持柔软，拥有一颗柔软的心，才是真正的强大，才能抗衡外来力量的冲击与压强。教育者的幸福感，更应当来自内心的柔软与温暖，同时，教育者柔软与温暖，还是学生成长最需要的精神环境。

强大与柔软之间，回看内心，找到自己，在这个时代很要紧。

*

如何接受人性的挑战？马克思在《资本论》中说，如果有50%的利润，就有人铤而走险；如果有100%的利润，就有人敢于践踏人间一切法律和制度；如果有300%的利润，就有人甚至不惜绞首。其实马克思真的很伟大，他对人性与利益之间关系的论证，两百多年后，仍然具有重要价值。

人性是生命主体，万化本源。钱穆大师生前的最后一篇文章，讲到应当重视中国传统文化对世界人性格局的影响与贡献。他认为，人性即天性，人文即天文，关乎天文，以化成天下。值得重视。

*

毫无疑问，教育的目标在于为国家培养合格人才。而“人”与“才”是两个概念，培养“人”和培养“才”的关系可以比喻成“水”和“杯子”，“水”是各种知识、才华和技术，而“杯子”就是一个盛“水”的器皿，“杯子”的大小，会直接影响到它最终的容量。

但是，长期以来，我们的教育过于强调如何培养一个“才”，而将培养一个真正的人的核心任务，寄希望于“假大空”且不具有现实可行性的“信仰教育”，必定无根。

我们知道，人的短视是因为“看不远”，因此，我们需要站在高处，把目光投向远处，至少需要我们往前看三十年，才能真正理解教育的使命。所谓“往前看三十年”，就是想象过了三十年后，孩子已经三四十多岁了，你希望他们是什么样子，再回头来看当下的教育，可能就会中正平和了。

*

人像水，是没有形状的，把你放在怎样的容器里，就是怎样的形状，方的、圆的……只有温度达到冰点时，人才可以固定自我，可是一旦升温，无形又寓于有形之间。对于教育来说，未成熟主体人格的养成，大致同理。

教育的核心任务是培养孩子的健全人格，培养健全人格的关键是，我们给予孩子一种怎样的精神温度，怎样的人文环境？

*

世界上就两种人，一种是心灵自由的，另外一种是心灵不自由的。

对所有的事情如果都能发展地看，少抱怨，少牢骚，则智慧生长——这种心态才会让自己的心灵更加自由。

著名运动员林丹的王者之道，就在于一种生命状态，在于一种内在的自我觉醒，在于心灵的自由和强大。他通过羽毛球运动发现了一个深刻而前途广大的精神生长空间，这，本身已经超越了体育精神也超越了爱国主义。他已经成熟了。若您是客家人，就可能会更具体地体悟到其强大的心灵力量。

*

《大学》中的要旨是精辟的，也是永恒的："知止而后有定，定而后能静，静而后能安，安而后能虑，虑而后能得。"知道要达到的最高境界和目标，然后才有确定的志向；有了明确而远大的志向，然后才能做到内心宁静；内心宁静不乱，然后才能做到遇事泰然安稳；遇事泰然安稳，然后才能行事思虑周详；行事思虑周详，然后才能得到道的真谛。《大学》里的这段话使我们重新反思教育的目标，我们应当培养怎样的人？

"杯子"是一个器物，既然是器物，就有长、宽、高。我经常把人比作一个精美绝伦的"杯子"，所谓"大器天成"：

一是长，即掌握学会学习的能力。这是一切教育的任务之首。学习的内容很容易忘掉，知识是不值钱的，但掌握学会学习的方法，培养良好的学习习惯，决定了走向社会以后，能否适应新的学习、工作任务和形势。具体而言，就是掌握信息、处理信息、学习新知识的能力，及如何不断形成自己的觉悟，如何提升自己的精神境界。真正的学习，并非学知识，而是学会学习，法无定法，但无处不法。

二是宽，即学会共处和合作。未来的世界是一个合作的世界。一个人的能耐再大，也是无济于事的。必须学会与人相处，与人合作。这不是功利要求，而是人作为一个社会人的基本素养，不尊重多元化（真正的尊重！），不欣赏别人，不善于与人合作的人，在未来社会难以生存，何谈发展?

三是高，即人的品质。具体而言是自信心和责任感的打造，而不是所谓的“道德素养”。这也是教育者必须协助完成的教育的重要发展任务。

在这个比方中，长、宽、高是杯子的物性，长、宽、高也是人性。既然教育就是人类文明的延续和传递，当前教育更加重要的任务是还原人性之美，彰显人性光辉。

*

教育，就是塑造人的强大内心。

让孩子“立”起来。其中有两个支撑点：一是自信心，具体成功、具体评价，可以让人觉得对自己有把握感，从而产生自信；二是责任心，在自我接纳的基础上的自我惩罚，可以培育人的责任心和对自己深度的信任度。

所谓教育的正向力量，就是树立其自信，培育其责任，使孩子对自己具有一种把握感。最好的办法就是培养孩子的好习惯，哪怕是一生就培养三个好习惯，从被动到自觉到自动。“鹅卵石”就是人格，“水”是习惯，水的载歌载舞使得鹅卵石臻于完美。

*

强大孩子的内心，是新时期养成教育的教育目标之一。强和大，是两个坐标，强是横坐标，自信者强，大是纵坐标，自由曰大。也就是说，自信是人格的核心，只有自信的人才能建立自我，而自由是人的目的，自由者心胸阔大，可容纳无限的知识和财富。

*

王东成教授当年给我讲过一件小事。他到一位朋友家做客，和朋友一家人一起看电视剧。看到动情处，王老师的眼泪流了出来，朋友的小女儿赶紧安慰王老师说，“叔叔，那是假的！”王老师回家后，感慨万千，彻夜不眠。

如今，人们因何而世故，因何而麻木，因何而不再有热泪，因何有青春而没有热血……我始终觉得王老师在精神上是一个很强大很性感的男人，他坚持用自己的良知、无畏捍卫了孩子的纯净心灵！

刘海洋硫酸泼熊事件、马加爵杀人事件、张非考霸事件、中国政法大学学生弑师事件等数不胜数的教育事件，集中折射出一个社会问题：现在的大学忙于扩招、升级，中小学生忙于取高分、考重点、把握眼前的“学习利益”，而我们的孩子即使实现了所谓的“成功”，内心却是浮躁、冷漠、自私、无助、恐惧、贪婪的，人性的灰暗得到极度的彰显。

星云大师说，世间的事物本就是一半一半的世界，有善的一半也有恶的一半，有光明的一半也有黑暗的一半。在社会急剧转型的今天中，人很容易失去坚守，人性的光辉因此被湮没，教育的崇高使命就是以人为本，还原人性之美，从而培养孩子的健康人格，走出精神上的困境，这就要求教育者要有“往前看三十年”的远见。

与其空喊什么道德教育，不如以人为本，以人性为本，将人性中的光亮发扬光大，同时尽量抑制人性中的黑暗与弱点的肆意滋长。

*

没有爱就没有一切，教育的核心是真爱，那么什么是真爱呢？除了前面说的“远见”，更加重要的是，激扬孩子生命中人性的第一光辉：善良。

我一直觉得，善良，归根结底是一种至爱，是一切人性之美中最为光彩照人的特质，其意义已经超出了教育的范畴，因此我在前文中提到过，我所欣赏的人性之美中的大美是：至善。

每个孩子都是向善的，这是教育的主要依据之一，让每个孩子内心深处的善良本原得到弘扬，那么，每一个孩子的心中巨人都将被唤醒。

特别是对于所谓的“差生”（我并不同意使用“差生”这个标签，这里仅仅是方便解说而已），唯一的办法就是，不惜一切代价，彰显他们的善良之美，那么他们就会从此建立“做好人”的信念，“自主转化”就自然而然了。

记得一本流行的杂志上登载了这样的一个故事：

有一个小男孩，他的背上有两道非常明显的疤痕。疤痕从他的颈部一直延伸到腰部，看上去非常可怕。所以小男孩非常自卑，也非常讨厌自己。

每次上体育课时，小朋友都很高兴地脱下校服，换上宽松的运动服。小男孩很担心别人发现自己背上的疤痕，总是一个人偷偷躲到角落里，背部紧紧贴着墙壁，并且争取用最快的速度把衣服换好。

可是时间久了，其他小朋友还是发现了他身上的疤痕，他们大叫着：“好可怕啊！怪物！”

小男孩哭着跑出更衣室，从此，他再也不敢在更衣室内换衣服，再也不愿意上体育课了。

班主任老师知道了事件的始末，她希望小男孩能真正摆脱疤痕给他带来的阴影。她想，单纯地让同学们不取笑他，只能治标而不能治本，他一定还会继续自卑下去。怎么才能让他建立自信呢?

突然，老师脑海中灵光一闪，她微微地笑了。

下一次体育课很快就到了，老师找到在教室里不肯出来的小男孩，拍拍他的头，和蔼地笑着说：“相信老师，没有人会笑你，你会上一节很开心的体育课。”老师的目光给了他信心，小男孩信任地跟着老师去换衣服。

果然，同学们又发出了厌恶的声音。

小男孩的脸白了，他就知道会这样的。他扑进老师的怀里，老师扶住小男孩的肩，笑着对大家说：“老师以前听过一个故事，你们想不想听?”

小朋友们最爱听故事了，连忙围了过来：“要听，老师，我们要听!”

老师轻轻抚着小男孩背上那两道深红色的疤痕，慢慢地说：“传说，每个小朋友都是天使变成的。他们下凡的时候，有的小天使很快就把美丽的翅膀脱了下来，有的小天使动作比较慢，来不及脱下自己的翅膀。这时候，那些动作慢的天使变成的小孩子，就会在背上留下这样两道痕迹。”

“哇!”小朋友发出惊叹的声音，“那是天使的翅膀?”

“对啊!”老师露出神秘的微笑，“大家要不要检查一下，还有没有人像他一样，是带着翅膀飞下来的?”

所有小朋友马上开始七手八脚地检查彼此的背。

“老师，我这里有一点点伤痕，是不是?”一个戴眼镜的小孩兴奋地举手。

“老师，他才不是，我这里也有红红的，我才是天使。”

同学们争相承认自己的背上有疤，他们已经认为小男孩的疤痕是一种荣耀。

突然，一个小女孩轻轻地说：“老师，我们可不可以摸摸小天使的翅膀?”

“这要问小天使肯不肯。”老师微笑地向小男孩眨眨眼睛。

小男孩鼓起勇气，羞怯地说："好吧！"

小女孩轻轻地摸了摸他背上的疤痕，高兴地叫了起来："哇！好软，我摸到天使的翅膀了！"

小女孩这么一说，所有的小朋友像发疯似的，都大喊："我也要摸！""我也要摸天使的翅膀！"

于是，几十个小朋友排成长长的一列队伍，等着摸小男孩的背。小男孩背对着大家，听着每个人的赞叹声，体验着那种奇异的、麻痒的感觉。老师偷偷地对小男孩做了一个胜利的手势，小男孩忍不住咯咯地笑起来。

从此，小男孩再也不因为疤痕而自卑了，他变得自信而出色。

这是一个历久弥新的故事，其折射的人性光辉足以照亮全世界。善良，是检验爱的成色的唯一标准。

*

佛教其实也是一种教育，叫"佛陀的教育"，我经常从中得到教育的启迪。佛教中人说，虚空才能容万物，茶杯空了才能装茶，口袋空了才能放得下钱，真正的包容与谅解，才是真正的和谐。

对于我们的教育而言，包容与谅解是人性中的一朵芳香玫瑰，教育者有责任把这朵玫瑰传递给我们的孩子。

包容的内核是和谐，包容还是一种勉励、启迪、指引，它能催人弃恶从善，使歧路人走入正轨，发挥他们的潜力。孩子之间会经常因为一些小事而发生争吵，如果其中有一个孩子包容对方，那么，他们就会握手言和。其实，包容是一种修养，是一种高尚的品德。**如果我们孩子心中装着大海，那么就一定能够看到大海的宽阔。**

一个年轻的犹太妈妈带着儿子去拜访朋友。在公共汽车上，一位背着大包的青年挤进了车厢，妈妈被大包撞到了一边。

儿子关切地问：“妈妈，你没事吧？”同时，他恼怒地看了那位青年一眼，喊了一句：“太可恨了！”

年轻的妈妈看着儿子，说道：“可不能怎么说，这位叔叔不是故意的。”这时，那位青年也连连向她道歉。儿子听到这些，惭愧地低下了头。

几天以后，妈妈早早下了班，她骑着车子来到学校，准备接儿子回家，结果发现儿子的手破了皮，血一滴滴往下流。妈妈心疼极了，赶快找来一些纱布，将他的伤口包好，然后就去问老师是怎么回事。老师也很纳闷，因为她既没有看到他来报告，也没有听到他哭过。

妈妈不解地问：“为什么不告诉老师呢？”

他笑着说道：“妈妈，小朋友不是有意弄伤我的呀！为这事他已经很不安了，如果我再去告诉老师，他会更加自责的。”

妈妈非常高兴，摸着儿子的头说：“好孩子，你已经学会了谅解别人。”

包容在我国传统的伦理道德观念中，一直占有重要的位置，是为人处世的重要原则。孔子曾说：“己所不欲，勿施于人。”就是说，无论做什么事，都要推己及人，将心比心，以自己的感受去体会别人的感受，以自己的处境去推想别人的处境。这种以己推人的思想就包含了理解他人、包容他人的深刻含义。

*

人性中的另外一个需要彰显之美是：正直之美。

树不直，则难以长大成材，而在生长过程中也难以舒展，无法抵抗更多的风雨雷电。一棵树要健康正直地生长，主要依靠：

一是树根的扎实深刻，才能充分吸收养分。

二是树干的力度，才能保持正直生长的方向。

三是树枝的飘摇直上，才能潇洒自主。

相对于求知和学习来说也是如此。“树根的扎实深刻”就是稳健踏实的作风，才能不断深入，从而具备钻研的底气和实力。“树干的力度”就是战胜怠惰克服干扰因素的力量，这样才能形成稳定的求知欲。“树枝的飘摇直上”就是健康丰富的情感世界，只有爱憎分明，勇于选择，才能树立远大的目标。

美国一位心理学家为了研究早期教育对人生的影响，在全美国选出50名成功人士和50名有犯罪记录的人，分别给他们去信，请他们谈谈母亲对他们的影响。

在后来收到的回信中，有两封给他的印象最深，一封来自白宫的著名人士，一封来自监狱服刑的犯人，他们谈的都是同一件事情，小时候，母亲给他们分苹果。

那位来自监狱的犯人在信中这样写道：小时候，有一天妈妈拿来几个苹果，红红绿绿，大小各不相同，我一眼就看出中间的一个又大又红，十分喜欢。这时弟弟抢先说出了我想说的话，妈妈瞪了他一眼，责备地说：好孩子要学会把好东西留给他人，不能总想着自己。于是我灵机一动，改口说：妈妈我想要那个最小的，把大的留给弟弟吧。妈妈听了，非常高兴，在我的脸上亲了一口，并把那个最大的苹果奖励给了我，我得到了我想要的东西。从此我学会了说谎，学会了不择手段，学会了打架，学会了偷、抢，反正我可以使用一切手段去争取自己想要的东西，直到现在被送到监狱。

那位来自白宫的成功人士是这样写的：小时候，有一天妈妈拿来几个苹果，红红绿绿，大小各不相同，我和弟弟都争着要大的。妈妈把那个最大的苹果拿在手上高高举起，对我们说：这个苹果最大最红最好吃，谁都想要它。很好，现在让我们来做个比赛。我把门前的草坪分成三块，你们3个人一人一块，负责修剪好，谁干得最快最好，谁就有权得到最大的苹果。我们三人比赛锄草，结果我赢得了它。我们非常感谢母亲，她让我明白了一个道理：要想得到最好，就必须努力争第一。

我们可以从中提炼出“正直”的定义。所谓正直，就是通过正当的手段，遵循公平的原则，去争取自己想要的东西，而不仅仅是我们经常说的口号——坦荡无私，作风正派，摸摸自己的良心。

人的成长也一样，不正直则不能顺利地接受成长本身所带来的风险。对于孩子来说，就是学会遵循所有的游戏规则，在学习中也一样。只有遵守竞争规则，才能学会竞争，学会合作，学会充分使用正当手段达到自己的目的，否则就很容易经常选择投机取巧的方式。而选择了投机取巧并且达到目的之后，人的精神气质以及深层心理结构就会发生变异改变，或者阴暗，或者低迷，或者消极，等等。这样，不仅人格受到挑战，而最终也会陷进学习的困境之中。

我们传统的教育文化中，经常会说到一个美德——“悌”，比如《三字经》讲到孔融让梨的故事，主要表明兄弟姐妹之间，要做到谦让。故事看似感人，实际上我们应当清醒地看到，类似“谦让”这样的传统教育文化内涵，在新的时代背景中，性质没有变，但内容却发生了重大的变化。因此应当进一步抽象其本质，上升到从公平的角度来强调规则意识，来建立新的道德观。

*

培养孩子健康的人格，都离不开自信作基础，可以说，**自信是人格的核心**。

北京光明小学的崛起，就是抓住了这一个核心思想。作为该校的顾问，我从中发现了很多可贵的教育智慧，其中广为人所知的就是“我能行”八句话，看起来是简单的八句话，实际上是一个科学的自信心系统：

相信自己行，才会我能行；别人说我行，努力才能行；
你在这点行，我在那点行；今天若不行，明天正确行；
能正视不行，也是我能行；不但自己行，帮助别人行；
相互支持行，合作大家行；争取全面行，创造才最行。

换一个角度看，在相信自己的同时，同时必须建立“互信心”和“公信心”，才是真正的自信，所谓“信则无易，无易则成”则：

一是立信于事，把自信心落实到做事情上。二是立信于人，不仅自信，而且使人能信自己，使天下人皆信自己。三是建立更大的社会理想（大爱），使之超越自己的个人欲望，立即可以缓解负压。

如果你不能这样去做，那么很可能就是自负，或者自恋，那是一件很可惜的事情。而自信来源于积极的评价与鼓励，也来源于自我的接纳与信任，更在于不断累积的成就感。

自信首先应该包括乐观自强，相信自己的潜能，凡事做出积极的选择。有这样一个故事：

亨利先生家住的地方，有一个小花园，里面生长着很多花草。花园里还有一个古朴典雅的小亭子，宛如钢筋丛林中的一朵小蘑菇。

从去年夏天开始，只要不刮风下雨，一个十三四岁的小女孩每天傍晚都会来这里拉小提琴。亨利夫妇每天都来，坐在花香四溢的花园里，聆听温柔的琴声安抚自己疲惫的灵魂。

小女孩那充满灵性和质感的琴声像一只只轻盈优美的蝴蝶，在花园的上空飞舞，她的周围渐渐站满了被她的琴声吸引的人们，他们的目光落在女孩身上，闪烁着欣赏和感动。

小女孩不仅小提琴拉得娴熟优美，人也长得非常漂亮。她的脸精致完美得无可挑剔，身上散发着很高贵的气质。也许几年后，她将在金碧辉煌的音乐大厅里，奉献她的美妙的琴声。女孩的身边是每次都陪着她的母亲，这是母亲最幸福的时刻，她脸上有不加掩饰的骄傲，眼里是无限的温柔和怜爱。

每次亨利夫妇都会很容易地被这温情脉脉的一幕打动。

“如果我们女儿也像她这么棒，我会幸福得睡不着觉！”亨利太太常对亨利先生这样说。

但是去年十月，一场意外在女孩脸上留下了一道道无法挽回的疤痕，她天使一样的美丽成了记忆。小花园里飞舞的蝴蝶也无影无踪了。那段时间，所有听过小女孩琴声的人都在轻叹和无奈地摇头。

从医院回到家里后，小女孩便再也没走出来过。

突然有一天，人们又听到了琴声，但拉琴的不是小女孩，而是她母亲。她站在女孩曾经拉过琴的地方，笨拙地拉着小提琴，琴声听上去粗糙且断断续续。她的脸上，没有人们想象中的悲愁，她镇定自若地用琴声和屋中的女儿对话。

有好心人去宽慰她，她淡然一笑说：“没什么，脸不完美并不意味着她不能成为优秀的提琴家！”

一天，两天，一周，两周，每个黄昏，母亲都坚持着，用别人不太懂的方式和女儿交流着。她想用琴声唤起女儿美好的回忆。偶尔，会有人看到女孩蒙着脸，在阳台上悄悄地探出头，只望母亲一眼便回屋了。

一天一个醉鬼闯进了花园，莫名其妙地朝那位母亲吼道："你的小提琴是我听到的最难听的声音！"

女孩母亲的眼里第一次有了愤怒，她脸涨得通红，一字一句地说："我是拉给我女儿听的。如果你嫌难听，请捂上你的耳朵。"

醉鬼开始纠缠，那些肮脏和刺人的语言让母亲泪眼欲滴。

这时，女孩走到人群中，她从母亲手里接过小提琴，坦然地仰起她那张不再美丽的脸，她对那个醉鬼说："我妈妈只为我一个人拉琴，我觉得她才是世界上最好的小提琴手。"

女孩从容地开始演奏那些人们熟悉的曲子。在她放下小提琴时，所有人都热烈地为她鼓掌。

母亲上去搂住女儿，大声对她说："孩子，我是想让你明白，你的脸和妈妈的琴声一样，不够美，但我们应该有勇气把它拿出来见人！"

**一个人最大的敌人就是自己**。如果不够自信，当我们面对某一件事时，就会先自乱阵脚。而自信却能让人从容自如，让人内心生出一份必胜的信念。这份信念，是学习、工作的必需。一个人一旦丧失了信心，就会迷失自我，无缘与成功女神相聚。

建立自信，还需要坚定一个信念——只看自己所有的，不看自己没有的。一个人如果真的不幸有某些缺陷或者不足，应当接纳自己，并且相信事情都是分两面的，并从自怨自艾中走出来。

有一次，一所学校请来从小就患脑性麻痹的黄美廉博士来为孩子们进行一次有关于生命的演讲会。黄美廉因为这种奇怪的病，她的五官已经错位，甚至可以说，她的面貌丑陋。

当演讲到一个段落后，一个孩子小声地问："请问黄博士，你从小就长成这个样子，你怎么看你自己？你都没有怨恨过吗？"大家心头一紧，真是太不懂事了，怎么可以在大庭广众之下问这个问题？

"我怎么看我自己？"黄美廉用粉笔在黑板上重重地写下这几个字。写完这个问题，她停下笔来，歪着头，回头看着发问的同学，然后嫣然一笑，回过头来，在黑板上龙飞凤舞地写了起来：

一、我好可爱！

二、我的腿很长很美！

三、爸爸妈妈很爱我！

四、我会画画！我会写稿！

五、我有只可爱的猫！

……

教室内忽然鸦雀无声，没有人敢讲话。她回过头来定睛看着大家，再回过头去，在黑板上写下了她的结论："我只看我所有的，不看我所没有的。"掌声在孩子中响起，黄美廉倾斜着身子站在讲台上，满足的笑容从她的嘴角荡漾开来，眼睛眯得更小了，有一种永远也不会被击败的傲然写在她脸上。

形成了自信的信念以后，更需要学会在挫折中锤炼、巩固自己的自信心，否则自信将被扼杀。任何人在实现目标的过程中不可能一帆风顺，一定会有很多困难和阻挠，能不能克服这些成功路上的阻碍，就要看有没有这份自信，来引发内心顽强的毅力。如果真能做到"咬定青山不放松"，自然可以"守得云开见月明"。

在古希腊神话中，有一个西绪费斯的故事：

西绪费斯在天庭犯了法，被天神惩罚，降到人世间受苦。他受的惩罚是要推一块石头上山。每天，西绪费斯都费了很大的劲儿把那块石头推到山顶，然后回家休息。可是，在他休息时，石头又会自动滚下来，于是，西绪费斯又要把那块石头往山上推。这样，西绪费斯所面临的是：永无止境的失败。天神要惩罚西绪费斯的，也就是折磨他的心灵，使他在“永无止境的失败”命运中，受苦受难。

可是，西绪费斯不肯认命。每次，在他推石头上山时，天神都打击他，告诉他不可能成功。西绪费斯不肯在成功和失败的圈套中被困住，他想着：推石头上山是我的责任，我只是要把石头推上山顶。至于是不是会滚下来，那不是我要想的事。

所以，每天当西绪费斯努力地推石头上山时，他心中都十分平静。天神因为无法惩罚西绪费斯，就放他回到了天庭。

西绪费斯的所有秘诀只有两句话：相信自己的内心，不屈不挠，坚持到底。

任何希望都是一粒种子，也许有很多人的手都曾捧过，都希望它能开出灿烂美丽的花。可是也有很多的手少了一份对希望之花的坚持，才使生命错过了一次美丽的花期。

家长和老师要像呵护最珍贵的珠宝一样呵护孩子的自信，帮助他建立，帮助他巩固，帮助他找到来自心灵的强大力量。自信不是一种姿态，也不是对自己喊的口号，自信是一种来自内心深处的认可，一种无须考虑勇气的承担。

我曾设计了一个建立自信心的步骤，供读者参考：

第一步：体验。就是协助孩子体验到成功的滋味，不断实现成功以后，人的自信心就被激发出来了。需要强调的是，主要是要实现“小成功”，而不是所谓的“大成功”，越小的成功越容易实现，越不容易受挫折。

第二步：发掘自己。不断认识自己，发现自己，发掘自己，认识到自己的独特性，以及个人优势区。

第三步：思维。在不断解决问题的过程，形成稳定的思维模式。真正的自信心是一种稳定的思维体系。思维方法体系就好比一个生命的总坐标体系，是生命一切行为的指挥系统。事实上，具备相应方法论体系的人极少。大多数仅仅是在本能的推动下，使用经验主义式的或本本主义式的思维技术。这构成我们社会整体状态的躁动与倾斜，因此，建立科学的各具特色的方法论体系是重要的一环。没有稳定的思维模式，自信则是主观的，唯心的，不稳定的。

第四步：习惯。就是行为程序和行为习惯的养成，自信心最终是一种习惯，是内化的道德和智慧。

*

在我们的生活中，爱心是无限珍贵的人性瑰宝，特别是对于“以自我为中心”特点显著的新一代独生子女来说，尤其显得重要。

我读过一个故事：

一个又冷又黑的夜里，在美国中部的一条乡村道路，一位老太太的汽车抛锚了。由于这里人烟稀少，她等了半小时左右，终于有一辆车经过。开车的男子见此情况便下车帮忙，几分钟以后，汽车修好了，老太太问开车的男子要多少钱，他回答说，他这样做，并不是为了钱，而是为了助人为乐。但老太太坚持要付些钱作为报酬，否则觉得自己过意不去。开车的男子谢绝了她的好意，并建议她将钱给那些比他需要的人。最后，他们各自上了路。

紧接着，老太太来到了一家路边的咖啡馆，一位怀孕的女招待即刻给她煮了一杯热咖啡，并问她为什么这么晚还赶路。于是老太太就将刚才发生的事情讲述给她听，女招待听后感慨道，这样的好人真是难得。然后老太太也问女招待为什么工作那么晚，女招待说是为了迎接孩子的出世，而需要第二份工作，这第二份工作就是夜晚兼职当咖啡馆的女招待。老太太听后执意要女招待收下200美元的小费，女招待说，我不能收下那么多的小费，老太太坚持说，你比我更需要它！

女招待回到家，把这件事告诉了丈夫，结果很让人惊讶，她的丈夫就是那位好心的帮助修车的男子。

也许真的是善有善报！事实上，具有爱心的人终将幸福。但爱心作为人性的一线光芒对于孩子的成长又有什么帮助呢？

我们来分析一下具有爱心的人的心理形成特征：

首先，当爱心油然而生的时候，他就会有一种极端敏感的神经冲动。这种神经冲动将把自己的所有感觉器官打开，这时，接受新的事物和新的知识，就会变得容易得多。

其次，当一个人经常无私地帮助别人时，他（她）的整个心态是平和的、从容的、积极的。内心深处自然就会形成一种稳定的、高尚的动机概念，这种动机概念与学习的动机是相互连接的，所谓举一反三，便会将学习的热情激发起来。

第三，具有爱心的人，通常都是真正自信的人。自信就是相信自己有能力去实现心中的目标，自信是人格的核心，而爱心是自信的伴生物。美国作家马尔兹说："我们要以信心充实自己，就像我们每天要以食物充实自己一样。"有了自信，还能学不好吗？而我认为，培养孩子自信心的方法尽管很多，但其中一条捷径就是从培养孩子的爱心开始，在鼓励孩子爱人、帮助别人的过程中，从更高的角度上来引导孩子形成"我能行"的意识。另外，还可以确定的是，没有爱心支撑，"自信"就不是真正的"自信"，即使已经克服了自卑，形成了自我的信心，也很容易演变为“狂妄”或者“自负”。



*

教育部下设学前机构的好朋友在设计亲子活动，其中有一个环节是，让3岁的孩子到他们的基地接触圈养的孔雀、小山羊等等，说是培养孩子的爱心。

朋友抬举我半天，非得让我审一下方案的逻辑性和科学性，我看了这一段后，感觉内心很矛盾，可又说不出什么意见。

就说说爱心的来源和起点吧。

爱自然是人类的核心能力，不是说以人为本吗，那么爱“人”才是根本，不是吗?

那么，一个人能去爱另外的人，起点在哪里，培养爱心的起点就应当在那里。

在这一点上，我宁愿不去想——爱狗爱猫能培养孩子的爱人之心。我更愿意相信，爱心的起点是孝敬父母。

你从哪里来的？你是谁？你到哪里去？这三个伟大的傻瓜问题，到现在我们唯一能搞清楚的就是——你从哪里来?

这么说，培养爱心的起点又更加坚定了——就是从培养孝心开始。

再说一下，90后、00后有很多优点，但确实有一个致命的缺点，那就是——心里没有他人，如果把这个问题当作教育问题，我感觉可以和大家交流的是，是不是还得从孝敬父母和老人开始呢?

而孝心和感恩之心并非言传而来，而是身教而得。

*

勇敢，是人性中阳刚之美的集中体现，是在不可预测的未知面前所表现的自主意志。人类的进步，正是这种对人类使命的责任不断推进和建设的过程。勇敢实际上领导了人的其他价值性，比如，正义，良知，理智，悲悯，等等。

就像攀岩，如果爬到了半山腰，突然觉得脚酸腿软，于是停下来，脚跟悬在半空，向上一望望不到头，向下一探发现自己悬在空中，人就会恐惧。所谓勇者不惧，实际上就是克服犹豫，一旦选定了远方，“留给地平线的只能是背影”。

勇敢，从人性角度理解，就是勇于探索。苏联教育家苏霍姆林斯基说，人的内心有一种根深蒂固的需要，总感到自己是一个发现者、探究者、探寻者。而对于教育而言，人生下来就是一个学习者，但会逐步形成不同的学习需要，认知需要是最重要的最稳定的内在学习动力，而认知需要就是喜欢探索的需要。因此，从小培养孩子喜欢探索的精神，是极为关键的教育原则。

首先，勇于探索来源于人弄清楚事物来龙去脉的冲动，当这种冲动不是昙花一现，而是指引着一个人坚持不懈地去努力寻求原因时，就成为真正意义上的探索。

其次，探索还来源于怀疑，没有疑问，就没有探索。如果对于别人提出来的观点，不假思索地接受，也会埋葬探索的机会。相反，如果凡事多问几个为什么，不盲从，能获得很多发现的新机会。

第三，勇敢的人性光辉一旦焕发，将迁移到学习的突破上。

有一位教师给学生留了四道数学题。有一个学生前三道题解答得很顺利，但是第四道题很难，让他一筹莫展。他苦思冥想，一直到凌晨才把它解答出来。这道题做了这么长的时间，他十分惭愧。第二天，他把自己的作业交给老师，老师大吃一惊，这个学生解答的第四道题是世界性的数学难题，是他无意间混在其他题目里一道抄到黑板上的。有时候对困难太清楚了，或者过于稳妥，恰恰是我们未能创造奇迹的根本原因。在学习过程中，勇敢与敢于探索未知的品质是何等珍贵啊！

在学习品格中，勇敢的品质具体迁移为：一是挑战未知。对于未知的东西勇于探索，对于挑战充满斗志，相信自己同时也表现为无所畏惧。二是勇于牺牲。具备了牺牲精神才能抓住重点，而勇于放弃一些干扰因素以及外物的诱惑。三是善于自省。人最大的困难是将自己的弱点袒露出来给自己看，这需要异常的勇气，只有敢于自省，才能不断进步。

勇敢，不是肤浅的和莽撞的，恰恰是深沉的、内敛的。我们常说，狭路相逢勇者胜。这个勇者，恐怕未必是对垒中怒形于色、张牙舞爪的一方，而是沉着智慧、绝不放弃的一方。真正的勇敢有着对美和善的忠诚。很多教育者，在概念上很清楚勇敢和探索精神的价值，但是在实际和孩子相处的过程中却总是忍不住干预，这种过度保护和“替代本能”是培养孩子真正勇敢的最大阻碍。

当今社会出现的“伪娘现象”普遍受到大家的诟病。我认为，未来30年，“伪娘现象”将继续呈现，直到大家见怪不怪。其背后原因是，我们的中小学教育中，30年以来基本放弃了一个重要的德育内容，那就是勇敢。因此，我们目前的教育应当着力培养孩子更加勇敢的品质。

*

教育的最高境界是一种生命状态，换言之，就是教育者以自己的生命状态去唤醒、激活孩子的生命状态。雅斯贝尔斯说，教育就是，一朵云去推动另外一朵云，一棵树去摇动另外一棵树……

教育的全部过程应当是教育者不断修炼自己的教育状态，甚至状态。以前我经常讲，读万卷书不如行万里路，行万里路不如阅人无数，阅人无数不如跟随成功者的脚步，跟随成功者的脚步不如高人点悟，高人点悟不如自觉自悟，讲的就是教师提升自己状态的过程。

修炼到一定程度之后，您站在那里，不需要说话，自身就是教育，教师即教育也。又如杯子装到一定高度后，自然流露出来的，才是真正的教育。

教育者的状态，不仅在于具备丰富的学识和高度的涵养，更在于形成独特的个人魅力和个体气场，进入一种清晰、生动、美好、积极、自由的人生状态。教育者修炼内在之美的过程，对个体的生命发展而言，具有自我解放与自我超越的双重价值。

如此，教育者有了高度，有了内在之美，情绪是不需要人为刻意控制的，而是内心自然而然地柔和起来后，自然得意的。真正的教育，绝不仅仅是讲道理、传授知识，更不仅仅是开发孩子的智力，而是把自己精神的能量传递给孩子，维护孩子的心力，让他成为一个内心强大的人，一个能承担后果、能应对变故、能改善自身和环境的人。

*

“气”在中国文化史、科技史、思想史上均占有重要地位，是一个常用的概念。气是很难解释的。有生命就有气。气是刻在人身上的无形的精神符号。我们常常说一个人气场强大，是指这个人的精、气、神的能量在扩散、传递给周围的人，具有强大的由内而外的影响力。

在教育上，很少人引用“气”的概念，其实，从某个角度上看，教育的过程从某种角度看，教育的过程恰恰也是运气、然后收敛为一股平静之气的过程。气顺则人顺，气和则人和，人都是在一种生动的气韵中生活、成长的，因此，为孩子提供一种气韵生动的“场”，是孩子的心灵得以滋养的唯一途径。甚至可以说，平静而生动的气韵是涵养孩子美德的大格局。

气韵是人内在的神气和韵味，是鲜活生命洋溢的表达。人心是“气韵”的生发之源。教育的本真，就是以自己的平静心情，涵养孩子的平静心情。教育者之美，不在于外貌，而在于“平夷”的美好心情。好的教师，站在那里就是教育。

人生需要有方向、需要有格局，然后不断提升自己，全面造就自我，修炼自己的气场。饶宗颐先生讲到全面造就自我之道在于：忍耐+精进。

关于忍耐。忍耐是感觉上很难受的事情，忍耐才能坚持到底，进而豁然开朗，忍耐确实是人最伟大的地方。雄心的一半是耐心，另一半还是耐心。忍耐应当是一门值得研究的学问。在佛教中，忍是属于自在的第一境界（戒）向第二境界（定）迈进的基本方法，也是实现第三境界（慧）的前提。学会忍耐了，心胸才会宽广，心胸宽广了，才能装下知识和财富。有人说，人的心胸是冤枉撑大的，不无道理。就我们常人而言，忍耐是很难做到的，因为它需要我们坚决地和自己的欲望、快感做斗争，更需要一种异乎常人的远见卓识与坚定意志。特别是在确定了一件事情，并坚持到一定程度将要突破之前，会出现一种难以忍受的难过，人一般在这个时候出现两极分化。忍耐到位的人，巨大的快感会不速而来，突然出现在你面前的是一种从未意料到的欢喜，欢喜在拐角的地方！没有忍耐到位，就将前功尽弃，一事无成。冯仑说，伟大是熬出来的，很形象很准确。

关于精进。精进是人内心超越必然之路，每天进步一点点，有一天必然会实现飞跃、甚至飞翔，人的内在是螺旋式上升的。精进是分阶梯的，阶梯是人内在精神生长的基本过程，也是基本规律，就像王国维所说的人生三阶，第一阶是独上高楼，望尽天涯路；第二阶是衣带渐宽终不悔，为伊消得人憔悴；第三阶是蓦然回首，那人却在灯火阑珊处。精进之道，在于修炼自身的气息与气场以及状态，不断地精进，将不断提高自身内心世界的丰富程度。精进的途径无非是，内省与感悟，内省是扩胸运动，使人有智慧，而感悟是益智运动，感悟后的东西才能算是自己的东西。

*

不教而教，很多人认为是空谈，在我看来，不教而教是可以成为现实的，只是要找到一条门路，这条门路叫忍耐。

忍耐是一种成熟心态，虽然像牙疼一样，有点难受，但却可以成就美德，因为人忍耐多了，心胸就宽广了，就可以装得下更多的智慧。

有人曾经总结了一个教育戒律，实际上是忍耐的操作规则：

教育的全部秘诀在于忍耐——十大教育戒律：

不要在同学们的面前当众教育孩子；

不要在情绪不佳时教育孩子；

不要以数罪并罚的方式教育孩子；

不要在准备很不充分的情况下教育孩子；

不要以别的孩子为榜样式的教育孩子。

不要在孩子筋疲力尽时教育他们；

不要在孩子做作业时教育他们；

不要在吃饭时教育孩子；

不要在孩子兴致很高时教育孩子；

不要在孩子睡觉时教育他们。

或许，很多人看完这个教育戒律可能会问，那我们什么时候教育孩子啊？我会心一笑，那您说呢？等您自己有了戒律，孩子需要教吗？

有段时间“虎妈现象”炒作得很厉害，我没有参与讨论。原因是教育的前提是教育者的自我教育，教育者能对自己严格要求（比如前面的十大戒律），比任何教育方法都高明呢。

*

人类的曙光是耐心。卡夫卡说：所有人类的错误都是因为没有耐心，因为没有耐心，人类被逐出天堂，因为没有耐心，人类无法返回天堂。

在远古时期，人类为了追求美和圆满，开始打磨珠子或者项链……也就在这个时候，人类开始从粗糙走向精细，从急躁走向了耐心。可以说，耐心是人类美的开端，也是手指的深度解放，从此，人类的文明开始闪耀光芒。

应当说，人的内心秩序，首要的元素应当是耐心，是耐心推动了我们心智的成熟与健全，这应当是人类文明进程的密码。换言之，在德育过程中，耐心也应当是贯穿全部过程的。

*

虚静，是教育者最美好的状态。虚者，居善地，将自己放到低处，自然海纳百川；静者，如佛一样，安静至极，从不说话，永远闭着嘴，而拜佛者自省自觉。

虚静是一种意识，有静有空，就能变通。老庄认为“虚静”是自然的本质，是生命的本质，是艺术的本质。老子把虚静作为一种人生态度，认为只有排除一切杂念，让心灵虚空，保持内心的宁静和澄明，才能以更明了的目光去观察大千世界。庄子认为人要达到虚静的境界，必须忘了世间万物，忘了自己的存在，远离世俗一切利害关系，不受私欲杂念干扰，以无知、无欲、无求的心态去感受世间的“道”，达到物我同一，达到“物化”的状态，才能真正地体会自然，认识自然。由此，人必须回归到生命原始状态的“空”“虚”“静”，才可能真正看清自我。

教育是一种静的哲学。水静成镜像，心静生智慧。静方能归一，而万物循序生长。教育者之美如水，静水流深。但，树欲静而风不止，静是很不容易实现的。心要静，要有远见，站在将来看现在；心要静，要有大宇宙观，人在世界中只是尘埃一粒；心要静，要有宽阔的胸襟，大其心方可容天下万物；心要静，要有大爱……何其难？可心不静，一切教育都是无力的。心能不能静，是由我们如何看人生、如何看世界、如何看问题的态度来决定的。任何时候，看问题，要整体地看，要积极地看，发展地看；要以一种更加超越的时间、空间、内容三维度，把自己放到一个渺小、无用、庸常的位置上去看。

虚是教育的美学意蕴之一。虚以实之，实以虚之，乃教育之道也。所谓虚，就像用手抓沙子，过紧、过实，沙子都会从指缝间流逝，而虚以为之，沙子则能存乎其中；所谓实，就是学生的自我意识，就像牵着牛鼻子吃草，过度“执着”，其实控制的是牛的“自我”。每个学生的自我里，也都隐藏着他们各具特色的自主、计划、创造。教育实践上，一是虚心，向学生学习，有问题找学生；二是虚空，心态归零（笛子因虚空而鸣），学生的“主动”必然呼之欲出。

虚静之气是一种修为，但不是虚幻不可及的。它投射到实际生活中，是人的内心、情感、气质的发展。它有一条可实现的基本通道，就是“体验”。经由体验的通道，每个人都能够发现自我、认识自我、肯定自我、超越自我甚至创造自我。

*

就教育而言，静心才是最大的智慧。回归教育的纯真，就是以自己的平静心情，培养孩子的平和心态。对于教育者来说，更需要静心、收心，需要控制情绪，否则，再好的教育内容在坏情绪的作用下，都会变得令人生厌。以平静之心面对孩子，坚守教育纯真，孩子的成长空间才能得以充分拓展。

*

心灵是一湖春水，犹如瓦尔登湖，平静如镜，烟波荡漾而万物生长。

教育者的美德在于把自己放到低处。真理寻找你，好像水寻找洼地，它往下流，找到一个地方后，变成一个湖泊，有了湖泊，水鸟会来，种子会来，鱼儿会来，春天来了，必然生机勃勃，也就有了教育，教育就成了不教而教。

不静不虚，将使教育者的角色变得模糊，教育因此失去价值。

*

大连教育学院刘世斌老师用“水静成镜像，心静生智慧”形容我的谈话或者讲课，虽有抬举之意，但很美好、很深刻。我向往的教育是静的，静的哲学，静的智慧，静方能归一，而万物循序生长。

作为一个凡夫俗子，我也经常扪心自问，我的心静了吗？也时常发现，到了需要处理利害关系时，也不能做到静，因为“树欲静而风不止”啊。很多的外物约束了我心灵的自由、宁静、放松。很长时间，我都是借鉴佛家中的“随时、随性、随缘、随喜”来调理安排自己，结果发现并不能彻底解决问题。

如今，我能努力做到“静若处子”、“动如脱兔”的融通和中和，可能是因为建构了新的人生观自觉，以一种更加超越的时间、空间、内容三维度，把自己放到一个渺小、无用、庸常的位置上，渐渐有了一点点新的认识。

听收藏家马未都谈名利，让我深思。人活于世，不能把自己挂起来，要清晰地看到人的发展分三个境界，其顺序是不可变动的：

第一境界是趋利，人都是趋利的，但君子爱财取之有道，这里的道是仁义，是道德底线。

第二境界是逐名，这里的名是名誉，而不是出名。换一个角度说，当一个人开始珍惜名誉了，他就成名了。

第三境界是安宁，当实现第一境界、第二境界以后，人就开始注重灵魂生活的质量。

让我思考的第一个问题是，这三个境界是有固定顺序的，如没有经历一、二，直接谈三是站着说话不腰疼的。比如经常听到有人说，我对名利看得很淡，如果他没有经历过名利两个境界，这句话打死我也不信。

让我思考的第二个问题是，人的生命意义，除了“名—利—安”以外，可能还可以找到其他高明的线索，比如“体验—创造—爱”。

这两条线索，都可以作为人一生修行的过程，都是人的意义得以实现和提升的途径。

*

教育者最重要的是修炼一种状态。好的教师，站在那里就是教育，教师状态，分为三个境界：一是气韵宛然；二是中正平和；三是活力自在。对应王国维先生的三境界论。

*

在这个外在动荡的世界里，谁能先静下来，谁就是自己的王，而不管你是什么职务、拥有怎样的声名。心静了，则无论外在环境如何变幻，这个世界就是静的。

*

**示弱堪称教育者的第一美德。**

夏丏尊先生说，没有情感的教育就像没有水的鱼塘。而情感，是一门示弱的学问，就像婚姻，两个人都不会示弱，情感之水逐渐也就没有了，然后离婚收场。

而教育情感的实现和发展更是由教育者的示弱来决定的。

何为示弱？老子有言“能而示之不能”，精妙在于“示”。我们本身是

“弱”还是“强”、是“能”还是“不能”是不重要的，关键在于“示”，这是一种超越自我的信心和勇气。

这里隐含着丰富而深刻的中庸精神，居于怯懦与鲁莽之间的中庸是“勇敢”，居于放浪与猥琐之间的中庸是“磊落”，居于无耻与羞涩之间的中庸是“谦逊”，而居于强大与弱小之间的中庸是“示弱”。

要让孩子的心灵乐于依靠，教育者应有一个美德，那就是——让自己变得柔弱起来。因为，只有自己的内心变得柔弱了，才能缩小与孩子心灵的距离，才能把话说到孩子的心里去。

为什么是柔弱，而不是温柔？老子说，人之生也柔弱，其死也筋肕坚强。万物草木之生也柔脆，其死也枯槁。故曰，坚强者，死之徒也，柔弱，生之徒也。意思是说，人活着的时候，浑身是软的，死了，才硬邦邦的；草木活着的时候，非常细腻，死了，才干枯。所以说，坚强的东西往往是死了的东西，活着的，反而是柔弱的东西。

对于教育者本身来说，柔弱，有两层意思，一是柔软，即放下自己，使自己变得内心柔软，让孩子的心灵愿意靠上来；二是示弱，内心强硬者，必然使孩子敬而远之。哪怕你是单位工作中的一个强者，在孩子面前不能立即变得柔软，也要示弱。所有的教育者，都应当具有像水一样柔弱的品德。柔弱，“莫之能胜也”，柔弱比强硬更让人愿意依靠，更让孩子愿意倾听，愿意对你提供帮助。

内心柔弱者，流露出来的是高贵的柔和气息，这种柔和的气息，才能把精神的能量渗透到孩子的心灵深处。各医学院临床专业的课，教授们经常会问一个问题，用酒精消毒的时候，什么浓度为好？一般人认为，当然是越高越好啦。其实错了，太高浓度的酒精，会使细菌的外壁在极短的时间内凝固，形成一道屏障，后续的酒精就再也渗透不进去了，细菌在堡垒后面依然活着。最有效的浓度，是把酒精的浓度调得柔和些，润物细无声地渗透进去，效果才好。

很多家长和教师，唯恐在孩子面前不能立威，习惯于高高在上，习惯于无所不知，面对孩子犯下的错误往往疾言厉色，仿佛全天下的真理都掌握在手。这样的教育者，让孩子害怕，得不到孩子的信任，因而孩子不愿意亲近，感知不到你的爱和鼓励。这样的教育者，无论多么辛劳，有着多么朴素或者伟大的动机，都是失败和错误的。

柔和的气息有时比风暴更有力量，我们的声音柔和了，就更容易渗透到辽远的空间；我们的目光柔和了，就更能轻灵地卷起心扉的窗纱；我们的面庞柔和了，就更能流畅地传达温暖的诚意；我们的身体柔和了，就更能准确地表明与人平等的信念。

我认为，柔弱甚至示弱是一种根本性的教育素养，堪称教育的第一素质。

*

即使你的外在极为刚强，但你的内心仍然要保持柔软，一颗柔软的心，才能抵御外来力量的冲击与压强，否则就会硬碰硬，结果心如焰焚。教育者的幸福感，更应当来自内心的柔软与温暖，同时，教育者的柔软与温暖，还是学生成长最需要的精神环境。很多时候，我们经常心肠会变得很硬，那是因为我们无法放下自己。

*

做有温度的教育，是说有温度的话，上有温度的课，写有温度的字，像孔夫子一样做温暖人心的教育：“不急躁”、“不极端”、“不尖锐”。

*

教育是需要方法的，但执着于方法则必然陷于失去智慧的局面。教育的智慧来自于对教育的忠诚，对教育对象的忠诚，也包括对自己未来的忠诚。那么什么是教育的智慧呢?

一是“曲”。“委曲求全”是教育的一种大智慧。河流因为“曲”则能养鱼，攀登因为“曲”而能领略沿途的风景。“曲”，乃因为教育的过程是一个慢的过程，是一个慢慢累积的过程，因为“曲”而生成教育的路径和能量。

二是“守”。教育者一定要有“守”，守住自己的情绪和内心的宁静。事实上，决定孩子学习兴趣和学习质量的是情绪。处于“悲观”、“惊恐”之中的孩子不可能学得好。而孩子的不良情绪来源于家长和教师的不良情绪，准确地说，教育者的“焦躁”、“忧愤”决定着孩子的“悲观”、“惊恐”，因此，教育的一切力量都在于教育者的自我修行，归于内心的平静与气度。

三是“导”。孩子是需要引路的，特别是行走在入夜的求知路上。但教师和父母并非要做很多，可以说，只需要做一件事情：自己成为一盏内心亮堂的灯，永远走在孩子前面的远处，映照前程。

*

站在别人的位置上看自己是一种怎样的状态，怎样的德行，方能自知。认识自己，发现自己，最好的诀窍莫过于找到这样一种镜面心态了。

**将教育者的全部智慧集中起来，其实就这两个字——换位。**

*

在中国文化史上，有一颗明星耀冠古今，在灵性与哲学之间作为一种绝代人格而存在。这个人就是苏东坡。他有一句话流传广泛：吾上可陪玉皇大帝，下可陪卑田乞儿，眼前见天下无一个不好人。从中可感觉到，他好像生活在三界之外，通达的可以为神仙。

古今中外，具备自由而高贵心灵的人，莫过于苏东坡。也因此可以说，苏东坡是一个中国文化史上最为重要的三大灵性穴位之一。

故，读苏东坡主要是去触摸、呼吸、感受其伟大的心灵力量，而非叹惜其命运。

*

你的存在最好能够让大家舒服。有人说，这需要做好三件事情：一是大家在抓钱的时候，与钱保持适当距离；二是保持低调，低调的前提是随时能高调。三是不强求去改变别人，而是修炼自己的内心力量，从而实现自我。教育孩子，当然也不是一味去改变他们，而是用自己的精神力量去滋养他们、协助他们、激发他们。

以一种怎样的状态来描述这种“让大家舒服”呢？《诗经》有云：“谦谦君子，温婉如玉”，中国几千年的传统观念把美玉誉为做人的品德，以“君子如玉”来甄别男人的品性与情操，这或许就是女人喜欢美玉的初衷吧。我想，男人当然也更加着迷于温婉如玉的女人。

*

我很喜欢“气韵”这个词语，其实，人都是活一口“气”的。在文艺理论上“气韵”概念利用比较多一些，比如谢赫的《古画晶录》标示六法，其中之一就是“气韵生动”，《文心雕龙》所提出的“以情志为神明”大概也是这个意思。

可以说，“气”在中国文化史、科技史、思想史上均占有重要地位。在教育上，却很少人引用这个概念。其实，从某个角度上看，教育的过程恰恰也是运气、然后收敛为一股平静之气的过程。气顺则人顺，气和则人和，人都是在一种生动的气韵中生活、成长的。因此，为孩子提供一种气韵生动的“场”，是孩子的心灵得以滋养的唯一途径。甚至可以说，平静而生动的气韵是涵养孩子美德的大格局。

收敛为一股气息、气韵，首先要从人的心情谈起，因为心是“气韵”的生发之源。所谓心情，心是心灵，情是情绪，情绪是心灵之外在展现，因此，人也可以从把握人的情绪角度，理解人的心灵。回归教育的纯真，就是以自己的平静心情，涵养孩子的平静心情。

对于教育者来说，更需要静心、收心，需要控制情绪，否则，再好的教育内容在人的坏情绪的作用下，都会令人生厌。教育者之美，也不在于外貌，而在于“平夷”的美好心情。

教育者的情绪化，是很常见的事，但也是消散人的“气韵”的第一大敌。树欲静而风不止，但人的高明在于能调节好自己的情绪。拿破仑说，能控制好自己情绪的人比能拿下一座城池的将军伟大。人内在的不自由，通常是因为来自内心的不良情绪左右了我们，藏在内心的不良情绪在生活中时时涌现，实际上，情绪一坏，一个人就在心理力量上被瓦解了武装，更有甚者，情绪可能甚至会伤害别人，而无法复原。

有一个男孩，很任性，常常对别人发脾气。一天，他的父亲给了他一袋子钉子，并告诉他：“你每次发脾气时，就钉一颗钉子在后院的围墙上。”

第一天，这个男孩发了37次脾气，所以他钉下了37颗钉子。慢慢地，男孩发现控制自己的脾气要比钉下一颗钉子容易些，所以，他每天发脾气的次数就一点点地减少了。终于有一天，这个男孩能够控制自己的情绪了，不再乱发脾气了。

父亲告诉他：“从现在起，每次你忍住不发脾气的时候，就拔出一颗钉子。”过了许多天，男孩终于将所有的钉子都拔了出来。

父亲拉着他的手，来到后院的围墙前，说："孩子，你做得很好，但是现在看看这布满小洞的围墙吧，它再也不可能回复到以前的样子了。你生气时说的伤害别人的话，也会像钉子一样在别人心里留下伤口，不管你事后说了多少对不起，那些伤痕都会永远存在。"

这个故事我们通常说给孩子听，其实首先是教育者自己需要牢牢记住。不少家长跟我反映孩子的问题，说着说着情绪就很激动。他们也会反省自己，但是往往轻描淡写地说："我这个人情绪上来之后就控制不住。"家长总是认为孩子还小，不声色俱厉孩子记不住。但是孩子的自尊心远比家长和们想象得要强。一个情绪失控的家长，口不择言，对孩子的伤害往往会是根本上的，甚至会让孩子产生终生的自卑和负罪感。孩子的心灵是柔软的，如果一开始的成长就是一面布满了漏洞的矮墙，他也许需要用一生的力量去修复那些伤害。

静水流深，除了湍急的水流有力量之外，看起来平静的水流更有不可抗拒的威力。暴跳如雷是一种懦弱和无能的表现。孩子在最初的害怕和恐惧之后，接下来考虑的就是如何逃避，甚至会毫无心理障碍地撒谎，推卸责任。我相信，当严厉的家长和老师们看到孩子们从恐惧到无所谓，再到不屑的表情时，会产生多么强烈的挫败感。

*

事实上，**人的情绪是可以控制的**。一般来说，控制不良情绪的主要方法有转移、分散、弱化、宽容、解脱、升华和表达：

转移。就是将注意力从引起不快、焦虑、痛苦等不良情绪感受的事情、事物和人身上转移开，可以转向自己喜欢做的一件事。当发现情绪之魔要找上自己的时候，马上提醒自己，离开现场，干点无关紧要的事，跟别人聊聊天会是一个很好的转移方式。

分散。是在同时面临多种不良情绪时，把引起烦恼的源头一个个分散开来，各个击破。在烦恼的时候，往往更容易把烦恼的事情联系起来，而这会加深烦恼的程度，不利于摆脱不良情绪。所以，越是烦恼的时候，越要一个个地对付，以免陷入夸大问题的境地，徒增烦恼。

弱化。就是不作为的方式，不记忆、不思考、不想烦恼。有人说，把烦恼写在沙滩上，让它随着大海的潮涨潮落而去，确实很有道理。越是对烦恼的事情念念不忘，就越不能摆脱它的束缚和控制，只有让它“觉得”自己什么也不是时，才更容易摆脱它的控制。

宽容。是指在生气的时候，学会原谅别人，体谅别人。生气，其实是因为别人的过错而惩罚自己，所以原谅了别人也就是饶了自己。有的人因为别人的错责怪自己，而厌恶他的一切，甚至用极端的方式来表达自己的不满，都很可惜。如果能够多一些宽容和体谅，相信就可以避免不少这样的悲剧。

解脱。是换一个角度来看待令人烦恼的问题。“存在就是合理”，很多事情虽然让我们觉得别扭，但它既然存在了，就有存在的环境和原因。徒然为一种事情的存在而烦恼，不如去从更深、更高、更长远的角度来看待它、理解它，跳出它的圈子，使精神得到解脱。

升华。就是利用强烈的情绪冲动，往积极的方向引导，使情绪有建设意义和价值。对待别人的嘲讽、讥笑等，最容易产生激烈对抗的情绪，可是这种情绪只能破坏关系，而毫无建设性。只有化之为发奋努力，用行动来让别人改变他们的态度，才是最佳选择。

表达，就是找别人谈心或写到纸上，把自己的委屈、烦闷、气氛和申辩等都说出来或写下来，使自己的不良情绪宣泄。

或许，上面的方法你还是觉得太过理论化，用起来不尽如人意，那么还有一种方法更简便些，就是行为塑造法。因为行为也可以影响情绪。比如，你强迫自己微笑，立刻就会有几分快感。所以，你可以对自己的行为提出硬性规定，让自己每天面对别人——包括你最讨厌的人——的时候都面带微笑，遇到难题的时候必须微笑。过不了多久，你就会发现，这个世界没有什么是值得烦恼的，很多人也不像你想的那么讨厌，很多事也不像你想的那么难做了。

心情好，其实不需要理由，人与人之间修养的差距，有时候就是看如何解释不利事件。在一流的教育者眼睛里，每个孩子都是顺眼的，如果看到某个孩子某个方面不如人意，总能想到这样一句话：看孩子不顺眼，是因为自己修养不够。

注重心情的教育，才有美好的教育，才是回归心灵深处的教育。一位教育家说，我想要你将每一样东西都放在正确的位置上，如果爱与逻辑之间有任何冲突，那么应该由爱来决定，不应该由逻辑来决定，如果头脑和心之间有任何冲突，必须先听心的。教育者，意味着先打开自己的心门，然后用自己的心灵去沟通、打开孩子的心灵，这才是教育的真谛——涵养自己的心情，同时涵养孩子的心情。

我们知道，人的心情一好，工作与学习的效率就会提高，人的一切创造都是在自由的心态下发生的。孩子也一样，只要心情好，到了学校后，整个身体的细胞是开放的、舒畅的，保持这样的状态去学习，学习就变得快乐；反之，如果我们孩子的心是灰凉的，大脑的潜能就被禁锢了，主动发展的欲望随之就失去了。

在浮躁的社会中做优秀的教育者，更需要一份心境上的平静。以平静之心面对孩子，坚守教育的纯真，将一切教育的期待收敛为一股平静之气，以气养气。因为，在平静的背后，孩子的成长空间才能得以充分拓展。

*

当代国内美术理论家、国画家邵大箴先生评论艺术家贾又福的这段话同样适合教育人要追求的境界——虚静的心态，冷静的哲学和美学思考，宗教徒般的虔诚，老农民似的勤奋，踏实和刻苦，不倦的读书和求知，永不满足的探索……普通人身上只要有其中一项品格就会闪闪发光，相当可贵。

# 术

*

教育的意义在于，对每个人的命运的关心，对每个人的精神生活的注重，对每个人的美好情感的肯定。

*

教育就是生长，这和甲骨文中“教育”二字的含义是高度一致的。“教”字，上面是一个棍棒，底下是一个子，引喻为“上对下”的影响。影响靠什么实现呢？靠右边的“文”字，甲骨文的“文”字中间有一个“心”。“育”在甲骨文中则是“孕育新生”的意思。从本源上，教育就是用心灵去感应、孕育、温暖另外一颗心灵，让孩子的心灵充满温暖与阳光。

*

“即使把我关在果壳里，我仍然自认为是无限空间之王。”莎士比亚这句话真的让人很享受，同时也给了我们三个人生课题——人所依赖生存和发展的空间是什么，是心灵空间么？这个空间的大与小是由什么决定的？我们应当给予孩子一个怎样的空间？

*

有很多负责任的家长和教师，担心自己的教育行为会不会用力过猛，导致教育失误。

实际上，只要不触及孩子的内在自尊，我们的大多数有意识的“教育”，无论对与错，不必过分担心，都是不会在孩子身上留下痕迹的。因为，当我们教育孩子的企图心开始发挥作用时，教育已经失去了意义，孩子仍然在用自己的方式注意或者体验自己的世界，不会轻易被你的“教育”所影响。苏霍姆林斯基说，没有一个人内心里愿意被别人教育。换言之，当一个人意识到别人在教育自己的时候，教育的效果就减半了。

*

不要把每一个孩子都“逼”成先进，很多孩子对当先进根本不感兴趣，因为属于自己的幸福其实是平常，是做个凡人，让每个孩子都获得各得其所的幸福是教育的根本目的。

*

教育就是尊重。仅仅尊重人的基本权利是不够的，还要高度尊重人的生命发展规律，这是一切教育的逻辑起点。人的生命发展规律中有一个规律居于核心地位的，那就是人的主动性。这是人的第一天性，包括独立性、自主性、创造性。

*

教育的意义在于，对每个人的命运的关心，对每个人的精神生活的注重，对每个人的美好情感的肯定。

*

学会睁一只眼，闭一只眼。在孩子的成长过程中，等待，其实很重要。但不能忘记的，孩子的内心最最需要的是家长的精神能量。任何时候，都使之内心保持温度，这是教育的真谛与根本价值。

*

陈道明送给女儿三句话：第一句话是要愉快，第二句话是身体要好，第三句话才是尽量学习好。我觉得人的一生愉快最重要，这个不在于你生活的水平高低，也不在于你生命的长短，愉快了一生，这是质量。

*

一直很喜欢《简·爱》里一段对话：

“你真沉着，像你这么一个孤儿，哪来的这种沉着？”罗彻斯特问。

“我想它来自我的头脑。”简·爱的回答充满自信。

“你肩膀上的那个？它里面还有没有其他同样的货色？”罗彻斯特充满对有头脑的女性的质疑。

简·爱答道：“我想它样样具备。”

*

唐宋八大家之一柳宗元的名篇《种树郭驼传》中提到，郭驼的园艺技术超群，长安人竞相追逐。他说，自己别无妙法，无非是“顺木之天，以致其性”，不随便折腾它，否则，“虽曰爱之，实则客之，虽曰忧之，其实仇之。”你能悟到教育之道吗？

*

庄子讲了一则寓言，说的是以前有只海鸟飞落在鲁国的郊外，鲁侯把它抓进太庙，送水给它喝，奏九韶音乐给它听，宰牛羊给它吃。海鸟目眩心悲，不吃不喝，三天就死了。庄子说，“此以己养养鸟也，非以鸟养养鸟也”，你又能悟到教育之道吗？

*

**幽默感是智力优越的表现之一**。缺乏幽默感的人，内心是不自信的。只有敢于自嘲、敢于调侃自己、敢于放下所谓师道尊严的人，才能做一名好老师。因为生命的本质是幽默的，而不是严肃的。严肃的人只能做政客、强盗以及商业大亨等，不适合从事教育。

*

教育就是发现。**其实每个孩子内心深处都隐藏着一个巨人，我们无法直接唤醒那个巨人，但我们可以当一面正常、透亮、清澈、宁静的镜子，让孩子在这面镜子中发现他们自己**。

很多时候，我们有可能被世俗所压迫，慌张、被动、消极，成了“哈哈镜”——孩子们并不能真正通过我们发现并建立正确的自己，甚至混乱不堪。教育者要做的事情，不多，只是宁静地存在，如一面镜子，甚或一湖宁静的水面，孩子的心灵可以在这个水面上自由畅游。

*

在教育过程中，严厉应当是一个贬义词。一般而言，**我们要严格，但不要严厉**。因为人严厉的时候一定是“着急”了，人一“着急”，教育就不存在了。“着急”的背后是情感上对孩子的一种拒绝，这样，负面的情绪就可能会淹没了教育的本来价值。

*

**信任是最昂贵的**。大凡出了问题的地方，都是因为缺乏真正意义上的信任。比如学校教育，最核心的人文资源应当是信任，校长和教师之间的信任，师生之间的信任，家校之间的信任。

如何积累信任价值，需要有一个“储蓄”的概念，而不是“投资”的概念。“信任”的储蓄，应当培养四个好习惯：一是认真做事；二是诚恳正直；三是信守承诺；四是勇于道歉。不求获得暴利，而是点点滴滴积累，渐渐地，其利息就一辈子受用不尽了。

*

雕塑不是做出来的，而是被发现、被显露出来的。教育者的美德就在于发现，有时候，尝试放下自我，清空自我，爱、真我，以及学生的创造力与特点就显露出来了。

*

真心是教育的大智慧，而真心是无声的，最多也只是小声而已。

我做教育以来，有一个信念日渐坚定：每一个孩子都是想好的。这个信念可以说赋予了我所有的教育以力量和智慧。

*

1935年，奥地利动物学家、诺贝尔奖学金获得者洛伦兹（K.Lorenz）发现：在动物早期发展过程中，动物的某一反应或某一组反应在某一特定时期或阶段中最容易获得，最容易形成，如果错过这个时期或阶段，就不容易再出现这样好的“时机”。这个关键的“时机”就叫“关键期”。

“关键期”对人的智力、能力的发展同样存在，错过这一时期将终身难以弥补。

人们通过长期的观察发现，在人类个体早期发展的过程中，同样存在着获得某些能力或学会某些行为的关键时刻。在这些时刻里，个体时刻地处在一种积极的准备和接受状态。如果这时能得到适当的刺激和帮助，某种能力就会迅速地发展起来。

人们所熟知的“狼孩”卡玛拉姐妹的悲剧就是十分典型的案例：

1920年10月，在印度加尔各答西南的一个小村庄里，发现了两只人形动物住在狼洞里。正在当地传教的辛格夫妇历尽艰辛终于抓住了这两只动物，原来是两个女孩，年约八岁和一岁半，姐妹俩被取名为卡玛拉和阿玛拉，并送到孤儿院接受人类的教育。

辛格夫妇以无限的耐心和超人的爱心，想把她们俩培养成正常人。可是婴儿时代受狼抚养的姐妹俩却改不掉狼的行为。她们用四肢走路，常常向人飞扑过来，白天在屋里睡觉，夜晚大声嚎叫，吃的也是腐肉和活鸡。经过辛格夫妇的艰苦努力，两个月后，妹妹阿玛拉终于说出了“不”字，可惜一年后就死去了。姐姐卡玛拉经过3年的培训才能用脚走路，但做出本能反应时仍改不了四肢走路的习惯。直到她17岁死去时，智商只有3岁半孩子的水平，只能讲45个单词。人们虽然对她实施了良好的教育，但人应该具备的习惯却始终没能很好养成。

而另一个广为流传的事例又从反面印证了“关键期”对于人的重要性：

1972年，人们在东南亚大森林找到了第二次世界大战时迷失的日本士兵横井庄一。他远离人类，像野人一样生活了28年，把人的一切习惯甚至日本话都完全遗忘了。可是当他获救后，人们只用了82天时间的训练，就使他完全恢复了人的习惯，重新适应了人类的生活，一年后还结了婚。虽然他过野人生活的时间比狼孩卡玛拉多了20年，但对他的教育和训练却比对狼孩容易得多。

之所以会有这样的差别，其重要原因就是他没有错过受教育的“关键期”。可见，“关键期”不仅存在，而且发挥着非常重要的作用。

“关键期”是对孩子进行教育的最佳时期，不可错过。

儿童智力发展最快的时期叫“关键期”。在这个时期，儿童对外界的刺激特别敏感，容易接受外界信息，其先天潜能发挥得最好最充分，从而容易获得某种能力。抓住“关键期”对孩子进行良好的教育，如同农民不误农时进行播种，能收到事半功倍的效果。

在《世界经典教育案例启示录》一书中有这样一个小故事：

一位英国少妇希望自己的孩子能成才，可她不知道什么时候开始对孩子教育比较好，于是，她抱着自己的孩子去请教伟大的学者达尔文。

“达尔文先生，您是世界上著名的大科学家，请问您，我的孩子什么时候开始教育最好呢？”

“亲爱的夫人，”达尔文瞅了少妇一眼，关切地问，“你的孩子已经多大了？”

“她还小着呢，才两岁半。”

达尔文叹了口气道：“哎，夫人，你对孩子的教育已经晚了两年半了！”

怪不得巴甫洛夫形象地说：“婴儿降生的第三天开始教育，就迟了两天。”美国心理学家布鲁姆（B.J.Bloom）通过对近千名儿童追踪研究认为，一个人的智力发展，如果把他17岁达到的智力水平算做100%，那么，从出生到4岁就获得50%的智力，4～8岁，又获得30%（达到80%），其余的20%在8～17岁这9年中获得。由此可见，幼儿在5岁以前是智力发展最迅速的时期。也就是说，3～4岁是幼儿接受早期智力教育的最重要的时机，不可错过。

"关键期"因人而异，要具体情况具体分析，恰当教育。

在儿童成长过程中，某种关键期应视每个儿童的实际情况而定，有的孩子可能出现得早些，另外一些孩子可能会很晚，所以应根据孩子的具体情况对其进行恰当的教育。

相关研究表明，儿童智能发育至少存在着九大关键期，如语言关键期（0～6岁）、秩序关键期（2～4岁）、感官关键期（0～6岁）、对细微事物感兴趣的关键期（1.5～4岁）、动作关键期（0～6岁）、社会规范关键期（2.5～6岁）、书写关键期（3.5～4.5岁）、阅读关键期（4.5～5.5岁）、文化关键期（6～9岁）等。

关于更为细致的划分，这里参考《怎样培养习惯》一书所引用的国内外近半个世纪的有关研究得出的数据：

6个月是婴儿学习咀嚼的关键期；

8个月是分辨大小、多少的关键期；

2岁至3岁是学习口头语言的第一个关键期；

2岁半至3岁是教孩子怎样做到有规矩的关键期；

3岁是计算能力发展的关键期（指数数儿和点数儿、按要求取物品及说出个数等）；

3岁至5岁是音乐才能发展的关键期（拉提琴3岁开始，弹钢琴5岁开始）；

4岁至5岁是学习书面语言的关键期；

3岁至8岁是学习外国语的关键期；

3岁是培养独立性的关键期；

4岁以前是形成形象视觉发展的关键期；

5岁至6岁是掌握词汇的关键期；

9岁至10岁是孩子行为由注重后果过渡到注重动机的关键期；

幼儿阶段是观察力发展的关键期；

小学1、2年级是学习习惯培养的关键期；

小学3、4年级是纪律分化的关键期；

小学3、4年级，初二、高二是逻辑思维发展的关键期；

小学阶段是记忆力发展的关键期，是记忆的黄金时代；

初中阶段是意义记忆的关键期。

著名教育家蒙台梭利曾经说："三岁决定一生。"幼儿、中小学阶段是孩子一生发展的关键时期。对孩子进行教育，一个重要的环节就是要抓住这些关键期，以便为其今后的学习、工作和生活打下坚实的基础。

如何认识和利用孩子发展的关键期？我的建议是：

认识关键期。可通过各种媒介来加深对关键期的认识，明确关键期是不容错过的、关乎孩子一生发展的好时机。

抓住关键期发展孩子良好心理品质，塑造健康人格。少年儿童时期，由于人的身心发展还未定型，具有较强的可塑性。著名教育家陶行知说过："人格教育，端赖六岁以前之培养。凡人生之态度、习惯、倾向，皆可在幼稚时代立一适当基础。"现代心理学的研究也表明，在儿童心理发展的过程中存在许多发展的关键期，一旦错过这些关键期，人的某些心理品质就得不到应有的发展，从而成为终身的缺失和"遗憾"。

抓住关键期发展孩子的智能。孩子的智能发育有各种关键期，在这些关键期内培育相关的智能，事半功倍，孩子轻松，教育者也轻松。

抓住关键期培养孩子的良好习惯，改正坏习惯。良好习惯的培养也有关键期。人在未成年以前，尤其是年幼的时候是培养行为习惯的最佳时期。孩子成长中的每一天都是习惯培养的好时机。这一时期也是矫治不良习惯的最佳时期，也可以说是关键期。因此，教育者不应放过这一关键的时期。

当然不必迷信关键期，要循序渐进。抓住关键期对孩子进行教育固然重要，但有一个重要的前提是尊重孩子的实际情况，不盲目迷信关键期，而应按照孩子的个性、心理特征来确定合适的发展目标，不应一概而论。

*

郑渊洁、韩寒、郭德纲，退学之后反而信心百倍、成绩斐然，不都是展示了自己的最佳才能区吗？他们都是成功者，而成功的原因是他们都能扬长避短。所以说，专家说的所谓天才，就是选择了最适合自己的道路而已。

自1905年法国心理学家比奈和西蒙编制出第一张智力测验量表开始，传统智力测验就开始统治了心理教育的历程。这个智力测验结果我们称之为IQ，即智力商数，智商。

哈佛大学著名心理学家霍华德·加德纳以其划时代的学术专著《多元智能》，向流行百年的智商测验发起了挑战。霍华德·加德纳认为，传统智力测验只能反映被测试者的一般认知能力或者学业成绩，所以用单纯的智商来评价青少年的智力水平是不全面的。加德纳先后完成了《智力结构》与《多元智能》两书的创作，提出了多元智能的理论。加德纳进一步指出，由于人的智能特点的不同，开发儿童的多元智能，将使具有特点的孩子及早摆脱传统教育的束缚。

加德纳教授认为，每个人都至少拥有八种智能，八种独立而又平等的智能，每个人的智能结构不同，但它们都在组合性地发挥作用。

人类有哪八种智能呢?

A. 语言智能，是指人们对于语言文字的掌握、运用、表现能力。这种能力在诗人、作家和演说家身上表现得最为突出。

B. 数学逻辑智能，是指数学思维和逻辑推理、科学分析的能力。

C. 空间智能，就是在脑中形成一个外部空间世界的模式，并能够运用和操作这种模式的能力。水手、工程师、外科医生、雕刻家、画家等都是具有高度发达的空间智能的例子。

D. 音乐智能，从事音乐创作、演奏和其他舞台表演的人，通常在这方面比较突出。

E. 身体运动智能，是运用整个身体或身体的一部分解决问题或制造产品的能力。舞蹈家、体育运动员、外科医生、手工艺大师在这方面有突出的表现。

F. 人际关系智能，就是理解他人的能力，教育家、心理医生、宗教领袖、政治家、推销员、经纪人等等具有这方面的长处。

G. 自我认知智能，这是一种深入自己内心世界、了解自己的感情生活、辨别自己的情绪变化、体验自己精神活动的能力，即建立准确而又真实的自我模式，并在实际生活中有效地运用这一模式的能力。由于这种智能的隐形性，如果观察者想探知的话，需要有来自语言、音乐或者其他显性智能的证据。一般来说，文学家、哲学家、心理学家、神学家、音乐家都是便于显现自己的自我认知智能的人。

H. 自然智能，如达尔文等人的发现自然的能力就是一个证明。自然智能是《多元智能》一书出版后的新发现。

可以试想，有效发现孩子的智能结构特点，又以鼓励的态度让他释放潜能，会有哪个孩子不爱学习?

迷信智商测试的时代已经一去不复返。

每一个人都有可能是某一个方面的天才。

以下就是风靡全世界的加德纳多元智能测试题：

请根据你对自己孩子的了解和熟悉程度对下列问题做出判断：

1. 他在背诗和有韵律的词句时很出色。

2. 他能注意到你愁闷和高兴的情绪变化。

3. 他常常问诸如“时间是从什么时候开始的？”问题。

4. 他很少迷路。

5. 他的动作很优美。

6. 他唱歌时音阶很准。

7. 他经常会问打雷、闪电和下雨是怎样形成的等问题。

8. 经常说过的一个词你用错了，他就会纠正。

9. 他很早就会系鞋带，出人意料地学会骑车。

10. 他特别喜欢扮演什么角色并编出剧情。

11. 出外旅行时，他能记住沿途标记，说：“我们曾到过这个地方……”

12. 他喜欢听各种乐器，并能通过音色辨别出它们。

13. 他画图画得很好，对物体描绘清晰。

14. 他善于模仿各种身体动作以及面部表情。

15. 就像喜欢根据大小和颜色把玩具分类一样，他善于划分种类。

16. 他擅长于把动作与情感联系起来，譬如他说：“我发昏了才做出这事……”

17. 他能够相当精彩地讲故事。

18. 他能够对不同的声响发表议论。

19. 某人被引荐，他有时会说：“她使我想起了谁。”

20. 对别人能完成与不能完成的事，他能做出准确的评论。

21. 在看电影、电视时，能够很快看出谁是坏蛋。

22. 观察力强，能发现事物的细枝末节。

23. 说话早，表达能力强。

24. 喜欢下棋打牌。

25. 学歌学得快。

26. 能够熟练地掌握各种工具器械。

27. 不卑不亢，有自信心。

28. 有“眼力见儿”，能够应酬客人。

29. 很少不知所措。

30. 喜欢读书，无须大人督促。

31. 能很快学会等量转换，例如，500克是1斤，3尺是1米。

32. 从小就爱摆弄乐器，长大一些后，能识别出没有歌词的乐曲的演奏曲。

33. 是拆装玩具、折纸的能手，别人都说他手巧。

34. 知道如何计划自己的事情。

这其中，1、8、17、23、30表现出的是语言才能；6、12、18、25、32表现出的是音乐才能；3、7、15、24、31是逻辑数学上的才能；4、11、13、22、29是空间上的才能；5、9、14、26、33是身体动觉才能；10、16、20、27、34是自我认识才能；2、10、19、21、28是他人认识才能。倘若你对上面与某项才能有关的五个问题上都答“是”，那么，你的孩子就可能具有那一种才能。

*

大家都听说有“生物钟”，神奇的生物钟在自然界普遍存在。

在中美洲的危地马拉共和国有一种第纳鸟，它每过30分钟就会“叽叽喳喳”地叫上一阵子，而且误差只有15秒，因此那里的居民就用它们的叫声来推算时间，称为“鸟钟”；在非洲的密林里有一种报时虫，它每过一小时就变换一种颜色，在那里生活的家家户户就把这种小虫捉回家，看它变色以推算时间，称为“虫钟”；在南非有一种大叶树，它的叶子每隔两小时就翻动一次，因此当地居民称其为“活树钟”；在南美洲的阿根廷，有一种野花能报时，每到初夏晚上8点左右便纷纷开放，被称为“花钟”。

不仅如此，微小的细菌也知道时间。据美国最新的《自然》杂志介绍，某些单细胞生物体内不仅存在生物钟，而且这些生物钟十分精确。

生物钟又叫生物节奏或生物节律，是指生物周期的节律现象。在自然界，生物钟是一种普遍存在的节律现象，无论从低级到高级，从简单到复杂的生物都存在着周期节律现象。如树木植物的定时开花、变色、结果；动物睡眠、觅食、啼鸣及发情交配、搬迁等。

许多生物钟的周期和一些平时最容易觉察的自然界节律活动周期惊人地相符。科学界认为，大多数生物钟是生物适应外部条件的结果，但是，随着“时间基因”的形成，生物钟可以离开外部条件自行运转。如果蝇一般都在黎明时候破蛹而出，即使把它放进全暗的盒子里，培养十几代后，仍然保持黎明时候羽化成虫。

万物之灵的人类，同样受着生命节律即生物钟的支配。

早在19世纪末，科学家就注意到了生物体具有“生命节律”的现象。上世纪初，德国内科医生威尔赫姆·弗里斯和一位奥地利心理学家赫尔曼·斯瓦波达，他们通过长期的临床观察，揭开了其中的奥秘。原来，在病人的病症、情感以及行为的起伏中，存在着一个以23天为周期的体力盛衰期和以28天为周期的情绪波动期。

大约过了20年，奥地利因斯布鲁大学的阿尔弗雷特·泰尔其尔教授，在研究了数百名高中和大学学生的考试成绩后，发现人的智力是以33天为波动周期的。于是，科学家们将体力、情绪与智力盛衰起伏的周期性节奏，绘制出了三条波浪形的人体生物节律曲线图，被形象地喻为一曲优美的生命重奏。到了20世纪中叶，生物学家又根据生物体存在周期性循环节律活动的事实，创造了“生物钟”一词。

大量临床观察及实验研究证明：人的生活、生存、活动是有周期性、节律性规律的。这些规律性活动受人体内像时钟那样的许多“齿轮”基因和中心“擒纵轮”基因组成的“生物钟”所控制、操纵和调节。

美国的一家微型汽车公司，向它在爱达荷州公司的60名司机，提供了生物节奏表格。当司机处于“临界期”时，预先提醒他们多加小心，结果车祸的发生率减少了2/3。日本沃米铁路公司查阅了1963年至1968年间所发生的331起事故，发现其中59%的事故是发生在司机的“临界期”。1969年，该公司开始实行生物节奏计划，使全年的事故一下子减少了50%。

在瑞士洛迦诺城里的弗兰芝·威尔林博士的诊所，除急诊外，手术的安排都是严格按照病人和医生的生物节奏决定的。一般在病人的“临界期”不安排手术，同样，绝无一个医生在他的“临界期”时去替病人开刀。连续数年的病史表明，威尔林博士的诊所手术后并发症的发生率减少了30%以上。

有人把人体内的生物节律形象地比喻为“隐性时钟”。每个人从他诞生之日直至生命终结，体内都存在着多种自然节律，如体力、智力、情绪、血压、经期等。

人的生物节奏有很多，截至目前人们已发现的人体生物钟有一百多种。有年节奏周期、月节奏周期、日节奏周期等等。

人体生物节律中，周期在半小时以内的都属于高频类，如呼吸每分钟20次左右，脉搏约70次/分。中频类的周期在半小时与6天之间，人的睡眠深度为90～120分钟的周期性波动。低频类的周期超过6天，如月经等。

对于人体生物钟的研究和应用，古就有之。比如中国的脉学经络学、灵龟八法、子午流注针法等等，都与人体生物钟有着密切的关系。古希腊希波克拉底也说，给病人看病的时候，要密切注意病人的出生年月日与病情发展日期之间的波动关系的详细情况。这些都是因为节律现象是很客观的，有的还相当明显，受到人们的广泛关注并加以利用。

顺应生物钟的要求，能帮助儿童更好地生活、学习和工作。现代生物学认为：人体各种生理活动都有“预定时刻表”即“生物钟”。人体的各种活动若能顺应生物钟的要求，则可达到健、寿、智、乐、美的境界。若不顺应它，则随着违反的程度不同而使人体受到不同的损害，表现为疲劳、低智、抑郁、早衰、疾病甚至死亡。

人体生物钟的奥秘帮助科学家们研究发现了一系列“最佳时间”：

（1）最佳起床时间

早晨5～6点钟是人体生物钟的“高潮”，体温升高，此时起床会精神抖擞。

（2）最佳饮水时间

起床后饮水既可补充一夜消耗的水分，又可稀释血液，有洗涤胃肠、防止血栓形成的作用。上午10时、下午3时左右饮水可补充工作流汗和排尿所散失的水分，防止人体酸性化；餐前1小时喝一杯水，有助于消化液分泌，促进饮食；睡前饮水，可冲淡血液，使循环通畅。

（3）最佳用脑时间

上午8时大脑具有严谨周密的思考能力；上午10时精力充沛；下午2时反应最敏感；晚上8时记忆力最强。

（4）最佳工作时间

上午10时至下午3时工作效率最高。一般而言，上午适于脑力劳动，下午适于体力劳动。

（5）最佳打针时间

一般宜选择在上午9时，此时身体对痛觉最不敏感。

（6）最佳午休时间

人脑的活动能力在下午1时左右最为低落，故此时午睡最为适宜。

（7）最佳锻炼时间

晨练。冬春季的头一二个月应避开早晨6～7时；而夏秋季早晨5～6时，空气清新，气候凉爽，是锻炼的良好时机。平时上午9时、下午4时以后，做做健身操对健康有益，因为此时肌肉温度高，粘滞性最小，关节最灵活。

（8）最佳减肥时间

饭后45分钟左右，以每小时4.8公里的速度散步20分钟，热量消耗最快，有利于减肥。

（9）最佳刷牙时间

应在每餐后3分钟内进行，因为口腔内的细菌分解食物残渣中的蔗糖和淀粉产生的酸性物质，会腐蚀和溶解人的牙釉，这个过程通常是在进餐完毕后3分钟后开始的。

（10）最佳吃水果时间

饭前1小时吃水果有益无害；饭后2小时吃水果其营养最容易被小肠吸收。

（11）最佳喝牛奶时间

牛奶中含有一种成分，具有催眠、镇静作用，因此喝牛奶的最佳时间为睡前，既可补充营养，又有利于安眠入睡。

（12）最佳睡眠时间

人体生物钟在晚上10～11时出现一次“低潮”。因此，睡眠的最佳时间应是晚上9～10点。如果晚上11时后还未入睡，那么过了12点就较难入睡了。

人体生物钟形形色色、各不相同。保持自己体内生物钟的正常运转是十分重要的。了解生物钟，按生物钟运行的规律来安排工作、学习和生活，就会有利于提高生活质量和生命质量。如果我们对情绪、体力、智力的生物节奏好好把握，充分利用高潮期，避开低潮期，这对提高生命质量大有裨益。

生物节奏是那么有节律地支配着每个人。但这个理论并不能预测将要发生什么事情，更不能用来求卜、掐算命运，它只是提示人们，在某段日子里可能出现的体力、情绪和智力的倾向而已。一旦人们能及时而清楚地意识到自己所处的周期变化，那么，就可以充分利用它来更有效地工作、生活和学习，即使是处在“临界期”和“低潮期”，通常也完全可以用坚强的意志和毅力去加以克服。

如何认识并利用“生物钟”进行学习或者教育呢？我的建议是：

了解各种各样的“生物钟”。孩子们通常会对新奇的事情感兴趣，父母可以先了解相关的知识，将这些信息以生动有趣的形式传递给孩子们，帮助他们认识“生物钟”现象，了解“生物钟”。

**教孩子合理利用时间，合理用脑，提高学习效率。**父母有必要指导孩子充分利用最有效率的时间。如果把最重要的任务安排在一天里最有效率的时间去做，就能花较少的力气做完较多的工作。而按时用脑，充分利用节律的高潮，能有效避免节律低潮时造成的差错、事故、损失和效率不高。

指导孩子运用生物钟理论调整考试节律状态。如果孩子在学习过程中智力处在高潮期，这时学生观察、记忆、思维、想象力最佳，理解能力强，利于吸收新知识。这段时节如恰逢高考，则能够正常发挥，取得好成绩；如处在低潮期或临界期，应注重巩固所学知识，不宜吸收高难度知识。特别是复习、高考，如逢临界期，要及时从饮食、心理方面提前调解，才能超常发挥；否则会由于生物节律状态的客观影响而引起发挥失常。

生活节奏不宜过快，要慢下来。生活节奏过快，会转化成生理节奏加快，使体内原来合拍的节律变得紊乱，影响激素分泌节律紊乱，进而影响其他生理节律的紊乱，导致疾病及早衰，所以父母有必要对孩子的生活节奏加以控制。孩子感觉最舒服、最顺畅、最有力，就是顺应了他自身的节律。

*

在现代政治法律里，权利是一个受人尊重而又模糊不清的概念。

在现实的教育中，尊重儿童的权利是教育的前提，也是建立科学儿童观的法律要求。很多父母并不了解儿童的权利，儿童对自己所拥有的权利也知之甚少。那么，儿童究竟有什么权利？父母应怎样认识儿童的权利？

联合国《儿童权利公约》于1992年4月1日正式对中国生效。按照《公约》的界定，儿童是指18岁以下的任何人。该《公约》共54条，实质性条款41条，其中提到的儿童权利多达几十种，如姓名权、国籍权、受教育权、健康权、医疗保健权、受父母照料权、娱乐权、闲暇权、隐私权、表达权等等。

在《媒介与儿童教育》一书中，我国著名媒介与儿童教育专家卜卫女士认为，可将儿童享有的各种权利进一步概括为四种最基本的权利，即：

生存权——每个儿童都有其固有的生命权，并享有可达到的最高标准的健康权和获得医疗关怀的权利。

发展权——每个儿童有受教育权（包括正规教育和非正规教育）和获得其体能、智能、精神、道德和社会发展的权利。

受保护权——每个儿童有免受歧视、虐待和忽略的权利。孤儿、难民中的儿童等困境儿童应受到特殊保护。

参与权——每个儿童有参与家庭、文化和社会生活的权利。儿童有权利就所有影响他们生活的事项发表自己的意见。

应该说，无论是否明确认识了儿童的权利，现代父母对儿童的生存权、发展权、受保护权还是重视的，但比较容易忽视儿童的参与权。为什么这么说呢？

现实生活中，儿童的参与机会太少了。我们可以回想一下，社会上关于儿童的奖项，有几项完全由儿童自己来决定评奖事宜？学校里关于儿童的娱乐活动如“六一节”，有几项是完全由儿童自己来决定的呢？家庭里又有多少关于儿童的升学、课外活动、购买物品、交朋友、娱乐活动听取了孩子的意见呢？儿童的很多活动都变成了成人的活动。

关于儿童的参与权，卜卫女士在《媒介与儿童教育》也做了详细介绍，她写道：

儿童参与权（Participation Rights）指儿童参与家庭、文化和社会生活的权利。在《儿童权利公约》中，儿童参与权的主要条款是第12条和第13条。

第12条

缔约国应确保能够形成自己看法的儿童有权对影响儿童的一切事项自由发表自己的意见，对儿童的意见应按照其年龄和成熟程度给以适当的重视。

第13条

儿童应有自由发表言论的权利，此项权利应包括口头、书面或印刷、艺术形式或儿童所选择的任何其他媒介，不论国界，寻求、接受和传递各种信息和思想的自由。

父母的儿童权利意识淡薄，孩子可能“总也长不大”。我们常常看到，在现实生活中，并不是所有事项都能由儿童做决定的，父母常常以自己的意志代替了孩子的意愿，父母说什么，孩子就去照做。表面上看，孩子很“听话”。实际上这隐藏了种种不为人察觉的危机。久而久之，孩子唯成年人“马首是瞻”，缺乏主体意识和参与意识，由此亦可能导致缺乏独立思考能力。若干年之后，父母也许会疲惫地感叹“孩子为什么总也长不大”？

比如，很多父母都希望孩子爱读书，这当然是基于好的出发点。然而，也有很多父母在孩子读书的问题上，并不十分尊重孩子的意愿，有的甚至采取了粗暴干预的态度。他们认为儿童文学太幼稚，不真实，读书就是要读名著、啃大部头。比如有的父母急功近利地把阅读当成提高写作水平的工具，忽略阅读对孩子全面发展、培养健康人格的作用。这样，很多优秀的儿童文学作品被父母无情地挡在了儿童阅读世界的大门外。

这个世界上的确有少数人在儿童时期就接触了相当多的文学作品，但那仅仅是少数。对大部分的孩子来说，这一类高深的文学作品需要在他们年龄再大一些、思维理解能力更高一些的时候阅读，过早的接触只会让他们失去对这类作品的兴趣，从而导致阅读习惯培养的偏颇。

不难看出，相当多的父母并没有意识到自己稍微不注意便可能代替孩子做出了决定，或削弱或剥夺了孩子的权利；而对于少年儿童来说，由于他们的知识面的局限，绝大部分人还没有获得清醒的权利意识，所以，盲目跟随父母的节拍前进就变得理所当然。而这是很危险的：父母总是代替儿童做出决定，儿童自己为自己做决定的潜能就会逐渐消失，父母会反过来埋怨儿童总也长不大。相反，如果总是鼓励儿童参与，儿童的权利被充分尊重，儿童则能完全充分发挥自己的潜能，成为他自己的主人。

因此，**教育者或父母应尽量让儿童最大程度地参与有关自己的事项，使儿童在参与过程中，不断认识和提高自己处理各种问题的能力，逐渐成为一**

**个在个性、才智和身心等方面充分发展的健康的人。**

如何认识并真正尊重儿童的权利呢？我的建议是：

了解、学习相关的法律法规。关于儿童所拥有的各种权利，可以通过阅读和学习联合国《儿童权利公约》和《中华人民共和国未成年人保护法》来获得正确的认识，这些法律法规对正确认识儿童的各项权利很有帮助。

牢固树立“儿童是与自己平等的独立的个体”的意识。应深刻地认识到：每个孩子生下来就是一个独立的个体，不是任何人的附庸，他具有自己的独立人格和尊严，需要受到他人包括父母的尊重。

在尊重的前提下爱孩子。一定要把握一个原则：**爱孩子，但不溺爱孩子**。溺爱常常酿造悲剧。在尊重孩子的前提下爱孩子，就会有度、有节，而不会泛滥。

让孩子自己做决定。有很多父母总以自己的愿望来代替孩子的愿望，却不知道，孩子也有自己的想法，所以，最好让孩子自己做决定，让他在参与自身事务的过程中学会处理各种问题。如果真的要帮孩子做决定，也要仔细想一想：孩子到底需要什么？

*

**教育就是两代人共同成长。**

单纯教诲、训导的时代已经过去，我们将迎接更显人文精神的新教育时代。

提出这个论断的理论依据是“并喻文化”理论。当今时代，社会发展经历了巨大的变化，各领域中的知识技术正在迅速更新。人类学家玛格丽特·米德当年在其著作《文化与承诺》中所描述的“并喻文化”和“后喻文化”，已成事实，尤其是“并喻文化”正越来越广泛地影响着人们的生活、教育。

另外，中国青少年研究中心曾做过“向孩子学习”的课题，意义深远。

一、“并喻文化”：两代人互相学习才能生存和发展。

“并喻文化”是相对于“前喻文化”和“后喻文化”而言的。

简单地说，“前喻文化”就是新一代人向老一代人学习才能生存；“后喻文化”，即老一代人需要向年轻一代学习，社会才能进步。

在玛格丽特·米德的阐述中，“前喻文化”即所谓“老年文化”，是数千年以前原始社会的基本特征，也是一切传统社会的基本特征。原始社会中，生产工具简陋，自然环境险恶，人们缺乏酿就生产与社会变革的必要的物质手段，整个社会发展十分缓慢。人们从未奢望、也根本不可能设想自己的生活能和父辈、祖辈的生活有什么不同，在他们眼里，生活的意义是既定的，前辈的过去就是他们的未来，“他们的父辈在无拘束的童年飘逝之后所经历的一切，也将是他们成人之际将要经历的一切”。

“后喻文化”，即人们所称的“青年文化”，是一种和“前喻文化”相反的文化传递过程，即由年轻一代将知识文化传递给他们生活在世的前辈的过程。如果说在“前喻文化”（即传统社会）中，社会化的对象是社会中尚未成年的个人，那么，借用社会学的术语，“后喻文化”则是一种不折不扣的“反向社会化”。“在这一文化中，代表着未来的是晚辈，而不再是他们的父辈和祖辈。”

那么，“并喻文化”是什么呢?

简单地说，“并喻文化”就是两代人互相学习才能生存和发展。

玛格丽特认为，“并喻文化”从根本上来说是一种过渡性质的文化，它肇始于“前喻文化”的崩溃之际。战争失败、移民运动、科学发展等是导致“前喻文化”崩溃、“并喻文化”诞生的诸多历史原因。先前文化的中断使年轻一代丧失了现成的行为楷模。既然前辈无法再向他们提供符合时代要求的全新的生活模式，他们只能根据自己切身的经历创造，只能以在新的环境中捷足先登的同伴为自己仿效的楷模，这就产生了文化传递的“并喻”方式。

二、“并喻文化”的产生，既同亲子两代人各自的身心特点有关，也是这个瞬息万变的时代造就的。

“并喻文化”不会平白无故地产生，究竟有哪些原因呢?

原因之一：社会变迁加剧，面对层出不穷的新事物和新规则，年轻一代顺应自然、运用自如，年长一代却茫然不知所措。

一个很典型的例子，就是在乒乓球比赛中，我们曾经看到的原本十分优秀甚至拥有世界冠军头衔的球员，因为无法适应新制定的比赛规则名落孙山，而那些名不见经传的新手此时却脱颖而出。年轻一代和年长一代的较量也是对于新规则的适应力的较量。至此，孩子第一次获得了“指点”父母的机会。

原因之二：面对社会变迁的加剧，孩子具有较高的敏感性和吸收能力，父母却常受到传统和经验的束缚。

对年长的一代来说，当出现与旧有的经验不一致的新知识时，新知识可能被视为是怪异的；但对脑袋里根本没有旧框框的年轻一代来说，新知识则是天经地义的。很多孩子对父母常常教育子女要好好学习、自己却得过且过的做法甚为不解。

原因之三：与同学、同伴的交往是孩子获取各种新知识和新价值观念的途径之一，同辈群体成了孩子影响或“反哺”父母的知识“蓄水池”或“扩展内存”。

与同学的交往是青少年获得大量的知识和信息的来源之一。比如大学宿舍每天晚上睡觉前的“卧谈会”就是一场信息密集的交流会，内容应有尽有。这样，父母看起来是和一个孩子打交道，实际上是在和一群孩子甚至是一代孩子打交道。

原因之四：电脑的普及和大众传播媒介的广泛影响，使孩子第一次能够从父母、老师以外获取大量的知识和信息。

尽管父母也一样看电视，但实际他们从电视上获取的知识与信息的数量和质量远远不如孩子。而电脑操作方面的差异则更为明显，对父母们来说，电子计算机是他们人生的“滑铁卢”。很多父母面对家中计算机软件的不断升级却常常一筹莫展，力不从心。而孩子则占尽了电脑操作和语言使用等方面的各种优势。

三、“并喻文化”的基本特点是全体社会成员以目前流行的行为模式作为自己的行为准则。

马格丽特·米德在《文化与承诺》中告诉我们：

在“前喻文化”中，长辈的行为向晚辈提供了不可背离的榜样，以致人们至今仍然接受着祖先们所遗存下来的生活方式。如果说人类历史上有过许多关于“前喻文化”的记载，那么那种以“并喻方式”作为文化传递的唯一模式的社会却寥寥无几，我们很少听说这种“并喻方式”能够单独地代代相传。如果真有那种将“并喻”方式作为唯一的行为传递模式的社会，那么年老的一辈和年轻的一代都将认为，每一新生世代的行为不同于他们的前代是“天经地义”之事。

在一切“并喻文化”中，长辈在某些方面仍然占据着统治地位，他们为晚辈的行为确立了应有的方式，界定了种种限制，年轻人相互间的学习是不能逾越这些行为的樊篱的。在许多社会中，人们接受新行为时获得长辈的赞许是十分重要的；也就是说，年轻人的行为改变最终并不取决于自己的同辈，而是取决于年长者的同意。但是，在“并喻文化”中，人们同时也怀有一个共同的愿望：即每一世代的成员其行为都应以他们的同辈人为准，特别是以青春时期的伙伴们为准，他们的行为应该和自己的父母及祖父母的行为有所不同。个人如果能够成功地体现一种新的行为风范，那么他将会成为同代人的学习楷模。

四、现代社会，父母向孩子学习或孩子“指点”父母已经成为十分普遍的现象。

“并喻文化”中，孩子们常常是父母生活中的“老师”。不仅很多父母在许多方面不如孩子，即使作为孩子的教师，在科技知识和文化信息方面不如孩子的现象也十分普遍。

孩子对父母的影响主要体现在以下几个方面：

一是在涉及事物的好坏、对错判断的价值观方面。尽管子女在价值观方面影响父母很难，很多父母也认为来自孩子的影响一般不会影响到自己的价值观和人生观，但在一些特殊的情况下，父母们也承认孩子的影响会触及自己的“灵魂深处”。

二是孩子对社会和人生的理解、对消费和钱的看法以及审美和生活情趣都开始影响到父母，使后者的生活态度在无形中发生了明显可见的变化。

三是在对新器物的使用和对新潮流的了解上，父母对来自孩子的“指点”的接受几乎是无条件的。

“牛顿花了一生才发明的物理定律，现在的大学生一星期就学会了。”在《文化与承诺》出现的这段话，是引人深思的：即使在不久以前，老一代仍然可以毫无愧色地训斥年轻一代：“你应该明白，在这个世界上我曾年轻过，而你却未老过。”但是，现在的年轻一代却能够理直气壮地回答：“在今天这个世界上，我是年轻的，而你却从未年轻过，并且永远不可能再年轻。”

如何认识“并喻文化”理论并且指导教育实践行动呢？我的建议是：

了解“并喻文化”产生的相关文化背景和有关理论。系统的理论是指导我们学习的很好的武器，掌握了这些，就能做到心中有数了。

用欣赏的眼光，认识现代孩子的优点。现在的孩子优点很多，比如独立、创新、富于激情、适应力强等等。我们不要一眼就看到孩子这样那样的缺点，应该说，这一代孩子是很优秀的，是值得信任并且会大有作为的。现在飞速崛起的信息产业，不正是年轻一代大展宏图的天下吗？

提高孩子在家庭生活中的发言权和决策权。父母在决定日常生活用品的购买或集体行动时，应该征求子女们的意见，甚至可以干脆由他们去做主。小到买何种饮料、早点、服装，大到电视机的品牌、尺寸、型号，再到孩子们自己的专业和前途，都可以让孩子自己去选择。

接受代际冲突。面对代际之间的冲突，父母应该坦然接受，因为每一代的生活经历都将与上一代不同。代际冲突的存在是必然的。

父母必须要向孩子学习。多沟通，多交流。“真正的交流应该是一种对话。”当代世界独特的文化传递方式，决定了在这场对话中，虚心接受教益的应该是年长的一代。

*

人的发展的本质是求得内在的和谐，在教育操作上表现为达成一种平衡，即：协助人建立一种不断自我完善的内洽机制。

陈会昌先生说，每个孩子心里都有两粒种子：

一颗种子是“自我控制力”；另外一颗种子就是“个人主动性”，包括内在兴趣、内在动机、自发性、首创性，也就是“做自己想做的事情”。这二者结合促进孩子的和谐发展。

有意义的教育，最重要的莫过于培育这两颗种子，用爱去浇灌，让它们生根、长成参天大树，然后发芽、开花和结果。

*

教育者唯一要做的事情是，保护甚至捍卫孩子的主动性。很奇妙的是，一旦建立了保护孩子主动性的信念后，教育者表现出来的教育素养就是：无为，因为只有真正做到“无为”，才能切实保护孩子的主动性。在孩子的成长面前，最好什么都不要做，才是教育的大智慧。

曾经读到过一个这样的“黑色幽默”：

20世纪80年代之前，中国曾派一个访问团，去美国考察初级教育。回国后，访问团写了一份三万字的报告，在见闻录部分，有四条总结：

孩子无论品德优劣、能力高低，无不趾高气扬、踌躇满志，大有“我因我之为我而不同凡响”的意味。

小学二年级的孩子，大字不识一斗，加减乘除还在掰手指头，就整天奢谈发明创造，在他们手里，让地球调个方向转动，好像都易如反掌似的。

重音、体、美，而轻数、理、化。无论是公立还是私立学校，音、体、美活动无不如火如荼，而数、理、化则乏人问津。

课堂几乎处于失控状态。孩子或挤眉弄眼，或谈天说地，或跷着二郎腿，更有甚者，如逛街一般，在教室里走来走去。

结论是：美国的初级教育已经病入膏肓，可以这么预言，再用20年的时间，中国的科技和文化必将赶上和超过这个所谓的超级大国。

在同一年，作为互访，美国也派了一个考察团来中国。他们在看了北京、上海、西安的几所学校后，也写了一份报告，在见闻录部分，也有四段文字：

中国的小学生在上课时喜欢把手端在胸前，除非老师发问时，举起右边的一只，否则不轻易改变；幼儿园的孩子则喜欢将手背在后面，室外活动时除外。

中国的孩子喜欢早起，七点钟之前，在中国的大街上见到最多的是孩子，并且他们喜欢边走路边用早点。

中国学生有一种作业叫“家庭作业”，据一位中国老师解释，它的意思是学校作业在家庭的延续。

中国把考试分数最高的学生称为学习最优秀的学生，他们在学期结束时，一般会得到一张证书，其他人则没有。

在报告的结论部分，考察团写道：中国的学生是世界上最勤奋的，在世界上也是起得最早、睡得最晚的；他们的学习成绩和世界上任何一个国家的同年级学生比较，都是最好的。可以预测，再用20年的时间，中国在科技和文化方面，必将把美国远远地甩在后面。

将近30年过去了，美国“病入膏肓的教育制度”共培养了五六十位诺贝尔奖获得者和近两百位知识型的亿万富豪，而中国还没有。两家的预言都错了。

当然，我不认为培养五六十位诺贝尔奖获得者和近两百位知识型的亿万富翁，就是教育的成功，我对美国教育有过实地考察和研究，也并不认为他们的教育比我们强很多，但是无论这个故事是否属实，这个“黑色幽默”却给了我们一个启迪：敢不敢彻底给孩子松绑？为什么孩子是“可以”依靠的，而且是可以“彻底”依靠的？

*

我有幸结识了积极推动中国教育变革的郭思乐教授及其倡导的“生本教

育”，曾应郭教授之邀到广东的各生本教育实验学校观察研究与演讲，因此成为郭教授的忘年交。

郭教授对我颇有勉励与指点，他曾发给我短信说：你自是，聪明之极，不可思议，跟着你，年轻的鹰，走在教育的霞光里。

而实际上，郭教授所达到的境界已经极高，他所提出的“生本教育”理论代表着中国教育前进的方向。其核心理念之一，就是“全面依靠孩子”，与新时期的养成教育的观念不谋而合。

全面依靠孩子，就是把以往教学中主要依靠教育者的教，转变为主要依靠孩子的学。而教育者则要退后，他的作用和价值，体现在最大程度地调动孩子的内在积极性，组织孩子自主学习。这，不仅仅是教育方法的转变，更是教育观念的深刻变革。

记得有一位朋友问郭思乐教授：“什么是教学？”

郭教授回答说：“如果你告诉学生，3乘以5等于15，这不是教学。如果你说，3乘以5等于什么？这就有一点是教学了。”

“如果你有胆量说：‘3乘以5等于14’，那就更是教学了。这时候，打瞌睡的孩子睁开了眼睛，玩橡皮泥的学生也不玩了：‘什么什么？等于14？’”

“然后他们就用各种方法，来论证等于15而不是14。比如4个3是12，再多加一个3，是15；数一数，5个3是15，等等。”

这一段小小的对话，体现了郭思乐教授的“全面依靠孩子”的大智慧。无独有偶，我后来观察研究了近年来被教育界奉为榜样的山东杜郎口中学的教学发展思想，至少在全面依靠孩子方面与生本教育理论是相通的。在杜郎口中学办学模式中，其教学发展原则正是：“相信学生、发动学生、依靠学生、发展学生。”该校校长崔其升提出：“把学习的权利还给学生，把学习的自由还给学生，把学习的快乐还给学生，把学习的空间还给学生。”这段话很精彩。

但据我的观察与多次听课观摩，杜郎口中学甚至著名的江苏洋思中学的教学模式的“依靠”还不够彻底、不够全面，在课堂上，依然可以看到教师的“有为”和“雕琢自我”的痕迹。除了教育观的变革不够彻底，还有一个主要原因是教育理念本身没有系统化，不可能成为一个稳定的、可持续的、科学的发展机制。

在教育过程中，很多的教师和家长根本不敢“放”，也就是即使知道了“依靠孩子”的重要性，但由于被惯性思维的力量所控制，“放”而不下，结果导致“虚伪”的“依靠”。我认为，教育观念的变革需要“彻底”，“不彻底”不如不变革。

*

有南方或者东北地区山地生活经验的人都知道，种植水稻需要人工插秧，人工插秧就是把培植好的秧苗，按照事先牵好的线索和格子，整齐地种植到水田里，这个方法在我国沿用了大概三千年。这个方法的缺点：一是劳动强度大，一个成年劳动力一天最多能插一亩地；二是水稻产量低下下，因为受力不同，所以秧苗深浅不一，导致很多秧苗要挣扎很久才能正常生长。

上个世纪，开始了一次重大的变革，那就是应用抛秧技术，就是，把培育好的秧苗“随便”地扔到水田里，让秧苗自然生长，结果彻底解放了生产力，按照国家科技部的资料分析，抛秧至少可以有以下效益：

一、操作灵便，不受田地大小限制。

二、省工、省力、省时。抛秧比人工插秧提高工效近10倍，作业效率高，有利于促进劳动力转移，发展农村经济。据说，一个小孩就能一天抛秧

10亩水田。

三、抛秧具有分蘖早发优势，不缓苗，返青快，秧苗入土深浅适宜，低节位分蘖，根系发达，生长旺盛等特点。由于地表的热、肥、水、气候等环境优越，抛秧入土深浅适宜，因此，抛秧分蘖节位低，发生分蘖多，而人工插秧入土较深，分蘖节位较高，平均要比抛秧提高2个节位，且分蘖数量少。

四、增产增收，经济效益显著。抛秧地块通风、透光好，减少病虫害，而且不用缓苗，返青快，分蘖多，有效成熟穗多，所以产量高，效益显著，一般可增产14%，这也是机械抛秧最主要的一点。

其实，教育也需要“抛秧”，我们人为控制孩子的生长，就等于执着地“插秧”；而依靠孩子自主发展，就等于无为地“抛秧”。

作家冰心说，让孩子像野花一样生长，应当是现代教育变革的总纲领。不妨先说说孩子的内心世界。所谓内心世界，就是各种影响孩子行为的心理要素的总和，研究和了解孩子的内心世界，才能正确把握教育的真谛。

人的内心世界由人的个性、需要、价值观、态度和动机等几个要素组成，前三个要素影响和决定了人的态度，态度是它们的综合与代表，所以态度是内心世界各因素的核心。态度和外界诱因结合就产生动机。在外界时间、地点、条件都适合的情况下，动机就变成行为。

人的主动发展，其内心世界的关键是“态度”，而态度的核心却是“自主选择”，这是最能体现人的主动性的成分，是一个人作为万物之灵最值得引以为豪的因素。我们不妨把它叫作人的“魂儿”，我们平时讲某某“像丢了魂儿似的”，指的就是他失去了自主选择的判断力。

现代教育中，须先承认这个“魂儿”的重要性，并以此为孩子自主发展的线索，才能从教育的困局中解脱出来。“抛秧”的做法，就是赋予“秧苗”自主选择的权利，使其按照自己的生长规律自由自在地生长。按照人的内心世界的规律，孩子的成长，也需要我们赋予其“自主选择”的机会和可能，使其按照自我期待来要求自己。当然，需要说明的是，“秧苗”和人还是有区别的，“秧苗”是植物，外在因素比较简约，而人是社会性动物，人的复杂的社会属性及环境也将对人发生不自觉的影响，但都暗喻着，使其自由生长，才能从根本上解决问题。

*

人只要实现了自觉管理，就会为自己而努力，也就是说，当我们的孩子建立起了责任心，就很有可能迁移到学习上来，即会逐渐明确：我为自己上学。

这是我们教育者梦寐以求的啊。引导孩子喊出“我为自己上学”这个心声的两个秘诀，就在于培养、巩固孩子的责任心：

一是责任心的萌芽于“拥有自己的秘密”，因此，我的老师曾说，没有秘密的孩子长不大；二是责任心的稳固于“在错误中受到惩罚因而内疚”，因此，教育也需要惩罚（并非体罚）。

首先，除了尊重孩子的隐私是教育者的基本道德以外，更加重要的是——没有秘密的孩子是长不大的。

允许孩子有秘密，是帮助孩子走向独立的踏脚石。从教育学的角度来说，走向独立是现代人的基本特征之一，而拥有个人秘密并能恰当处置正是走向独立的要素。对于人来说，秘密往往与责任相连，并且要独立承担责任。

据《信报》记者杜丁调查撰文，大多数的家长都“偷偷”翻看过自己孩子的书包，偷看自己孩子的日记。一项专项调查结果显示，70%的孩子都强烈反对父母偷翻自己的书包，偷看自己的日记。

有一位15岁的女孩这样写道：有一个星期天，我准备痛快地玩一天，因为一个星期的紧张学习使我头晕目眩，两眼发花。可是，在我玩累了归来时，发现我的书包被翻过了。于是，我立刻想起了书包里的日记本。果然，日记被妈妈翻看了，并且写了留言。虽然她向我道了歉，但这道歉又有什么用呢？日记写的是我心中的秘密，是我从来不肯泄露的私事，我从没对父母说过，可妈妈竟查了我的书包！

我又羞又愤，决了堤的泪水发狂地流！我真想大声对妈妈喊：你为什么要这样做？！母爱，这是母爱吗？伟大的母爱，是了解、关心和爱护呀！我真想冲出家门，去远方，甚至想到了死……

有一位孩子为了防备自己的父母偷看日记，准备了两个日记本，一是写给父母看的日记本，净是要好好学习之类的话，另一个则是自己真正的心里话。当妈妈打开孩子的日记本时，上面写着：妈妈，我知道你要看我的日记本的……

这些让人啼笑皆非的故事值得每个家长和老师深思。家长们的误区在于，因为自己是“过来人”，孩子还小，不知道保护自己，所以要查看日记，以“随时掌握孩子的动态”，“防微杜渐”。有的老师让孩子交日记，可想而知，这些所谓的日记不是编的，就是装模作样的。孩子需要有自己的世界，需要在这个世界中摸索、碰撞，在这个过程中知道问题的边界，找到解决问题的方案。任何粗糙的插手，都会让孩子在自己找寻坐标中感到不被信任，感到被监视，甚至感到羞辱。

其次，就是要让孩子为自己的过失负责。

多年前我曾经力促孙云晓教授写一本关于自己教子经验的书，后来就有了《我要做个好父亲》这本独特的书。孙老师的女儿孙冉我也熟识，由于得到了民主的教育，发展很好，虽没有上过什么名牌中小学，却靠自己努力考上了复旦大学，现在已在一家国家级的新闻单位做了记者。在这本书中，孙老师讲了一个关于责任心培养的故事：

以前，每天早晨他都会催女儿起床，可女儿总是不情愿地说："再待会儿。"如果真迟到了，她又会抱怨父母不把她拽起来。之后，他就决定让女儿对自己的事负责。他让女儿自己定闹钟。一次，闹钟响了，她把闹钟一按又睡了，结果一觉睡到十点半，受到老师的批评是自然的了。可她又不能怪父母，因为她应该对自己的行为负责。

以后，她就摆两个闹钟在房间，叫自己起床。终于，女儿不再需要父母叫床。而且学会了自己整理床铺，自己准备早餐。这是她摆脱对父母的依赖，走向独立的基础。而这正是在增强了责任心的前提下实现的。

孩子由于年幼，缺乏知识和经验，经常会造成一些过失，这并不奇怪。重要的是，要让孩子认识到自己的过失，并且要承担责任。美国前总统里根在他的回忆录中也有记载：

美国前总统里根11岁时，一次因踢球把邻居家的窗玻璃打碎了，邻居要他陪12.5美元。他只好回家找爸爸。

然而爸爸了解了事情的经过后，让里根自己想办法。里根很为难地说他根本没有这么多钱，爸爸就借给他12.5美元，并告诉他一年后偿还。此后，里根开始了艰苦的打工生活。经过半年的努力，他终于挣足了12.5美元，还给了父亲。

后来，里根回忆说，正是通过这件事，使他懂得了什么是责任，懂得了一个人要对他的过失负责。一般来说，孩子有过失的时候，恰好是教育的良机，因为内疚和不安使他急于求助，而此时给予自觉的机会，可能会吃一堑长一智，由此走向成熟，有可能使孩子刻骨铭心，成为一个有责任感的人。

近年来，赏识教育盛行，不过清醒的人都知道，单纯的"赏识"是不可能教育好孩子的。

在教育有十八般武艺中，惩罚也是很必要的，因为人的发展是艰苦的，是"先痛然后快乐"式的不断自我更新。但这里所说的"惩罚"不是教条，更不是单纯的打骂，而是以民主为内核精神的自我惩罚。

有人说，惩罚教育会使得亲子或者师生关系变得紧张，那我们可以反问，溺爱、放任不管就可以形成良好的关系吗？惩罚的目的不是惩罚本身，而是培养孩子的自我管理能力。

*

我们可以假想一下：我们只有一只手，于是在孩子面前，我们是需要他帮助的人，我们很多的事情可能都要请求孩子来帮助完成，结果，孩子不仅能很好地完成自己的事情，而且还能在帮助你的过程中，奇妙地独立起来。

很可惜的是，在独生子女这个人类史上一个奇迹面前，我们的教育者恨不得长出三只手、四只手来——结果大幅度延迟了孩子的自主与独立。

人是在自主活动中获得觉悟的，因此，教育者的一个善行就是：最好少一只手。

卢梭曾在他的名著《爱弥儿》中自问："什么是最好的教育？"他自己回答说："最好的教育就是什么也不去做。"这话不敢说是真理，但它发人深思。反观我们现在的教育者，是不是做得有些过多了呢？孩子们常常并不是为了自己的理想而努力，而是为了教育者的目标而"奋斗"，这样的

"做"当真不如"什么也不去做"！



法国作家福楼拜，两三岁的时候还不会说话，长到五六岁时，才逐渐学会说话。上小学以后，别的同学都能写出流利的文字，可是，他总是学不会写字。当外科医生的父亲，看到小福楼拜在学校的学习成绩一点儿也没有长进，就认为他是个"笨儿子"。实际上，福楼拜的学习成绩确实不好。他勉勉强强只读完了义务教育，以后，尽管福楼拜多次努力，想考进高一级的学校，但都因为考试成绩差，没有被学校录取。不仅如此，学校每次考试时，他的癔症都要发作一次。

福楼拜的父亲为他的学业和前途感到忧虑，想让福楼拜继承他的医生职业，为此，父亲整天不离左右地看管福楼拜用功学习，可是，福楼拜的学习没有一点儿进展，学习成绩还是很糟糕。福楼拜长到18岁的时候，当父亲知道福楼拜没有要做医生的愿望时，父亲又要求他去巴黎学习法律。有一天，福楼拜的癔症又发作了，他倒了下去，倒在哥哥的脚下。这年，福楼拜已经23岁了。

父亲为了给福楼拜治疗癔症，就不再督促福楼拜的学习，父亲对福楼拜的前途丧失了信心，放弃了对福楼拜学习的期望和要求。后来，父亲对福楼拜干脆就放任不管了。福楼拜在精神上摆脱了一切束缚，这时，福楼拜才发挥出他本来潜在的才能。

他闭门不出，他阅读了大量的文学著作，常常沉迷于文学与幻想之中，在灵感的启示下，福楼拜接连不断地创作出具有深刻的思想性、广泛的社会性、具有文学价值和欣赏品位的作品来。虽然他写得慢，但是他的创作热情很高。他的代表作《包法利夫人》一书，用了六年的时间写成。在创作《圣安东尼的诱惑》时，福楼拜曾多次改变本书的构思，推敲本书的主题和立意。出版定本时，实际上，已经是在福楼拜着手写作《圣安东尼的诱惑》这本书的25年之后的事了。

当父亲“什么也不做”的时候，福楼拜成功了！值得反思的是，福楼拜的成功并不是父母教育的结果，而恰恰相反，是福楼拜成为一个没人管教的“自由人”以后，自身的文学潜质得到了超常发挥的结果。而在中国，多少教育者千方百计地尝试使孩子成才，多少家长殚精竭虑、不辞劳苦，甚至牺牲自己的事业和爱好，用自以为正确的方式管教、指导孩子，但往往不但没有效果，而且还不乏悲剧性的例证。

*

内心阴暗不能托起一张灿烂的脸，大脑的精于算计只能让人感觉到威胁和危险。因此，教育的首要任务是引导学生回归内心，自主建设积极的精神境界。

*

其实，不必把“教师”这个称呼过于神圣化，毕竟教师只是一种职业。任何职业，都可以分为三个层次，一是不得已而从事这个职业，俗称“混饭吃”；二是对这个职业有兴趣，在实践中又能不断获得内在愉悦感，进而变成“热爱”并“享受”；三是成为这个行业的佼佼者，甚至领军人物，实现了人生辉煌。教师也不例外。

也就是说，教师也是人，人需要生活，需要做人，需要做事，其人生的意义也在于创造、体验和爱。从这点上来说，没有必要把很多所谓神圣的职业道德要求强加给教师，因为，一位会做人、会做事、热爱生活的人，从事什么行业都是神圣的，都是优秀的，都是道德的。

比较幸运的是，教师这个职业，有另外一种其他职业没有的优势，那就是“得天下英才而教育之”的价值选择。孟子说，君子有三大快乐，父母健在，兄弟平安，这是第一大快乐；上不愧对于天，下不愧对于人，这是第二大快乐；得到天下优秀的人才进行教育，这是第三大快乐。因为第三个深刻的“快乐”，凡是优秀的教师都可以做到坚韧、坚持，这是其他职业不可能获得的新价值……

*

**抱怨，并非只是教师的问题，是社会问题，所有职业的人都在抱怨。**

当前，我们的社会正在向“秩序社会”迈进之艰难过程中，整个社会处于浮躁、功利自私、享乐主义等为特征的风气思潮之中，许多人都陷进了一种低级的“习惯性抱怨病”：失败了就责怪别人；不顺心了就迁怒于体制；别人发展得比自己好一定是因为有“硬关系”或者“潜规则”，对别人讲大道理而对自己讲小道理……也许这一切，过30年后就好了。

由于每天在学校里行走，我感觉到的是，每一个老师都是可爱的、可信的，但大多数人需要有人点拨，然后从“社会病”中超越出来，找到自己的人生价值。

*

解放教师的途径只有一条——在解放学生的过程中解放自己。

如何解放学生？龚自珍在《病梅馆记》中这样写道：“纵之顺之，毁其盆，悉埋于地，解其棕缚；以五年为期，必复之全之。”

*

实现学生的自我教育、自我管理的前提只有一个，那就是教育者的自我教育。

教育者如何不断感悟自己、反思自己、发现自己，从而修炼、提升自己的教育状态和水平，成为当前教育改革的主要线索。在实践中，我的原则是，我无法教会教师什么，无非做一件事情，就是发现教师身上本来就有、只是被世俗尘埃蒙蔽了的“钻石”，并加以强调，最后实现教师去发现自己。

*

一位母亲跟我说过：我感谢我的孩子，在伴随她成长的过程中，我看到了一面镜子，在这面镜子的映照下，我看到了自己的问题，孩子身上放大了我的问题，也提示了我很多种正面问题和改善自己的方式。我在教育她，更在教育我自己。

教育孩子的过程，就是教育我们自己的过程。

人的智慧来自于两个途径，一是感悟，二是反思，后者孕育大智慧。孔子说，修养的最高境界是“不迁怒，不贰过”，“不贰过”就是指能在过错中反思自己，避免再犯同样的过错，坚持如斯，就能积淀一个人的智慧分量。通过自我反思来提高自己的境界，这其实也是一种自我教育，也是认识自己、接纳自己、控制自己的一条捷径。在受教育者面前，教育者对自己过错的反思态度会极大地影响被教育者。

教育者的自我教育，关键在于“选择中接纳自己”这个环节。举一个例子：

很多朋友曾经问我，你心目中最美的女人是谁？

在我的印象中，排名第一的应当是意大利演员索菲亚·罗兰。索菲亚·罗兰是一个私生女，她因演《两个女人》而荣获奥斯卡最佳女演员奖，可是，她16岁第一次拍电影时，却遇到了不少麻烦。第一次试镜时，她失败了，所有摄影师都说她不够美人的标准，都抱怨她的鼻子和臀部。导演建议她把臀部减去一点儿，把鼻子缩短一点儿。演员一般都得听导演的，但索菲亚·罗兰却没有听导演的，她相信自己，对自己有信心，认为这就是她的特色。她说，我的脸确实与众不同，但是我为什么要长得和别人一样呢？至于臀部，无可否认，我的臀部确实有点过于发达，但那是我的一部分，是我的特色，我愿意保持我的本来面目。导演被她说服了。2000年，索菲亚·罗兰还被评为千年美人。

索菲亚·罗兰的美，关键就在于接纳自己，接受自己，从而创造自己，这也是所有成功者的共性。人格的核心是自信，因此，自信的女人才是最美的。

其实，何止是美人的美学含义。某一种意义上说，有缺陷的人往往都容易成功，关键是如何接纳自己的缺陷。日本经营之神松下幸之助临终前和他的一位老朋友说，他的人生经验只有四个字，叫“抱残守缺”，就是因为他的三个明显缺陷，让他获得了成功。一，出身贫寒，因此，他具备了别人没有的坚韧性和意志力。二，他小学未毕业，学历低。因此，他无法从书本上学习知识，只得听别人说，看别人行动，从而获得自己的感悟，而听来的、看来的恰恰最接近真理、最实用。三，他身体不好，经常卧床养病，很多事情只能依靠和借助别人的力量，渐渐地，他学会了管理。

没有缺陷和不足的人是不存在的。我在想的是，其实如果一个人什么都有，什么都会，往往阻碍了一个人形成大的格局。比如我不会打麻将、不会打高尔夫、不会游泳、不会开车……我有很多不会，但我不太在意，倒省去了精力分散，把精神集中到我擅长的方面，结果我的信心更足，因为我的“不会”就是我的“优势”，我深刻地尝到了“不会”的甜头。

以上关于教育者的自我教育要求，其实也是现代人心理健康的基本标准之一。前几年流行的情感智商概念，则是从另外一个角度阐释此规律的。美国学者丹尼·戈尔曼的《情感智商》中把情感智商归结为五点：提高自觉意识；控制情绪低潮；保持乐观心态；不断自我激励；增强同情心和移情心。

据中科院院士、原华中科技大学校长杨叔子研究认为，其实，这些在我国传统儒家文化中就早有了，并且与《论语》中的经典相对应：

提高自觉意识——“过而不改，是为过也”，犯了错误自觉地加以改正就不为过了。

控制情绪低潮——“不迁怒”，自己发脾气绝对不对着别人。

保持乐观心态——“一箪食，一瓢饮，在陋巷，人不堪其忧，回也不改其乐”，任何恶劣的条件下他都是乐观的。

不断自我激励——“惜乎，吾见其进也，吾未见其止也”，我只看到他一贯前进，从没有见他停止过啊。

增强同情心和移情心——“仁”，颜回的仁心能长久保持，其他人不行。

由此可见颜回这五条都做到了。另外曾子还讲了几点：“以能问于不能”、“以多问于寡”、“有若无”、“犯而不校”。（参见杨叔子《重读〈论语〉》）

教育者的自我教育，是实现身教的前提，如果教育者能认识自己、接纳自己、控制自己，对于孩子来说，就是潜在的一种深刻影响。

*

**教育者自己应当就是灯光，照亮自己，也照亮别人。**

李敖先生给复旦大学的题词：天不生仲尼，万古长如夜，天又生我们，长夜才复旦。这正是现代教育者的写照。

教育者要坚持的只是：不断修炼自己，不断吸收天地之精华，并消化先人之学识，活化、沉淀为自身精神的能量，然后不断释放自身的光辉。

*

学习是学生的高级本能，我们的教师不要试图去教会学生学习，本能是教不会的。比如，我们教孩子喝水，喝水的核心部分即“如何咽下去”，我们是教不会的，只能全面依靠学生的天生就会喝水的高级本能，教学生学习，当如教孩子喝水。

在教育的过程中，教师所起的作用只是：引导其路线，激励其意志，协助其进步，守望其处所，是带着他们一起走向知识，去发现、体验知识的美感，从而生成他们自己的见识与学习能力。如果一味夸大教育的作用，就会控制了学生的学习本能，结果学生最后就不会喝水了甚至呛噎了。

放下执着于教，尊重、依靠人的本能，是教师解放自我的不二法门，同时也是教育走向根本的必然选择。

**教师真正要做的应当是三件事情：一是点灯；二是培养修炼自我学习的好习惯；三是享受生活，在美的生活中发现、体验、扩大自己的心灵广度。**

教育的实质是教育者的自我教育。

*

对于教育，需要深刻理解“有理有节”的含义，大智慧。有理，是“正强化”，是赞美，是用加法；有节，是阶梯，有条件满足，有步骤，主要是用减法。

*

引导学生发现自己，实质就是协助其发掘自身资源，包括动力资源、能力资源、毅力资源、信息资源、学习群体资源、社会资源等。

*

放松本为人之本能，若婴儿的自在和童年的无忌。不能放松，通常因为执着的惯性。执着于我们无所不能，执着于自我保护，如是，遇到外界压力会出于自我尊严和自卫与之对抗造成身心压力，一旦形成惯性，即使没有压力也难以放松。

放松，就是放下执着于教，放下教师和家长的自我和所谓师道尊严，便能发现和引动孩子内心深处的自身能量，真正的学是孩子彻底的自我更新与自我觉醒。

此为自我教育之真谛也。

*

心的健康才是真正的健康。

林采宜在她的新书《底色》中这样写道：

小时候，闻到烟味就知道爸爸回来了，家顿时有了安全感。长大后，闻到男朋友衣领上的烟味，感觉这是一个可以依靠的肩膀……

都说吸烟有害健康，什么是健康，健康仅仅是活蹦乱跳的四肢？自从我们告别了有天有地的老式弄堂，搬进了“人笼子”，自打我们告别了夏天的扇子、蚊子，冬天的炉火，待在一年四季都是封闭的空调环境里……我们已经不再健康。

空地没有了，野草没有了，雨打芭蕉、鸟鸣树梢的自然声音被高保真音响所替代，我们在健身房的滚动皮带上汗流浃背地“跑步健身”，自欺欺人地营造所谓的“健康”，就真的“健康”了吗？

生命对于我们来说，唯一的用处是体验活着的种种滋味，在林采宜眼里看来，男人把沮丧埋在烟灰里，就和女人把惆怅倾泻在泪水里一样，是倾诉情绪的一种方式。若戒了烟，犹如绝交了一个贴心的朋友，失去了最后一个排遣烦恼、寄托心情的朋友，我们的“健康”还剩下什么？

我并不赞同男人通过吸烟获得真正的健康，但我完全赞同林采宜对健康的基本认识，那就是“真正的健康是心的健康”。

心健康了，人就健康了，很多残疾人看起来“五体不满足”，但比正常人“健康”，而生活中有多少人看起来活蹦乱跳，其实是“残疾人”。

我很推崇高明的中医。高明的中医家（如中里巴人）与杰出的教育家（如皇甫军伟）一样，我的这两位朋友互相不认识，也没有交流过，但都紧紧抓住一个任务：医“心”。医“心”的第一任务就是调整人的整个心态，形成一定的认识高度（状态），进而对症下药，四两拨千斤，最后落实在人的自我恢复自我教育的能力上，所谓“求医不如求己”。

健康是我们的第一财富。但我应拓广一下健康的内涵：健康是无形的，包括我们的身体的健康、智慧、心态、道德、思想、观念、礼貌、平安、技能、明理、信仰、满足、勤俭、计划、开源节流等等。

*

某天打的，我看司机已经4星了，在北京3星都很难，需要8年左右的时间没有任何投诉或者违规。这位叫李建华的司机说，都是无心插柳而已，如果为了4星通过自己的努力得到4星的，绝不可能。正如一位作家立志要获得诺贝尔文学奖，其结果当然是苦涩的，而且离开了文学本身的意义。是故，“无心插柳”是一种道，教育也是如此。

出租车司机说，现在大人在家里天天都在琢磨钱的事情，小孩难道会不知道？这是为什么“道理”失去市场的原因。其实，“道理”还是“道理”，就在那里，但因为失去了承载它的心灵，就渐渐枯萎了，如今，我们大家都不讲“道理”了。

*

教育在教育之外，这正如作诗，陆游在临终前对儿子的教导“汝果学作诗，工夫在诗外”，陆游还说“工夫深处却平夷”，此乃作诗的两种最高境界也。而教育也如此，纸上得来终觉浅，绝知此事要躬行，只有在实践中“归于常识，放下执着”，才能体会到教育在教育之外的奥妙：

教育存在于我们的生活中，热爱生活、享受生活的人，就一定会做教育。

教育存在于天地之大美之中，所以，感知、体验、表达我们周边的真、善、美，当是帮助我们趋于教育真谛的不二法门。

教育还存在于我们日常的做人做事情上，心怀虔诚，感恩、包容于他人，同时认真做好手头上的每一件事情，是教育的全部内容。

*

**孩子的学习方式主要是体验**。因此，引导孩子不断体验人情、发现美，不断积累这种感受经验并表达出来，内心就成长了，这种成长是潜在的，也是不可能直接通过教育者的教导实现的。

*

什么是支持？大张伟说了一句很精彩的台词——假如全世界的人都背叛了你，我会站在你身后背叛全世界。

*

真正的教育是环境的教育。**好的环境下，人就会自己教育自己。**

# 后记

# 后 记

我曾多次说过，当下，着眼于细枝末节的教育技术上的变革与创新，已不足以缓解当前中国教育的焦虑与困难。

教育是一种大智慧，而要做一个有智慧的教育者，须对教育的认识进行提纯、萃取，回归本质，举一反三，最后做到深刻、通达、透亮、系统。

观千剑而后识器，操千曲而后知音。即如赏鉴书画，启功先生曾说：所谓看画是指每一张画的内容如何描绘，画面内容的用意、手法，印章如何雕刻，雕刻的内容是什么，都要看懂。以每天一张的速度来看，看累了则在茶余饭后再看，反反复复地看，才算看过。此外，当你的藏画从五百张变成五十张的时候，当你看完两万张画的时候，才能在收藏界有发言权。教育更是如此，教育的智慧的产生，一定是在无数多的教育实践中，不断面对、解决问题，然后不断反思，千锤百炼之后方能悟得其中三昧。

我自己的体会，是其实也并不是那么难，只需要在实践中，培养三个好习惯即可拥有教育的智慧：一是深度阅读的习惯，即每年读一本好书，吞下去，消化掉；二是感悟，在感悟中实现自我超拔；三是反思，在反思中获得智慧。

林格敬呈